RFID의 전략적 구현과 ROI

-성공을 위한 실무 로드맵-

CHARLES POIRIER · DUNCAN McCOLLUM 공저
임세헌 · 김대진 · 정성용 · 가회광 공역

감수
북텍사스주립대학교 고창은 교수
삼성테스코 홈플러스 이강태 부사장

J.ROSS PUBLISHING
한울출판사

ISBN 1-932159-47-9

Printed and bound in the U.S.A. Printed on acid-free paper
10 9 8 7 6 5 4 3 2 1

Library of Congress Cataloging-in-Publication Data

Poirier, Charles C., 1936-
RFID strategic implementation and ROI : a practical roadmap to success / by Charles C. Poirier & Duncan McCollum.
p. cm.
Includes bibliographical references and index.
ISBN 1-932159-47-9 (hardback : alk. paper)
1. Radio frequency identification systems—Technological innovations—Economic aspects. 2. Business logistics—Technological innovations. I. McCollum, Duncan, 1957-. II. Title.
HD38.5.P6377 2005
658.7′87—dc22 2005022254

역자 서문

정보기술의 발전에 따라 나타나는 새로운 솔루션은 기업의 업무혁신에 큰 기여를 하고 있다. 최근 선보인 RFID 기술은 과거부터 존재하였던 정보기술에 기반을 둔 무선인식 솔루션이다. 오늘날 유통업체, 제조업체, 물류업체, 공공조직 등 다양한 분야에서 RFID 기술을 이용한 업무혁신이 이루어지고 있고, 더불어 다양한 분야에 RFID 기술의 응용이 증가되고 있는 실정이다. 이는 RFID 기술이 기업의 경쟁력을 강화시켜주고, 더불어 기업의 경영 성과 개선에 도움을 주기 때문이다.

최근 국내·외에서 RFID 관련 서적이 봇물을 이루고 있지만, 대부분 기술적 관점에서 접근하였기에 기술적 이해가 부족한 사람들은 읽기 어려울 뿐만 아니라 비즈니스의 적용에 있어서도 많은 어려움이 존재하는 실정이다. 그러나 본서 『RFID Strategic Implementation and ROI: A Practical Roadmap to Success』는 기업의 경영자 관점에서 RFID 기술의 성공적인 도입을 위한 전략적 가이드라인을 긍정론과 부정론적 입장에서 다양한 사례를 통해 제안하고 있기 때문에 비즈니스 현장의 요구사항을 보다 이해하기 쉽게 전달하고 있다.

역자들은 짧은 기간 동안 보다 좋은 번역서를 출판하기 위해 많은 노력을 하였다. 본서의 저자인 Charles Poirier & Duncan McCollum 은 본서를 쉽게 이해할 수 있도록 집필하였음에도 불구하고, 우리말로 번역하는 과정에서 언어의 차이로 인해 의미전달에 있어 애매모호한 경우가 많이 나타났다. 본 역자들은 이러한 애매모호함을 최소화하기 위해 일부 문장은 의역을 하였고, 주요 용어에 대하여는 역주를 통해 독자들이 RFID에 대하여 보다 잘 이해할 수 있도록 부연 설명하였다. 그럼에도 불구하고 독자들이 본 역서를 읽는데 여러 가지 어려움이 있을 수 있다. 이는 역자들의 부족함이라 생각하며, 이에 대한 양해를 구하고자 한다.

『RFID Strategic Implementation and ROI: A Practical Roadmap to Success』의 번역과 관련된 일의 시작은 2006년 5월부터 번역에 대한 계약이 이루어지며 시작되었다. 역자들은 이 책의 번역을 가능하게 해주신 한올출판사 사장님과 편집부 여러분들께 감사드리며, 또한 번역과 관련된 많은 도움과 지원을 해주신 은사님들, 동료 및 선후배 교수님들, 지인들, 그리고 가족들에게 감사드린다. 그리고 6개월이란 긴 기간 동안 함께 호흡을 맞춰 준 공동 역자인 중앙대학교 상경학부의 김대진 강사님(yauchee@empal.com), 대한상공회의소의 정성용 연구원님(syjung76@korcham.net), 한국EXE 컨설팅의 가회광 컨설턴트님(megatop@empal.com)께 감사드린다.

또한 역자들은 이 책의 감수자인 University of North Texas의 고창은 교수님과 영국 테스코그룹 IT시스템 아시아지역 총괄책임자이며, 삼성 Tesco Homeplus의 부사장인 이강태 박사님께 감사드린다. 그 밖에도 많은 분의 도움이 있었지만, 역자들은 너무 많은 분들에게 신세를 지고 있기 때문에 행여 어느 한분의 이름이라도 누락되는 결례를 범할까 두려워 고마운 분들의 존함을 일일이 나열하지 못함을 죄송스럽게 생각한다.

역자들은 본서의 저자인 Charles Poirier & Duncan McCollum 이 University of North Texas의 Information Systems Research Center 세미나에서 발표한 『Closed-Loop RFID』의 동영상 CDROM 자료를 제

공하려고 하였으나, 저작권 문제로 제공하지 못함을 죄송스럽게 생각한다. 이 세미나 자료에는 추자 자료로 월마트의 RFID 자문교수이자 세계적인 RFID 대가로 주목받고 있는 University of Arkansas의 Bill Hardgrave 교수의 『RFID in Logistics and Supply Chain』 강연 자료와 University of North Texas의 Chang, E. Koh 교수의 『RFID in Public Services』 강연 자료가 있다. 이 세미나 자료는 기업체 및 학교의 교육용으로 유용할 것으로 생각한다. 이 세미나 자료를 얻고자 하는 분들은 University of North Texas의 Information Systems Research Center (kohce@unt.edu) 로 문의하기 바란다.

끝으로 역자들은 본 역서가 기업현장에서 근무하시는 분들과 학교에서 공부하는 학생들에게 도움이 되기를 간절히 바라며, 향후에 출시될 역자들의 저서『사례를 통해 학습하는 RFID 구축 전략』에서는 보다 충실한 내용을 담아 선보일 것을 약속드린다.

2006년 10월 10일

대표 역자 임세헌(slimit@sangji.ac.kr)
상지대학교 경영정보학과 교수

감수의 글(A)

본서 『RFID Strategic Implementation and ROI: A Practical Roadmap to Success』에서 저자인 Charles Poirier & Duncan McCollum는 RFID를 "가장 오래된 새로운 기술"이라고 표현하고 있다. 이는 RFID 기술이 여러 측면에서 모순의 베일에 싸여 있는 사실을 지적한 것이다. 많은 사람들이 RFID를 교통카드나 스마트카드의 형태로 이미 일상생활에서 활용하고 있으면서도 이를 생소한 기술로 인식하고 있는 것은 RFID의 모순적인 단면을 보여주는 한 사례이다.

몇 해전 미국의 대형 유통업체 월마트(Wal-Mart)와 국방부(Department of Defense) 가 납품업체를 대상으로 RFID의 활용을 의무화함으로써 RFID에 대한 관심이 급격히 고조되었다. 물론 그 저변 의도는 RFID를 활용하여 기업 운용에 드는 비용을 절감시키고 이윤을 제고하자는 것이다. RFID가 각종 기업 운용은 물론 공급사슬(Supply chain)에 보급된 지 여러 해가 지났지만, 아직까지 뚜렷한 투자효과(Return on Investment)를 제시해 주지 못하는 것은 또 다른 RFID의 모순이라고 하겠다. 소비자의 입장에서 볼 때도 RFID가 가져오는 많은 긍정적인 효과가 있지만, 사생활의 침해 등 그에 따르는 부작용 또한 무시할 수 없는 또 하나의 모순으로 부각된다.

그럼에도 불구하고 RFID가 기업 운영은 물론 개인 생활 구석구석까지 영향을 미칠 중요한 기술이라는 것은 의문의 여지가 없다. 인터넷이 전

세계의 컴퓨터 네트워크를 구축해 순식간에 우리의 생활을 바꾼 것처럼, RFID는 컴퓨터뿐만 아니라 우리 주변의 모든 물체를 연결하는 네트워크를 구성해("Internet of Things") 제 2의 네트워크 혁명을 가져올 잠재력을 가지고 있다.

당면한 과제는 RFID를 싸고 있는 각종 모순점들을 어떻게 인식하고 극복하여 RFID에 내재하는 문제점과 부작용을 극소화하고 이득을 극대화할 것인가이다. 물론 아직 아무도 그런 해결책을 제시한 적이 없고, 앞으로도 그런 완벽한 해결책이 나오리라 기대하는 것은 무리이다. 인도의 우화처럼 우리는 모두 코끼리를 만지는 장님과 같다. 어느 한 개인도 코끼리가 어떻게 생겼는가 완벽하게 기술할 수는 없지만, 여러 사람의 부분적인 설명을 체계적으로 분석 통합할 때 완벽하지는 못 하더라도 실용적인 서술이 가능할 것이다.

본서는 RFID를 간략하면서도 광범위한 측면에서 그 문제점과 가능성을 일반인도 읽기 쉽게 체계적으로 설명하고 있다. RFID가 무언가 호기심을 가지고 있는 개인으로부터 RFID를 활용하여 유통혁명을 꿈꾸는 기업가까지 본서는 독자들에게 균형있는 안목을 제공할 것으로 생각한다.

2006년 10월 10일

고창은(kohce@unt.edu)

북텍사스대학교(University of North Texas) 상경대학 교수

정보시스템연구소(Information Systems Research Center) 소장

감수의 글 (B)

1979년 가을에 뉴스위크지(Newsweek)에서 처음으로 컴팩트 디스크(Compact Disc)에 관한 기사를 읽었다. 그 때는 모든 컴퓨터 자료들이 마그네틱 테잎(Magnetic Tape)에 기록되고 있을 때였기 때문에, 뉴스위크지에서도 CD가 혁신적인 기술이지만 마그네틱 테잎에 비해서 너무 가격이 비싸기 때문에 아마도 소장용의 불후의 명작영화만이 수록될 것이라고 했었다. 30년이 지난 오늘날 CD는 어떠한가?

RFID도 다른 혁신 기술처럼 똑 같은 사이클로 시장에 소개되고 있다고 본다. RFID의 태그(Tag)의 가격이 비싸다, RFID를 통해 수집되는 정보의 활용 어플리케이션(Application)이 적다. RFID를 활용하기 위한 주변 기기가 미약하다 등등의 부정적인 견해들이 사실은 모든 새로운 정보기술의 도입단계에서 통상적으로 제기되는 문제들이다.

기술의 목적은 우리의 생활을 가치있게 하는 데에 있다. 따라서 혁신적인 기술이 보편적인 기술이 되기 위해서는 이러한 문제들을 극복해야 한다. 소위 모든 새로운 기술이 사회에 소개될 때 겪게 되는 혼란(Chasm)을 넘어 서야 한다. 그냥 과학사 기록에만 남지 않기 위해서는 새로운 기술이 삶에 기여한다는 것을 적극적으로 증명해야만 한다. 그래야 우리의 실생활에 접목되어 상업적인 기술로 활용되게 된다.

유통정보 전문가의 입장에서 보면 RFID는 이미 혼란을 넘어 서서 성숙기의 초입단계를 지나고 있다고 본다. 따라서 지금은 투자비를 논하면서 머뭇거릴 때가 아니다. 왜냐하면 시간이 지나면서 사용자 수의 증가와 기술 개발로 비용은 급격하게 떨어질 것이 확실하기 때문이다. 지금은 적극적인 투자를 통해 초기 수용자(Early Adapter)로서의 전략적 우위를 추구해야 할 때다.

유통정보의 핵심은 공급사슬관리(Supply Chain Management) 상에서 상품의 흐름과 현금의 흐름을 실시간으로 파악할 수 있도록 하는 것이다. 그래서 단품관리(Unit Control)가 중요하다. 단품관리란 상품을 같은 종류별로 관리하는 기술을 말한다. 간단해 보이지만 각 점포와 물류센타에 산재해 있는 십만개가 넘는 상품을 실시간으로 정확하게 수량으로 파악한다는 것은 쉽지 않은 기술이다. 이를 위해서 바코드(Bar-Code)가 소개 되었고, 점포의 프론트(Front)에서는 스캐너(Scanner)가 부착된 POS 터미널(Point Of Sale Terminal)과 점포의 백룸(Back Room)에서는 핸드헬드 터미널(Hand Held Terminal)이 유통업체에서 활용되기 시작한 것이다.

바코드는 전세계적으로 활용되는 기술이고 표준이지만 몇 가지 약점이 있다. 수록되는 정보의 양이 적고, 상품의 종류(Stock Keeping Unit)별로는 구별해도 상품 각각의 낱개로는 관리하지 못한다. 그리고 바코드를 읽기 위해서는 상품에 부착된 바코드를 찾아서 스캐너(Scanner)를 들이 대야 하는 불편함이 있다.

RFID는 이러한 불편함을 해소해 줄 수 있다. 그래서 바코드를 대체하는 기술로 주목 받고 있는 것이다. 불편함을 해소하는 것, 이것은 새로운 기술이 보편적인 기술로 발전해 나가는데 통과해야 하는 필수적인 관문이다.

본서는 RFID 기술에 대한 전체적인 소개와 그 응용에 대해서 잘 정리해 놓았다. 여기저기서 산발적으로 듣고 알았던 조각들을 퍼즐 게임 하듯이 일일이 잘 맞춘 보기 좋은 그림 같다는 느낌을 받았다.

본인은 유통정보를 현장에서 활용하는 입장에서 역자에게 RFID의 활용 측면에서 몇 가지 조언을 드렸다. 그러한 조언이 역자가 번역에 들인 노력에 덧붙여서 본서의 가치를 높이고, 또 완성도를 높이는 데에 기여했으면 한다.

2006년 11월 7일

이 강 태 부사장

Samsung Tesco IT Director & Tesco Asia IT Director

헌정(獻呈)

나의 가족을 위하여 .... Chunk

라우라, 당신의 변함없는 신뢰와 지원에 감사드립니다.

나의 삶에 중요한 가치를 더해주는 스카이럴, 쿠펄, 마켄지, 던칸, 브리트니를 위하여 .... Duncan

머리말

예전부터 비즈니스와 사회에 영향을 미치는 기술들은 실현이 어려운 기술을 중심으로 발전을 거듭하여 새롭게 출현하였다. 그러한 신기술 가운데 일부는 매우 빠르게 기업에 받아들여진 반면 나머지 일부의 기술들은 매우 천천히 받아들여지거나 받아들여지지 못하였다. 예를 들면 무선기술은 초기에 통신 회사들에게 있어 잠시 동안 불법적인 방해전파로 간주되었다. 그러나 현재 무선기술은 수백만 달러의 가치를 제공해주는 산업 분야로 자리매김 하였다. 기술 수용에 있어, 트랜지스터와 개인용 컴퓨터는 우리의 삶에 매우 천천히 수용되는 사이클을 보여주었다. 제트엔진이 군사 분야에 소개되었을 때, 그것 역시 유사한 성장 사이클을 보여주었다. 그러나 그와는 반대로 페니실린의 의학과 건강관리 분야에서의 사용은 예상치 못할 정도로 급속한 성장 사이클을 보여주었다.

속도와 수용

『Clock Speed』의 저자 MIT 대학교의 Charles Fine 교수는 새로운 기술이 두 가지 시나리오 중 한 가지를 통해 전파된다고 하였다. 새로운 기술들은 혁신적인 역동성을 보여주기도 하고, 지속적으로 천천히 변동되기도 하고, 성과 사이클이 서서히 변동되기도 하지만, 급격한 기술 수용에 따라 대규모의 성과 순환 사이클을 보여주기도 한다. 예를 들면, 현재의 자동차에 있어 경제적인 에너지 관리를 위한 완전 연소와 연료 전지의 도입이 받아들여지기까지 10여년이 흐를 정도로 매우 천천히 나타났다. 반면, 대규모 생산 체제를 가지고 있는 델(Dell)사의 직판 운영 모델(Direct Operation Model)과 린 생산방식(Lean Production Methodology)은 기업의 비즈니스 사이클을 혁신적으로 빠르게 전환한 사례로 볼 수 있다. 앞서 소개한 끊임없이 나타나는 사이클 혁신에 있어, 각각의 혁신 성과는 긍정적 견해와 부정적 견해와 같이 두 가지로 양분되어 나타났다.

현재 우리는 RFID(Radio Frequency IDentification)라고 불리는 신기술을 보고 있다. RFID 기술을 지지하는 사람들은 이 기술에 대해 의심을 하지만, 이 기술이 보다 진보된 비즈니스 수행에 도움을 줄 것으로 예측하고 있다. RFID 기술을 옹호하는 사람들은 상당수 초기의 미디어수용 사례처럼 통합될 것으로 전망하고 있다. RFID 저널의 설립자겸 편집자인 Mark Roberti는 "RFID 기술이 제조, 유통, 상품판매 등 모든 산업 내의 대기업과 중소기업을 막론하고 영향을 미칠 것이다"라고 주장하고 있다(Roberti, 2005a). 반면, RFID 기술에 대한 반대론자들은 RFID 기술에 대한 옹호는 일시적인 현상으로 오래 지속되지 않을 것이고, RFID 기술은 이미 수용되거나 응용된 시스템으로 끝날 뿐 더 이상의 확장은 없을 것이라고 주장하고 있다. 냉소적인 진영은 국제상품코드(Universal Product Code: UPC)와 같이 이미 널리 보급된 표준 및 기존시스템의 활용성을 주장하고 있다. 일부 중립적인 진영에서는 RFID 기술의 옹호론자와 반대론자 사이에서 현재의 상황을 주시하고, 그 발전 방향을 관망하고 있다. 이러한 관망론자들은 RFID 기술에 대하여 실제원가와 수익에 대한 문서화를 요구하고, 그 가능성에 대한 해답을 찾기 위해 노력하고 있다.

비즈니스 영역에 RFID 기술을 응용하는 측면에서 다음과 같은 많은 질문에 대한 대답을 제공할 필요성이 있다. 실제 소요되는 비용과 수익은 무엇인가? 우리 회사에서는 RFID 시스템의 역할은 무엇인가? 어떻게 하면 우리 회사에 빠르게 정착할 수 있을 것인가? 얼마나 많은 위험요소가 있는가? 많은 실무자, 연구자, 저술가들이 RFID 기술 도입에 대하여 제공하고 있는 조언은 결국 공급망 최적화를 추구하는 모든 회사들이 기업과 기업 사이의 비용 통제, 가시성, 제조 및 조달 효율성 증대를 위하여 통합적 관점에서 RFID 시스템 도입준비에 도움을 줄 것이다. 당신의 어떠한 위치에 있든 RFID 기술은 이미 당신 삶의 중요한 일부분으로 자리를 잡았다. 예를 들면, 당신의 차는 멈춤이 없이 고속도로 톨게이트를 통과할 수 있으며, 키없이 자동차를 조작할 수 있는 환경에 있으며, 빌딩 출입시 신원 확인을 위한 카드로도 이용하고 있다. 당신의 생활 및 활동 영역에서 RFID 기술사용에 대한 효과적인 전략들은 가능한 최대의 수익을 창출하도록 개발되어질 필요가 있다. RFID 기술이 빠른 속도로 수용됨에 따라 점차 파격적인 기술로 발전될 것이고, 앞서 언급한 바처럼 RFID 기술의 타당성은 증명된 일련의 성공사례들이 지속적으로 뒷받침해 줄 것이다. 이러한 RFID 기술의 응용은 우리의 전문적이고 개인적인 삶에 긍정적인 영향을 줄 것은 의심할 여지도 없을 뿐 아니라 가는 곳마다 다양한 산업 현장과 개인들의 비즈니스 현장에서 다양한 응용 형태로 나타날 것이다

논쟁과 대안

RFID 기술수용 및 전개방향은 또 다른 다양한 기능적 문제점에 직면하게 될 것이고, 더불어 새로운 도전에 직면하게 될 것이다. 적절한 태그 비용은 얼마인가? 최적의 하드웨어 구성은 어떻게 해야 하는가? 데이터 수집은 어떻게 해야 하고, 어떠한 데이터를 관리해야 하는가? RFID 시스템이 우리의 기존시스템과 전사적자원관리(ERP)시스템에 어떠한 영향을 줄 것인가? 최근에 정교해지고 있는 기업간 공급망 네트워크 환경에서 어떻게 효과적으로 기업들 사이에 응용이 이루어져야 하는가? 우리는 이 질문들에 대해 한마디로 명확한 답변을 제시하지 못하고 있다. 왜냐

하면, 우리는 RFID 기술이 영향을 미치고 있는 비즈니스 환경이 매우 다양함을 알기 때문이다. 오히려 보다 체계화된 정답을 얻기 위해서는 고객의 상품, 수송, 조달 시스템, 소매점 운영, 군사 자원, 개개인의 응용방법 등에 따라 다양한 수준의 고객맞춤화(Customization) 전략이 필요하다. 이미 다양한 영역에서 다양한 형태의 RFID 기술의 응용형태가 존재한다. 이런 다양한 RFID 기술 응용에 대한 대안들은 그들이 생각하는 것 이상의 투자대비성과를 보여줄 것이다.

여기서 공급망의 최적화 달성과 비즈니스 응용을 위해 또 다른 질문들에 대해 고려할 필요가 있다. 어떻게 RFID 기술을 기업의 공급망 전략과 일치시킬 것이고 지원할 것인가? 이 부분에 대한 RFID 기술의 역할은 명확하게 정의된다. RFID 기술은 전체 공급망 관련기업의 전사적 가시성을 확보하는데 중요한 역할을 하게 될 것이다. 공급망 관리의 실제 목표는 유연성과 반응성을 높이고, 비용감소를 위한 노력이 아니라 새로운 수익을 창출하고, 핵심 고객에게 보다 더 만족감을 높여 주기 위해 노력하는 것이다. 이와 같은 목적 달성을 위하여 공급망의 소비자로부터 공급자에 이르기까지의 가시성 확보가 요구되며, 또한 기업간 상호 교류를 확장시켜야 한다. 이러한 가시성 확보는 RFID 기술의 활용을 통해 강화될 것이다.

RFID 기술은 가시성에 도움을 주는 도구이지만 그 특징이 단독으로 나타나는 것은 아니다. RFID 기술의 최종가치는 기업간 비즈니스 추구를 위한 커뮤니케이션 시스템으로 가치 있는 다양한 정보를 통합해 줄 수 있는 지식을 제공하는데 있다. 실무자들은 그들의 상품 위치를 알고 싶어 하는 것이 아니라 그들이 필요로 하는 지식을 알고 싶어 한다. 예를 들면, 실무자들은 그들의 비즈니스 업무처리를 효과적으로 지원해 주고, 궁극적으로 그들의 상품을 보다 많이 팔게 해 줄 지식을 알고 싶어 한다.

완벽하게 연결된 네트워크에서 RFID 기술이 공급망 최적화를 위해 통합될 때 실제 수익은 발생하게 될 것이다. 두 기업 간에 연결된 ERP시스템들은 실제 공급이 가능한 양에 대하여 RFID 기술을 이용해 수요, 위치, 구매 시점에 대한 정보를 비즈니스 파트너에게 제공해 줄 것이다. 실제 이러한 RFID 기술의 활용은 데이터 분석을 통해 기업의 새로운 수익 창출에 확실히 도움을 줄 것이다.

우수성과 문제점

RFID 기술에 대한 옹호론자들은 RFID가 차세대 비즈니스 환경에서 큰 역할을 할 것이라고 주장하고 있다. 현재 RFID 기술은 떠오르는 신기술로 현업의 실무자들에게 가장 많이 회자되고 있는 기술이다. 그러나 RFID 기술은 비즈니스 프로세스 혁신에 있어 때로는 성가실 수도 있지만, 필수불가결한 요소일 수도 있다. 앞서 언급한 바처럼 RFID 기술은 공급망 전체의 가시성을 보장해 주고, 전체 비즈니스 네트워크에서 완벽한 상품데이터의 교환을 가능하게 해준다. 예를 들면, 농장에서 기르는 동물들에 삽입된 RFID 태그는 도살되기 전부터 저녁 식단에 올리기까지의 전 과정이 관리된다. 이미 실제 현장에 적용된 RFID 기술은 음식이나 의약품의 소비를 추적하는데 사용하고 있으며, 필요에 의해 다양하게 활용되고 있다. 예를 들면, 멕시코(Maxico)에서는 유아나 간난 아기의 미아 발생시, 위치추적을 위하여 RFID 칩을 아이들의 몸속에 끼워 넣기 위한 시도가 이루어지고 있다. RFID 기술 옹호론자들은 RFID 기술이 재고관리, 공장 효율성, 손실 방지, 유통 사이클 단축 및 비용감소, 고객서비스 강화를 통하여 운영 개선을 가능하게 해줄 것이라고 주장하고 있다. 미국의 식육산업에서는 광우병에 걸린 소의 도살 비용이 연 간 8억불에 이르기 때문에, RFID 기술응용을 통하여 미래에는 보다 빨리 상황을 파악하고, 비용을 최소화하기 위한 노력을 시도해야 한다.

반대로 RFID의 물리적 특성을 포함하여, 어떻게 생성된 정보가 관리되고 기존의 데이터베이스시스템과 통합되고, 비용을 누가 지불하고, 무엇을 지불해야 하는가를 결정하는 것에 대하여 보다 완벽한 이해를 위해 노력하는 회사나 사람들은 그들에게 발생되는 문제에 대하여 대처할 수 있도록 체계적으로 준비를 해야 한다. 이미 RFID 기술은 보안 및 사생활 침해 문제와 물이나 금속근처에서 인식률이 저하되는 등의 여러 가지 문제점이 발생되고 있다. 예를 들면, 캘리포니아의 학교에 RFID 태그가 소개되었을 때, 몇몇 부모들은 사생활 침해 위험을 인지하고 태그를 제거하기 위해 학교 관리자들에게 압력을 가하기도 했다.

그러나 비즈니스 환경에서는 얼마나 이러한 상황이 오랫동안 유지할 수 있을까? RFID 기술에 있어 가장 앞서 기술을 도입하고 있는 월마트와 미 국방성과 같은 조직에서 RFID 기술의 장점을 발견하기 위해 다양한 노력을 하고 있다. 또한 이들은 RFID 기술의 활성화를 위해 2005년까지 그들의 핵심 공급자들에게 점진적으로 RFID 기술 도입을 요구하고 있다. 몇몇 기업들이 RFID 기술을 도입하고 앞서가고 있는 시점에서, 아직도 많은 기업들이 RFID기술의 테스트와 검증 과정을 수행하고 있다. 이와 같은 사전 검증 행동을 취함에 따라, RFID 기술 도입에 따른 문제점과 장점들은 지속적으로 관리되고 있다. 즉, 보다 정확한 RFID 기술에 대한 인식을 위해서는 지속적인 노력이 요구된다.

본서는 RFID의 기본과 기반 기술, 구성 요소, 비즈니스 영역에 있어서의 이슈와 잠재적 응용 방안, 시장에서의 RFID의 영향력을 이해하고자 하는 독자들에게 도움을 줄 것이다. 또한 공급망 관리(Supply Chain Management: SCM)의 연계성 및 가시성 확보의 필요성을 설명해 줄 것이고, 비용감소와 SCM 추진을 위한 프레임워크 수립시간을 감소시켜주는데 도움을 줄 것이다. 전체 비용 관련 아웃라인은 잠재적 수익과 연관성을 가진다. 본서에서 우리는 제조업체, 유통업체, 소매업체, 공급업체들(예를 들면, 미 국방성과 월마트 그리고 공급망 네트워크의 구성원들)에 대한 RFID 기술의 수행과 수용을 위한 명확한 로드맵 제시를 통하여 다양한 문제점에 대한 해답을 제공해 줄 것이다. 또한 본서에서 제시하고 있는 사례연구와 인터뷰는 RFID 기술에 대한 초기 수용자들의 성공요인뿐만 아니라 RFID 기술 실패사례도 상세한 설명을 통해 제공하였다.

이를 통해 독자들은 RFID 시스템의 기술적 이슈에 대하여 보다 정확히 이해할 수 있을 것이다. 본서에서는 RFID 기술 도입에 따라 나타나는 많은 문제점을 극복하기 위한 대안을 제시하였다. 예를 들면, RFID 기술 도입을 통하여 공급망의 가시성을 확보할 때 나타나는 최하위에서의 개선 사항들과 최상위 성장에 이르렀을 때의 장점들을 제시하였다. 이 책에서는 어떻게 RFID 기술을 응용해 합리적인 투자대비수익(ROI)을 달성할 수 있는 방법과 RFID 기술이 어느 분야에서 비즈니스와 개인들에게 개선 성과를 가져다 줄 것인가에 대한 결정과 학습 과정을 위해 필요한 전략을 제안하였다.

본서의 구성 내용들

본서에서는 우선 RFID 기술의 개념과 RFID 시스템의 구성 요소에 대하여 간단하게 소개를 하였다. RFID 기술 및 도입 이슈는 RFID 시스템 관리를 위한 장기적인 전략 개발에 도움을 주고, 운영 시스템 개발에 도움을 주기 위한 내용으로 구성하였다. 본서에서는 RFID 기술과 다른 자동화된 인식기술 사이의 차이점을 설명하고, RFID 기술의 수행과 도입 시 발생하는 이슈를 설명하였다. 그리고 RFID 기술과 관련되어 다양하게 발생하는 중요한 사항들을 설명하였다. 실제 RFID 관련 이슈는 비즈니스에서 어떻게 프로세스 차원의 수익이 발생하는 것인가를 찾는 것이고, RFID 기술조직의 정착을 위한 논리적인 응용 방안을 찾고, 합리적이고 효율적으로 RFID 기술을 테스트하고, 수행하는 방안을 찾는 것이다. 우리는 이 책에서 RFID 기술 도입에 따른 문제점 및 도입특성을 설명하기 위하여, 미국 국방성과 월마트와 같이 대규모 구매력을 가진 조직을 살펴보았다. 또한 우리는 기업에서의 RFID 기술 도입 동기와 수용에 대하여 보다 상세한 주요 사항들에 대하여 기업의 사례연구를 통하여 설명하였다.

우리는 RFID 수행에 대한 개념 정립을 위하여 RFID 기술이 어떻게 몇몇 선도 기업들과 주요 공급자들에 의해 도입되었고, 공급망 관리와 내부 프로세스 개선에 이용되었는가에 대하여 설명하였다. 또한 우리는 RFID 기술 발전에 따른 장점을 설명하기에 앞서, RFID 기술의 옹호론자들과 냉소주의자들의 주장을 고려해, RFID 기술의 잠재적 사용과 비사용에 대한 윤곽을 제시할 것이다. 우리는 비즈니스에 있어 전략과 수행, 공급망 가시성을 보여주는 한 부분으로 RFID 기술 수용에 대한 우수한 사례를 개발하였다. 우리는 여기에서 실행 가능한 비즈니스 계획을 보증하기 위해 RFID 기술의 장점과 단점을 고려해 대안을 제시하였다. 또한 우리는 RFID 기술의 긍정적인 요소와 부정적인 요소를 통해 지속적으로 고려해야 할 사항을 제안하였다. 우리는 두 가지 관점에서 RFID 기술을 비즈니스 영역에서 활용하여 합리적인 성과 창출을 위해 기대되는 기술 이용에 대한 응용·전개 방향을 설명하였다.

다음 단원에서는 보안 분야에서 고려해야 할 RFID 기술의 영향력을 설명하였고, RFID 기술이 어떻게 공급망 전체의 업무처리에 있어 안전한 조건을 제공할 것인가에 대하여 설명하였다. 특별히, 우리는 국방영역과 다양한 공급자가 존재하는 소매영역에서도 이 과정을 설명하였다. 우리는 RFID 기술이 널리 퍼질 것을 믿고 있다. 그래서 우리는 의료 산업에서부터 서비스 조직에 이르는 다양한 산업에서의 RFID 기술 구현 사례를 제공하였다. 우리는 RFID 기술이 궁극적으로 기업들에게 수익을 가져다 줄 것을 확신한다.

마지막으로, 우리는 RFID 기술 도입을 위한 로드맵을 포함해 어떻게 RFID 기술 수용에 대한 비즈니스 사례를 만드는 것인가를 보여주었다. 생산적인 RFID 시스템 시범운영(Pilot Test)을 위한 지침에는 비용에 대한 설명과 공급망 가시성 확보에 관한 설명, 그리고 실제 수익 발생을 위해 고려해야 할 사항을 제공하였다. 맺음말 단원에서는 본서의 주제와 저자의 결론을 요약하는 과정을 통해 기업에서 미래의 RFID 시스템 구현을 위한 로드맵을 제공하였다. 그리고 요약 사례에서는 RFID 기술 구현에 있어 경영환경 측면을 고려한 잠재적인 수익 향상 방안에 대한 내용을 설명하였다. 전체적으로 우리의 목표는 기업의 비즈니스 영역에서 RFID 기술을 도입하는데 실행 계획에 따르는 전략적 시사점을 제공하는 것이고, 의미 있는 결론을 이끌어 낼 수 있는 도움이 되는 지식을 독자에게 제공하는 것이다.

알림

우리는 본서를 집필하면서 이미 출판된 많은 사례연구와 인터뷰를 해주신 여러분들에게 다양한 도움을 받았다. 특히, 본서를 집필하면서 Ben Cagle, Chuck Davis, Charles Fine, Drew Gant, Stevn Goble, Jin Grant, Jason Hughes, Hohn Lamelas, Larry Lapide, Ken Mason, Joe McKinney, Daniel Munyan, Douglas Neal, Joel Polaboff, Richard Poulson, Mark Roberti, Larry Scheuble, Sandy Scott, Yossi Sheffi, Steve Simco, Jim Thompson, and Lan Walker는 우리에게 많은 도움을 주었다. 그리고 우리에게 다양한 학습기회를 제공해 준 고객들에게 특별히 감사드린다.

저자에 대하여

Chunk Poirer는 프로세스 혁신, 공급망 관리, e-비즈니스 기술, 협업 기술의 이용 분야에서 전 세계적 권위자로 알려져 있다. 그는 12권의 비즈니스 서적을 출판하였고, 그중 6권이 공급망 프로세스 혁신에 대한 책이다. 더불어 그는 공급망 활용(Supply Chain Practice)분야의 CSC(Computer Sciences Corporation)사의 파트너로서 일하고 있으며, 현재 산업체 회의와 국내 및 국제컨퍼런스의 연설자로 활동하고 있다. 책임자급 이상의 직위에서의 40년 이상의 비즈니스 경험에 입각해서 그는 다양한 저술, 화이트 페이퍼, 포지션 다큐멘트 등 광범위한 연구를 수행하였다. Mr. Poirier는 청중들에게 가치사슬 네트워크에 대한 도움을 제공하기도 하였고, 다양한 협업 네크워킹에서 숨겨진 가치를 찾기도 하였으며, 기업의 공급망에 대한 다양한 산업의 프레임워크를 수립하는 등 회사에 다양한 도움을 주었다. 그가 보유한 진보된 기술들은 조직간 협업에 있어 다양한 수익원을 찾는데 있어 검증서로 인식되고 있다.

Duncan McCollum는 글로벌 AIT 솔루션 그룹(Global AIT Solution Group)의 CSC(Computer Sciences Corporation)사 회장이다. 그의 전문 분야는 시스템 통합 디자인, RFID 전략, 비즈니스 케이스 개발, RFID 교육 등을 포함해 RFID 프로젝트에 중점을 두고 있다. 그는 2001년부터 RFID

분야의 다양한 업무에 관여하고 있으며, 능동형 RFID 시스템뿐만 아니라 저주파, 고주파, 초고주파 분야의 수동형 RFID 태그를 이용한 프로젝트 경험을 가지고 있다. 그는 다양한 청중을 대상으로 RFID 기술의 수행, 평가, 선택 등을 포함한 이슈에 대한 기고를 하였고, 미국과 유럽에서 강연을 하였다. 그는 월마트, 미 국방성, 고부가가치 자산 추적, RFID 보안시스템, 카고 컨테이너 추적을 위한 RFID 이용에 대한 프로젝트 수행 경력을 보유하고 있다. Mr. McCollum은 서던메소디스트대학교(Southern Methodist University : SMU), 콕스 경영대학원(Cox School of Business)에서 경영학 석사를 취득하였고, 미시시피주립대학교(University of Mississippi)에서 학사학위를 받았다. 그는 SMU의 전자공학과 자문위원회 회장을 역임하였으며, 현재 립코드 테크놀로지사(Ripcord Technology)의 자문위원회 회장으로 있다. 그의 제조업체, 유통업체, 정부조직, 소비자 상품 분야에 전문경험을 가지고 있다.

제이로스 출판사의 홈페이지(www.jrosspub.com) 자료실에서 본서와 관련된 부가자료를 무상으로 다운받을 수 있다.

제이로스 출판사(J. Ross publishing)에서는 실무적인 최신 자료를 제공하고 있다. 실무적인 자료는 독자들의 학습 경험을 강화시켜 줄 것이고, 독자들에게 다양한 학습을 통해 실무에 응용할 수 있는 기회를 제공해 줄 것이다. 독자들은 홈페이지를 통해 제공되는 다양한 자료를 무료로 이용할 수 있다. 온라인에서 제공되는 자료는 본서에서 나타난 것들로, 부수적인 템플릿, 워크쉬트, 모델, 계획, 사례연구, 프로포절, 스프레드쉬트 및 성과측정 도구 등이 제공되고 있다. 본서에 나타난 WAV(Web Added Value)라는 상징이 나타내는 의미는 제이로스 출판사의 웹사이트(www.jrosspub.com)에서 본서와 관련된 부수적인 부가자료를 독자들에게 제공한다는 의미이다.

『RFID 전략적 수행과 ROI : 성공을 위한 실무적 로드맵』에 대한 이용가능한 자료는 RFID 로드맵 포스터, RFID 기본 개념과 수행 전략에 대한 설명이 포함된 슬라이드로 구성되어 있다.

차 례

Chapter 1

RFID 기술의 기초와 응용

새로운 기술이 출현하게 되면 일반적으로 두 가지 상반된 견해가 존재한다. 러다이트 운동(The Luddite)[1] 시절부터 새로운 기술에 대하여 반대하는 세력과 옹호하는 세력이 존재하였다. 이는 RFID[2] 기술의 출현에 있어서도 유사한 경향을 보여주었다. RFID 기술은 1940년 중반에 나타난 기술로 최근에 와서 사회적, 상업적, 경영학적 측면에서 다양한 유용성을 제공해주는 기술로 소개되고 있다. 특히, 공급망 관리 분야에서 다양한 응용이 가능한 RFID 기술은 기업과 기업 간에 있어 완벽한 가시성 확보에 도움을 제공해 주고 있다.

특히 공급망에서의 RFID 기술 적용은 옹호세력과 반대세력 간에 벌써부터 다양한 갈등을 불러일으키고 있다. RFID 기술 옹호자들은 RFID 기

1) [역주] 1811~1817년 영국 중부와 북부의 직물 공업지대에서 일어났던 기계 파괴운동을 말한다.
2) [역주] RFID는 전파를 태그를 통해 인식하는 시스템이다. 일반적으로 RFID 시스템은 리더기(RF Reader, 판독기라고도 함), 전파식별 태그(RFID Tag), 소프트웨어, 네트워크로 구성된다. 전파식별 태그(RFID Tag)는 반도체로 된 트랜스폰더(Transponder)와 안테나(Antena)로 구성된다.

술이 바코드를 대체할 것으로 생각하고 있지만, 반대세력들은 RFID 기술은 바코드의 연장선상에 존재할 뿐 많은 투자를 하더라고 성과를 얻지는 못할 것으로 주장하고 있다. 이에 대한 선례로, 보잉사와 에어버스사는 미국 국방부의 지원을 받아 항공기 제조에 있어 RFID 기술 도입 전략을 채택하고 진행하고 있다. 세계 최대의 항공기인 에어버스 380은 10,000개의 RFID 태그[3])를 장착하게 될 것이다. 이 RFID 태그는 항공기의 분리 가능한 곳에 장착되어 항공기의 유지 보수 프로그램을 통제하는데 도움을 줄 것이다. 델타 항공사는 1년간 2만건의 수화물 처리를 위해 RFID 기술에 25만불을 지출하였다. 이것은 수화물 처리에 관련된 분실 및 이동 비용을 60만불 감소시켜 주었다. 하지만, RFID 기술에 대한 반대자들의 의견은 이는 순간적인 왜곡에 불과할 뿐 더 이상 RFID 기술의 사용이 증가되지 않을 것으로 주장하고 있다. 왜냐하면, 여전히 업무를 수행하는데 있어 RFID 기술은 불완전한 기술이기 때문이다.

토론에서의 주요 논쟁들

앞에서 말했듯이 RFID 기술에 대한 의견은 두 가지로 분명하게 나누어진다. 하나는 RFID 기술에 대한 긍정적인 견해이고, 다른 하나는 부정적인 견해이다. RFID 기술은 비상업적인 측면에서 동물들의 생명주기를 관리하는 데도 이용될 수 있고, 아기들을 관리하는 데도 이용될 수 있다.

---

3) [역주] RFID 태그는 액티브 태그(Active Tag)와 패시브 태그(Passive Tag)로 구분되며, 태그는 기능에 따라 데이터를 읽고, 쓰고, 수정하는 다양한 방식이 존재한다. 액티브 태그는 자체 내장된 배터리에서 전원을 공급하는 태그로, 태그가 부착된 장소나 물품의 ID번호, 제품·제조·유통 과정의 정보를 담고 있다. 반면, 패시브 태그는 배터리가 없기 때문에 리더기에서 송신되는 RF파워를 DC전압으로 변환시켜 작동되는 특징을 가지고 있다. 액티브 태그는 자체 배터리를 이용하고, 1MB의 메모리를 가지고 있고, 또한 인식길이가 길기 때문에 대규모 공장, 물류기자, 항만, 가축이력관리 등 장거리 통신 분야에 응용된다. 그러나 액티브 태그는 배터리를 장착해야 하기 때문에 태그의 크기가 크고, 비용도 비싸다.

반면에 RFID 기술은 개인의 사생활 침해를 발생시키는 문제점을 유발할 수 있다. 이러한 RFID 수행에 뒤따르는 잠재적인 장·단점이 미래에도 토론될 것이다. 긍정론자들은 RFID 기술의 발전적인 방향으로 활용할 수 있는 시나리오를 제공하고 있다. 이러한 기대는 RFID 기술에 대한 냉소주의자들에게 보다 많은 비평을 받을 수 있는 기회를 제공하고 있다. RFID 기술 구현은 기업과 사람 측면에서 결코 단순한 일이 아니기 때문에 보다 많은 연구가 뒷받침 되어야한다.

본서에서 우리는 비즈니스를 수행하는 회사들의 시장 상황에 따라 RFID 기술 도입에 대하여 보다 합리적인 의사결정을 내릴 수 있도록 RFID 기술의 활용에 대한 다양한 자료들과 타당한 사실들을 제공할 것이다. 또한 다양한 공급망 환경에서 성공적인 RFID 시스템의 구축과 운영비용에 대하여 보다 타당한 사실들을 제안할 것이다. 우리는 이 책에서 제안하는 내용을 기반으로 향후 10년 이내에는 기업이 RFID 기술을 완벽하게 도입할 수 있기를 기대한다.

RFID 기술에 대하여 우리가 생각했었던 가정들은 기업들이 공급망에서 RFID 기술을 통해 가시성을 확보하는 것이다. 그리고 RFID 기술이 군부대나 소매업 영역에서 단기적 수익을 제공하는 형태가 아닌 실제 경영혁신 도구로써 제 기능을 제공하는 것이다. RFID 관련 장비의 가격하락과 추가적인 연구 및 개발이 이루어진 후에, 무선통신 기술을 이용하는 RFID 기술은 기업 전체의 연결성을 강화해 줄 것이다. 이와 같은 진보를 통해 RFID 기술은 네트워크 통신시스템으로써 중요한 기능을 제공할 것이다. 우리는 어떻게 RFID 기술이 비즈니스에 적용되는가를 검토할 것이고, 왜 RFID 기술이 많은 관심을 받는가를 분석할 것이다. 또한 우리는 다양한 환경에서 RFID 기술의 지원 형태를 분석하고, 긍정적인 점과 부정적인 점을 지적할 것이며, RFID 기술 도입의 장점과 단점을 분석하여 미래에 RFID 기술을 도입하고자 하는 기업들에게 다양한 시사점을 제공해 줄 것이다.

RFID 시스템의 역사

여러 연구자들의 연구결과에 의하면 RFID 기술은 2차 세계대전 후반에 최초로 출현하였다고 보고되고 있다. 이때 영국은 적군 항공기와 영국군 항공기를 구별하기 위해 RFID 기술을 최초로 사용하였다고 한다. 이 당시 레이더 사용은 매우 제한적이었기 때문에 항공기에 적절한 신호를 제공하는 데는 어려움이 많았다. “Communication by Means of Reflected Power” 라는 세미나 자료를 보면, Harry Stockman은 “RFID에 대한 연구와 개발은 기술이 활용되기 전부터 이루어졌고, 유용하게 활용할 수 있는 분야를 찾고 있었다.”고 한다(Stockman, 1984).

실제로 RFID 분야에서의 유용한 응용분야는 10여년 전에 연구가 착수되었다. RFID 기술은 최신 기술이라고 하지만 이미 오래 전부터 알려진 기술이며 RFID 기술이 비즈니스 영역에서 활용되기까지 약 30년이 걸렸다. 초기 RFID 기술의 활용 형태는 추적이나 고속도로 지불 카드, 보안카드 등에 적용되었다. 여기서 중요하게 고려해야 할 바코드 시스템은 스캐너의 광학적 특성을 이용한 이미지 판독 및 인식 장치이다. 실제 바코드가 재고 추적을 위해 사용되기 전부터 바코드는 상품의 인식을 위한 비즈니스 표준으로 나타났으며 대부분의 사용자가 이를 수용했다. 마찬가지로 RFID 기술은 스마트 레이블, 메모리 카드, 재고관리를 강조하는 비즈니스 측면의 새로운 활용 형태로 자리잡게 될 것이다.

1974년에 기대치 않은 사건이 발생했다. 이때 12개국의 제조업체와 유통업체는 미국의 국제상품코드(Universal Product Code : UPC)에 대항

하기 위하여 표준 넘버링 시스템(Standard Numbering Systems)을 개발하기 위한 기초 조사를 수행하고 있었다. 이러한 노력으로 1977년 국제기구인 EAN(European Article Numbering)[4]이 설립되었다. EAN은 비영리 조직으로 설립되었고, 벨기에 부르쉘에 본부를 두고 있다.

1999년 RFID 기술 옹호론자들이 글로벌 네트워크를 창설하기 위해 노력하고 있는 시기에 매우 중요한 사건이 발생했다. 확장된 공급망에서 정보의 상호교환과 무결점 데이터 교환 환경을 구현하기 위한 저원가 태그(Low Cost Tag)와 안테나를 부착한 미세한 마이크로 칩이 개발되었다.

프록터 앤 갬블(Procter & Gamble), 질레트(Gillette), UCC(Uniform Code Council)가 합동으로 미국 메사추세츠주(Massachusetts)의 캠브리지(Cambridge)에 위치한 MIT(Massachusetts of Information Technology) 내에 Auto-ID 센터를 설립하였는데, 여기에서는 오스트레일리아의 아델라이드대학교(University of Adelaide)와 영국의 캠브리지대학교(University of Cambridge)가 참여하였고, 공급망 어플리케이션에 있어 RFID 연구를 수행하는 임무를 맡고 있다.

Auto-ID 센터에서는 저원가의 RFID 태그 개발을 목표로 연구를 진행하고 있다. 현재는 RFID 태그를 장착한 모든 아이템간의 정보 교환, 관리, 통제가 가능하도록 지원하는 방안을 연구하고 있다. 지난 2년 동안 Auto-ID 센터에는 주요 가정용품 개발회사와 유통업체, 정부기관,

---

4) [역주] EAN은 European Article Numbering의 약자로 표준화된 바코드로 유럽물품번호로 불린다. 현재 소매업체, 물류업체, 제조업체에서 사용하는 표준화 된 코드체계는 13자리이며, 단축형 표준체계로는 8자리가 사용된다. 현재 우리나라는 1988년부터 국제코드관리기관에 가입되어 있으며, 이를 이용하고자 하는 기업은 한국유통정보진흥원에 등록을 통해 이용할 수 있다.

하드웨어 제조업체, 소프트웨어 및 컨설팅 회사들이 이 연구에 참여하고 있다.

2001년 10월 1일에 Auto-ID 센터와 스폰서 기업들은 오클라오마주(Oklahoma)의 툴사(Tulsa)에서 소매업체인 샘스클럽(Sam's Club)에서 RFID 신기술에 대한 최초의 대규모 시험을 진행하였다. 초기의 파일럿 테스트 결과 충분히 RFID 기술이 월마트와 같은 대규모 기업의 비즈니스에 활용될 수 있음이 증명되었다. 이에 따라, 미국 국방부에서는 재빠르게 RFID 기술을 활성화하기 위한 정책을 쏟아냈다.

2003년 10월에 EAN International과 UCC(Uniform Code Council)[5]에서는 EPC(Electronic Product Code)[6] 네트워크에서의 개발 및 적용을 지원하도록 Auto-ID 센터의 관리 기능을 확대하였다. 이에 따라 제조업체들과 상품 유통업자들은 EPC 네트워크에서 96bit EPC 작업이 가능하게 되었다. 이와 같은 시기에 EPC글로벌(EPCglobal)[7]로 알려진 RFID 전문조직이 설립되어 RFID 기술 수행에 다양한 도움을 제공하게 되었다. EPC글로벌은 우리가 생활하는 세계 어디에서나, 어떤 산업 군에서 실시간 인식과 자동화된 인식 및 정확한 인식을 위한 글로벌 표준을 제

5) [역주] UCC(Uniform Code Council)는 통합코드관리기관으로 해석된다. UCC는 상품표준기반 구축을 위한 솔루션 개발/보급/지원하는 비영리 기관이다. UCC는 EAN Internatioal의 회원기관이다. UCC 하부기관에는 UCCnet과 Rosettanet이 있다.

6) [역주] EPC(electronic product code)란 우리말로 차세대바코드로 번역되며, 각 제품에 할당되는 고유의 제품번호표준이다. EPC는 RFID 태그에 내장된 코드로서 비트 크기에 따라 EPC-64, EPC-96, EPC-256 등 버전이 있다. EPC-96은 코드의 종류를 구분하는 버전헤더 8비트, EAN.UCC 제조업체 번호 28비트, GTIN(Global Trade Item Number)을 포함하는 제품 번호 24비트, 일련 번호 36비트 등 총 96비트로 구성되어 있다. EPC의 특징은 각각의 제품에 고유 번호가 부여되며, 각종 정보가 저장된 데이터베이스와 연계되어 가격이나 제조업체, 제품의 위치 정보까지 추적가능하다.

7) [역주] EPC글로벌(EPCglobal)은 RFID의 전자상품코드(Electronic Product Code)에 대한 국제적 표준 개발 및 관리를 하는 국제민간표준기관를 의미한다.

안하는 EPC 네트워크를 지원하는 것을 목적으로 설립되었다. EPC글로벌의 목적은 EPC글로벌 네트워크 이용을 위한 국제적인 동의를 이끌어내는 것이다(EPCglobal, 2004).

RFID에 대한 기대

본 단원에서는 RFID 기술의 활성화를 위해 향후에 두 단원에서 보다 자세히 설명될 월마트와 미국 국방성과 같은 거대한 조직을 살펴보도록 하겠다. 공급망에서 팔레트(Pallet)의 추적과 이동관리를 위한 RFID 기술의 사용이 때로는 문제를 발생하기도 한다. 유럽의 소매업체들, 예를 들면 영국의 테스코(Tesco), 프랑스의 까르프(Carrefour), 독일의 매트로 AG(Metro AG) 그리고 미국에 본사를 두고 있는 알버트슨 식품점(Albertsons Grocery Stores), 베스트 바이(Best Buy), 타겟(Target) 등과 같은 조직들은 RFID 기술의 도입을 발표하였다. 이들은 RFID 기술이 의심할 여지도 없이 업무 프로세스를 효율적으로 변화시켜 유용성을 제공해 줄 것으로 예측하고, 기업들은 RFID 기술 도입을 위해 미들웨어[8], 소프트웨어, 안테나, 리더기, 태그, 칩 등과 같은 시스템을 도입했다. 그러나 RFID 기술이 수익을 실현해 줄 것이라는 데는 반대 의견도 많다. AMR 리서치의 카라 로마노우(Kara Romanow)에 의하면, "많은 월마트의 공급자들은 RFID 도입이 ROI(Return on Investment)[9]에 큰 도움을 주지 않을 것으로 생각하거나, 심지어는 적자를 유발할 것으로 생각해

---

8) [역주] RFID 미들웨어란 RFID 시스템과 RFID 시스템에 의해 획득된 데이터를 관리하는 응용 프로그램 사이에서 상호작용을 위한 중계 역할을 하는 소프트웨어 프로그램을 의미한다.

9) [역주] ROI(Return on Investment)기법은 글로벌 기업인 듀퐁(Du Pont)사에서 개발된 성과측정 기법이다. 우리말로 투자대비효과, 투자대비효율성, 투자수익, 총자산대비수익률 등으로 다양하게 번역되고 있으며, ROI는 기업의 재무비율이 상호간 연결성을 파악해줌으로써 경영목표를 달성하게 해주는데 유용한 가이드라인을 제공해 준다.

기술투자를 꺼렸다”고 하였다(Gartner, 2004).

미국 매사츄세츠주에 본사를 두고 있는 개인 위생용품 제조업체인 질레트(Gillette)사는 RFID 기술 도입이 혁신적으로 재고 및 물류비용을 감소시켜 줄 것으로 확신하고 RFID 기술 도입을 위한 조사를 수행하였다. 소매업체들은 RFID 기술 도입을 통해 진열대 위에 쌓여있는 재고의 결품을 감소시켜 성과를 개선하였다. 미국 식약청(Food and Drug Administration)은 상당한 양의 위조 의약품(위조 의약품은 미국은 7%, 유럽은 20%, 아프리카는 40%임)을 감소시키기 위해 RFID 기술의 이용을 강력하게 추천하기도 하였다.

미국 안보국은 즉각적으로 이동용 컨테이너 적재화물에 대한 인증을 위해 RFID 기술 도입을 위한 기초조사를 시작했으며, 현재는 전체 컨테이너의 약 2%만이 검사되고 있다. 더불어 군사 분야에서도 RFID 기술은 매우 중요한 기술로 인식되고 있다. 미국 국방성에서는 RFID 기술 도입이 확실히 비용을 줄여줄 것이고, 위험을 감소시켜 줄 것으로 예측하고 있다.

그러나 여기에 RFID 기술 도입을 반대하는 우려의 목소리도 증가하고 있다. 만약 위치인식을 위해 팔레트에 장착되는 20~35센트 정도되는 태그 비용을 공급업자가 지불하면 전체 물류비용을 감소시켜 줄 것으로 보인다. 그러나 이 같은 내용이 개인용품이나 소매용품에는 적용을 위해 제안되었을 때 RFID 태그 비용 문제로 인해 거부될 것은 자명한 사실이다. 실제로 값비싼 상품에는 RFID 기술 적용이 가능하겠지만, 저렴한 가격의 상품에는 적용할 수 없는 문제가 존재한다. 예를 들면, 상품 가격이 저렴한 치약에 어떻게 25센트의 태그를 장착하고 어떻게 비용을 절감할 수 있을 것인가는 심각하게 고려해야 할 문제이다. 미래에도 이러한 갈

등은 지속될 것이므로 RFID 기술에 대한 옹호론자와 냉소주의자는 RFID 기술의 수용과 거부에 대하여 지속적으로 대립의 칼날을 세울 것이다.

RFID의 정의

RFID 기술의 사용이 증가함에 따라 해결을 필요로 하는 다양한 문제들이 빠르게 나타날 것으로 예상된다. 현재 거론되고 있는 RFID 기술과 그 구성요소는 무엇인가? RFID 기술이란 무엇이고, 어떠한 방향으로 발전할 것인가? 만약, 우리가 의미 있는 해결책을 찾기 위해 노력한다면, 이러한 질문들에 대한 해답을 찾게 될 것이다. 본서의 목적을 달성하기 위하여, 디지털 워터마크, 디지털 서명 등과 같은 용어처럼 우리는 전자파를 이용해 자동으로 상품을 분류하는 기술에 대한 일반적인 용어로 RFID 기술을 사용할 것이다. EPC 용어를 살펴보면 특별히 수동형 RFID 태그와 EPC글로벌에서 지원하는 표준안에 대하여 언급하고 있다. 이들 용어는 공급망에서의 활용을 특별히 강조하고 있다.

RFID 기술에 대한 이해를 높이기 위하여 [그림 1.1]의 전자서명 사례를 제시했다. 그림과 해설은 RFID 기술의 작동 원리에 대하여 상세하게 설명하고 있다. 팔레트에 부착한 RFID 칩과 태그에 저장된 전자상품코드는 리더기를 통해 서반트 시스템(Savant System) 및 중계 시스템으로 전송된다. 전송된 정보는 다양한 목적으로 사용될 수 있으며, 온라인 네트워크 시스템과 또 다른 거래 파트너들에게 전송될 것이다. 이론적으로, 팔레트의 내용물과 팔레트의 특정 부분에 RFID 태그가 부착될지라도 추적이 가능하다.

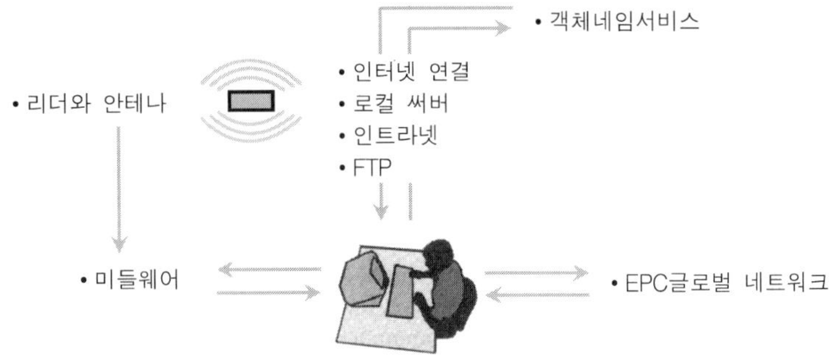

- RFID 태그 – 안테나에 부착된 작은 마이크로 칩으로, 일반적으로 접착력 있는 레이블 (adhesive label)의 일부분으로 내장되어 있다. 이 레이블은 바코드를 가지고 있고, 인간이 읽을 수 있는 정보를 가지고 있다. 태그는 읽고 쓰기를 할 수 있고, 유일한 분류코드를 가지고 있다.
- 리더기와 안테나 – RFID로부터 라디오 신호를 받고 변환기능을 제공하는 하드웨어. 리더기에 장착된 안테나를 통해 리더기들은 커뮤니케이션을 한다.
- 미들웨어 – RFID 시스템의 중계 역할을 수행한다. 기업의 시스템에서 데이터를 이용할 수 있도록 데이터를 거르고 통과시키는 기능을 제공한다.
- 객체 네임 서비스(Object Name Service) – EPC글로벌에 의하며 관리되며, DNS와 유사한 기능을 제공한다. 거래관리와 상품정보를 교환하기 위한 회사들에게 허용되는 네트워크에서 데이터를 제공하고, 이름을 찾는 기능을 제공한다.
- EPC글로벌 네트워크 – EPC글로벌에 의하여 인터넷에 기반해 네트워크를 관리한다. EPC글로벌은 백본망을 제공하고, EPC 정보를 교환하기 위한 서비스를 제공한다.

그림 1.1 RFID 기술의 작동원리(EPC글로벌)

우리는 [그림 1.2]를 통해 RFID 기술의 동작원리를 보다 자세히 살펴볼 수 있다. RFID 기술은 태그를 장착한 시스템으로 무선 환경 하에서 정보의 분석과 수집을 통해 특정 상품에 대한 전자적 분류를 가능하게 해준다. 또 다른 관점에서, RFID 기술은 EPC가 분류한 항목정보를 포함하고 있는 서버를 통해 정보를 보호하는 기능을 제공한다. 물체의 데이터(시리얼 넘버, 물체정보 등)는 물체에 장착되거나 내장된 칩에 저장된다. 저장된 정보는 무선통신 환경 하에서 RFID 리더기를 사용하여 물체를 인식한다. 기술적인 관점에서, RFID 기술은 내장된 고유의 EPC의 레이블(Label)을 가지고 있으며, 그 특징은 다음과 같다.

- 제품에 대한 중복식별을 피하기 위해 분류 항목들에 대한 표준화된 명명법은 적절한 무선 주파수 대역별로 다양하게 존재한다[10].
- EPC 및 그 밖의 정보는 안테나가 장착된 마이크로 칩에 저장된다. 칩과 안테나는 트랜스폰더 또는 일반적인 RFID 태그라고 불린다.
- 리더기로부터 전력을 공급받는 읽기 가능한 태그는 수동형 태그이다. 반면 태그 내에서 전력을 자체적으로 가지고 있는 것은 능동형 태그라고 한다. 반수동형 태그는 리더기로부터 커뮤니케이션을 위해 전력을 가져오고, 칩을 운영하기 위해 통합된 배터리를 사용한다.
- RFID 태그는 바코드와는 달리 라인이 없어도 읽을 수 있다.
- RFID 태그는 대부분의 상품에 장착할 수 있을 정도로 매우 작다.

또 다른 기술적 측면에서 송신기(Transponder)[11]는 특수 안테나를 가진 수신기(Receiver)를 통해 무선 스펙트럼 신호를 특수한 지점으로 돌려보낸다. 송신기와 수신기는 워킹 시스템을 구성하고 있고, 일반적으로

---

10) [역주] RFID는 주파수 대역별 응용분야가 다양하게 나타나고 있다. 주파수대별 특징을 살펴보면 (1) 저주파 대역인 13.5KHz 이하의 주파수 대역에서는 공정자동화, 동물관리 등 근거리에서의 정보 인식에 활용되며, 시스템 구축비용이 저렴한 특징을 가지고 있다. (2) 고주파 대역인 13.56 MHz 주파수 대역에서는 IC 카드, 신분증, 도서 등 대여 물품 관리, 출입 및 통제, 보안 등에 이용되고 있으며, 1m 이내에서 정보를 인식할 수 있으며, 데이터 전송상의 신뢰성이 매우 높은 특징을 가지고 있다. (3) UHF 주파수 대역인 433MHz, 860-930MHz 대역을 이용하는 주파수 대역은 최대 수십 m 정도에서 무선으로 정보를 인식할 수 있기 때문에 유통 및 물류에 이용되고 있으며, 컨테이너 관리 등에 활용되고 있다. (4) 마이크로파 대역인 Ghz 대역에서는 잡음의 영향을 적게 받는 특징이 있다. 그러므로 근거리보다는 원거리 통신용으로 적합하며, 시스템 구축에 고성능의 하드웨어가 요구되므로 구축비용이 많이 드는 단점이 존재한다.

11) [역주] 트랜스폰더는 전파를 받음과 동시에 발사하는 RFID 시스템 구성요소이다. 전파식별 태그(RFID tag)는 반도체로 된 트랜스폰더(Transponder)와 안테나(Antena)로 구성된다.

이들 시스템은 데이터 교환 기능을 제공하기 위해서 동일한 주파수 대역에서 작동되는 특징을 가지고 있다. 전형적인 RFID 시스템의 구성요소는 다음과 같다.

- RFID 태그의 크기는 머리핀에서 손바닥크기 만한 것에 이르기까지 다양하다. RFID 태그는 마이크로 프로세스(예를 들면 전자 회로, 데이터 인식 장치, 데이터 송수신을 위한 리더기 등)를 내장한 작은 무선 주파수 칩을 내장하고 있다. 무선 주파수는 데이터를 교환한다. 태그는 읽기 전용 또는 읽고 쓸 수 있는 메모리(일반적으로 8~256k)를 가지고 있다.
- 무선통신 환경 하에서 전자파의 신호 변환과 수신기능을 갖춘 안테나는 데이터 교환 역할을 수행한다.
- 리더기와 무선 주파수 변환기는 태그에 정보를 전송하거나, 태그로부터 데이터를 수신할 경우 이용된다. 리더기는 안테나를 통해 태그와 통신하며, 어플리케이션 소프트웨어로부터 명령을 전송받아 무선 신호를 디지털 정보로 변환하고, 수동형 태그에 전력을 공급하는 역할을 수행한다.
- 상품과 재고의 상태 추적과 같은 특별한 기능을 수행하는 어플리케이션 소프트웨어는 자동발주 반복 기능, 재고보충 기능을 제공한다. 이 소프트웨어는 태그에 다른 데이터(예를 들면 판매, 중요한 이동, 팔레트 상태)를 쓰기 위하여 특별한 리더기를 통해 데이터를 전송한다.
- 미들웨어(Middleware)는 고성능 어플리케이션 레이어(High Application Layer)에서 저성능 어플리케이션 레이어(Lower Application Layer)에 이르는 하드웨어 구성요소들과 밀접한 관련이 있다. 미들웨어는 읽고 쓰기 명령을 보다 신뢰할 수 있도록 구현하는 기능을 제공하며, 정확한 위치에 데이터가 도착될 수 있도록 경로 안내 및 전송 기능

을 수행한다. 또한 실시간 위치 및 정보량을 파악해 안내 및 경고를 위한 시스템의 감시기능을 수행한다. 예를 들면, 만약 소매업체가 특정 재고수준(선반 또는 케이스, 창고의 팔레트 수준)에서의 상품을 유지하기를 원한다면, 그 규칙은 미들웨어에 의해 생성되며, 만약 원하는 재고수준 이하로 상품이 나타날 때, 자동적으로 재보충되도록 지원해 준다.

- 주 컴퓨터는 ERP시스템과 마찬가지로 리더기를 통해 태그에서 데이터를 읽고 쓸 수 있도록 해주고, 주 컴퓨터는 획득된 데이터를 평가 및 저장해주고, 어플리케이션에서 트랜시버를 연결해준다.

RFID 태그는 지속적인 개발과정을 통해 그 성능이 개선되고 있다. 현재의 RFID 코드 구조는 8비트의 헤더, 28비트의 도메인 관리자(Domain Manager), 24비트의 객체 클래스(Object Class), 36비트의 시리얼 넘버(Serial Number)를 포함한 "Generation 2 EPC Tag" 라는 형태를 가지고 있다. RFID 태그 기술이 발전함에 따라, RFID 태그는 Wi-Fi(Wireless Fidelity)[12] 또는 블루투스 칩(Bluetooth Chip)[13]과 유사해지고 있다. RFID 칩은 배터리 없이 오래 사용할 수 있고 유지 보수가 거의 필요 없는 방향으로 발전되고 있다. RFID 기술에 대한 응용 가능한 표준화, 주파수, 구성요소의 구조에 대한 부가적인 정보는 부록에서 제공하였다.

---

12) [역주] 와이파이(Wi-Hi)란 2.4 GHz대역을 이용하는 무선 LAN 규격 IEEE 802.11b에서 규정한 사항을 충족시키는 무선인식 장비에 주어지는 인증 마크이다.

13) [역주] 블루투스란 무선 통신 장비들 사이에서 가까운 거리에서의 낮은 전력을 이용한 통신을 하기 위한 표준이다. 예를 들면, 휴대폰, 헤드셋, PDA, 프린터 등에서 무선 데이터 교환을 구현하는 기술이 여기에 해당한다. 현재 에릭슨, IBM, 인텔, 루슨트, 마이크로소프트, 노키아, 도시바, 모토롤라, 삼성전자, LG전자 등과 같은 글로벌 회사들이 블루투스 연구 그룹을 구성해 지속적인 연구를 수행하고 있다.

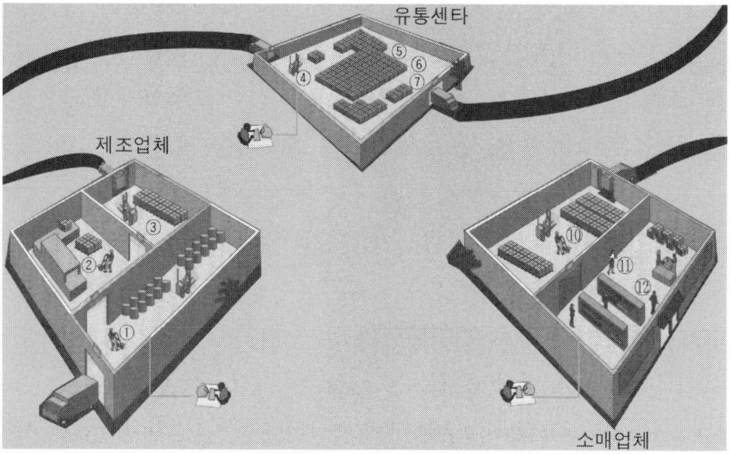

1. RFID 태그가 부착된 원재료(Raw Material)들은 자동적으로 입고된다. 자동인식 기능으로 수작업으로 일어나던 검사와 데이터 입력에서 발생하는 시간과 오류율을 현격하게 줄일 수 있었다. 상품 정보는 직접적으로 재고시스템으로부터 받아서 상품에 대한 주문을 할 수 있으며, 실시간으로 자동보충을 수행하여 생산 및 판매 흐름을 저해시키지 않는다. 즉 RFID 기술은 재고관리 단계를 역동적인 환경으로 변화시킨다.
2. RFID 태그는 재료의 검사에서 추적에 이르기까지 연속적으로 제조 과정에서 다양한 정보를 제공한다. 생산 계획 시스템과 RFID 기술을 통합한 기업은 최적의 생산계획을 수립하기 위하여 원재료와 제조중인 제품을 실시간으로 체크할 수 있으며, 제조업체는 최종 조립라인에서 생산되는 제품 또는 유통되는 제품에 태그를 장착하게 된다.
3. 선적은 팔레트에 적재하는 단계에서 RFID 기술을 활용하여 이동 중인 제품을 자동추적 관리하여 업무처리 절차를 효과적으로 개선할 수 있다.
4. 창고로 도착되는 상품들은 RFID 리더기에 의해 자동적으로 인식된다. 입고된 상품들은 자동으로 할당, 기록, 보충된다. 크로스-도킹(Corss-Docking) 작업은 외부로 운송되는 상품의 검수 서류와 매치가 됨으로써 간결해진다. 결국 창고효율성은 높아지고, 상품들은 자동적으로 충원된다.
5. 공급망 네트워크에서의 다양한 지점에 설치된 센서는 현재의 습도, 온도 등 다양한 정보를 제공해 준다.
6. RFID 기술은 실시간 재고보충과 재고 정확성, 경로 선택의 다양성 등의 특징에 의해 창고관리시스템의 효율성을 높이고, 창고관리시스템은 다른 물류관리 어플리케이션과 조화를 이룰 수 있게 된다.
7. 외부로부터 들어오는 상품은 태그의 정보를 통해 검증과정과 중요한 물류관련 문서(BOL. ASN, CSO)들을 통합하는 과정을 통해 고객은 다양한 성과를 창출할 수 있다.
8. RFID 시스템은 실시간으로 상품출하정보를 추적하는데 그 투명성을 증가시킨다. 이러한 기능의 대부분은 주로 운송장에 의해 관리되지만, RFID는 상품 이동시 관리지점별 정보의 투명성을 보장해 줄 수 있다.
9. RFID 기술을 이용한 소매점에서의 상품 추적 관리는 업무 프로세스를 효과적으로 개선시킨다. 태그를 붙인 상품은 창고에서 판매되기까지 지속적으로 관리되고, 잘못 인도된 상품이나 빈 선반들은 네트워크를 통해 수시로 관리되어진다.

10. RFID 어플리케이션의 중요한 기능 중 하나는 자동으로 보충하는 기능으로 재고수준은 내부에서 발주하는 주문에 의해 균형을 이룬다. 이 결과 상품 보충 프로파일은 보다 투명해 진다.
11. 상품에 대한 반품관리는 RFID 시스템에 의해 제공되는 추적관리를 통해 확보되는 가시성에 의해 개선될 수 있다.
12. 상점내 상품의 손실 및 도난은 각 상품에 부착되어 있는 태그에 의해 감소될 수 있다. 이 태그들은 고객이 상품의 가격을 정상적으로 지불하였을 때 태그의 기능은 파괴되며 만약 파기되지 않은 채로 상품을 들고 누군가가 점포를 떠나려한다면 리더기에서 경고음이 울리게 된다.

그림 1.2 RFID 기술의 지원 가능성

RFID 시스템의 작동원리

전통적인 RFID 시스템의 작동 원리는 [그림 1.3]과 같다. [그림 1.3]에서는 기본적인 RFID 시스템의 작동 원리와 배치형태를 나타내고 있다. RFID 시스템은 능동형이나 수동형 RFID 칩에 저장된 정보를 안테나를 통해 리더기로 전송하고, 컴퓨터 시스템에서 활용 가능한 정보로 가공한다. 모든 시스템은 리더기, 컴퓨터, 칩, 안테나, 변환기가 기본적인 구성요소이다. 공급망에서 RFID 기술을 활용하여 협업이 가능해짐에 따라 프로세스의 흐름은 [그림 1.2]에서 보는 바와 같이 보다 유기적 관련을 맺게 된다.

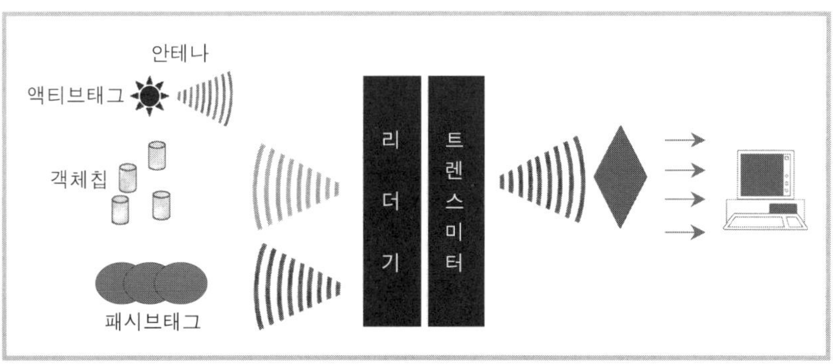

그림 1.3 RFID의 작동 원리

상업적이고 산업적인 목적에서 이용되는 조건하에서, 상품이 담긴 종이 상자에 RFID 태그를 사전에 붙여 포장하고, 상품의 수량을 추적한다. 리더기가 태그의 정보를 인식하기 시작하면서 상품케이스를 실은 팔레트는 제조업자에게 배송된다. 태그는 전자상품코드(EPC)를 전송하고 이 정보를 서반트 서버14)에 저장된다. 여기서 인터넷을 활용하여 확장된 공급망의 정보 추적을 가능하게 한다.

상품 케이스가 유통센터에서 도착하게 되면 케이스의 개봉 없이 태그 정보를 읽어 지속적으로 다음 단계로 진행한다. 소매업체에서는 이러한 정보가 지속적으로 갱신되는 절차를 거치고, 재고는 실시간으로 정확하게 관리된다. 소매업체의 진열장 근처에 장착된 리더기는 진열장에 상품이 보충되거나 결품이 발생될 때 재보충이 필요한 사항에 대하여 RFID 시스템은 이를 인지하여 알려준다. 이 시스템에서 신용카드로 구매한 기록은 리더기에 의해 자동으로 기록되기 때문에 소비자가 누구인지 파악할 수 있다. 더불어 소비자의 집에서 쇼핑 리스트를 작성하여 활용할 수 있다.

물론 RFID 기술 관련 주요 관심사는 추적 기능을 수행하는데 필요한 장비의 가격을 감소시키는 것으로, [그림 1.4]는 클래스0, 1에서 클래스5

14) [역주] RFID에 사용되는 서버급 컴퓨터는 서반트 서버(Savant Server), PML(Physical Markup Language) 서버, ONS(Object Name Service) 서버로 구성된다. (1) 서반트 서버란 RFID를 부착한 상품이나 박스, 팔레트가 리더기를 지나갈 때 전자제품코드(EPC) 정보를 취득하는 일종의 미들웨어로 리더기와 연결돼 있다. 또 인터넷을 통해 ONS서버의 데이터베이스로 EPC를 조회해 정보를 처리하는 기능도 갖추고 있다. (2) PML 서버란 서반트 서버(Savant Server)가 모아온 정보들, 즉 제품명을 비롯해 현재 상태, 위치 등을 PML 형태로 저장·보관하는 서버다. (3) ONS 서버란 인터넷 주소 정보를 제공하는 DNS(Domain Name Service)처럼 ONS는 RFID 상품 정보를 제공한다. 즉, PML서버의 주소를 정의하고 있다가 Savant가 필요로 할 경우 이를 전달해 PML서버의 제품 정보를 찾아낼 수 있게 도와준다.

에 해당하는 태그의 특성을 보여주고 있다.

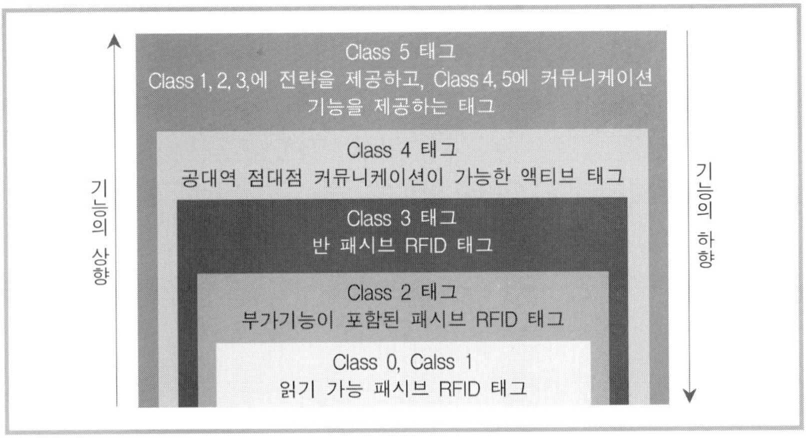

그림 1.4 RFID 태그의 기능과 가격

값비싼 수동형 RFID 태그는 10~30센트 정도 대의 가격을 형성하고 있다. RFID 기술 옹호론자들은 RFID 기술에 대한 광범위한 이용으로 태그 값이 5~10센트대로 하락할 것으로 주장하고 있으며, 프록터앤갬블(Procter & Gamble)사는 태그 값이 10센트 정도가 적당하다고 이야기하고 있다.

RFID 시스템은 리더기 및 다른 구성요소의 원가를 포함해, 50,000~250,000불로 가격이 높게 형성되어 있다. 높은 구현 비용은 잠재적으로 RFID 시스템 도입에 매우 큰 영향을 미칠 것으로 예상된다. Auto-ID 센터의 설립 멤버로 참여하였던 14개의 기업들은 만약 그들이 생각하는 모든 물체에 태그를 장착할 때 매년 약 4,120억 개의 RFID 태그를 소비할 것으로 예상했으며, 또한 미국의 우편서비스에 RFID를 도입했을 경우 매년 우편물에 장착되는 태그가 2,000억개가 상회할 것으로 예측하였다.

RFID의 우수성

RFID 시스템에 대한 옹호론자들은 RFID 기술을 사용함으로써 얻을 수 있는 장점들이 많다고 한다. 본 단원에서는 이러한 장점에 대하여 설명하고자 한다. RFID 기술 옹호론자들은 RFID 시스템은 실시간으로 이동되는 데이터의 추적을 용이하게 해주고, 위조와 도난으로부터 유용한 지식들이 보호해 준다고 믿고 있다. 또한 RFID 시스템이 가지는 확실한 기술적 우위에 대하여 다음과 같이 설명하고 있다.

- RFID 시스템은 바코드와 같이 인식을 위한 선이 필요하지 않으며, 쉽게 추적할 수 있는 장점을 가지고 있다.
- RFID 리더기는 현재의 기술수준에서 동시에 약 1,000개의 다양한 태그를 인식할 수 있다.
- 리더기에 인식된 상품 정보는 메뉴얼에 의한 작업이 필요 없다.
- RFID의 신호는 금이나 금속 등을 제외하고는 포장지를 관통해서 정보를 인식하기 때문에 포장을 제거하지 않고도 인식할 수 있는 장점을 가지고 있다.
- 상품에 내장된 태그들은 손상, 도난, 파손의 염려가 없다.
- 태그는 바코드에 비해 다양한 정보를 7배 정도 저장할 수 있다.
- RFID 태그에는 부가적인 정보를 쓰고 저장할 수 있다.
- RFID의 정보의 추가, 변환 등과 같은 유연한 기록능력은 SCM상에서 상품 이동시 프로세스 개선에 큰 효과를 제공해 준다.

RFID 시스템의 기술적 특성에 있어, 옹호론자들은 RFID 시스템이 전체 공급망의 상류에서 하류에 이르기까지 제조, 배달, 보충시스템을 통합해 가시성을 확보할 것이고, 확장된 기업의 핵심 구성요소로 자리매김할 것으로 보고 있다. 한 장소에서 다양한 상품들의 정보를 처리하고, 자동으로 데이터를 확보하는 능력은 확실히 재고관리 시스템에 가치를 개선시키는 역할을 한다. 정보를 보호하는 능력과 추적하는 능력은 오늘날 비즈니스 환경에 다양한 장점들을 제안해 준다. 특히, 이동 중인 수화물에 대한 인증 측면에서 매우 중요할 것으로 전망된다. Auto-ID 센터의 전 연구소장인 케빈 아스톤(Kevin Ashton)에 의하면 "RFID 기술은 미래를 공급망에서 실시간으로 물리적 물체 간 상호 커뮤니케이션을 가능하게 해줄 것이며, 더불어 공급망 파트너 간의 물품 거래 및 재고관리를 정확하게 처리할 수 있도록 해줄 것이다"라고 하였다(Quinn, 2003).

우리는 새로운 시대에 커뮤니케이션과 지식 교환 관점에서 RFID 시스템의 도입이 새로운 비즈니스의 안내자의 역할을 할 것으로 생각한다. 또한 RFID 기술 도입 확대는 무선통신 환경에서 자산 이동에 대한 가시성을 확보해 줄 것으로 생각한다. 이러한 역량들은 다음 단원에서 보다 자세히 논의될 것이다.

경제적인 측면에서, RFID 기술은 데이터 수집과 업무기능에 있어 노동 비용을 절감시키고, 데이터 추적 및 통제에 있어서도 비용을 절감 시켜 줄 것으로 기대된다. 또한 RFID 시스템은 보다 안전한 재고관리를 가능하게 해주고, 분실 및 파손에 따른 비용을 절감해 줄 것이다. 이를 통해 자사의 경영 상태를 자산관점에서 개선시켜 줄 것으로 기대된다. 그러나 우리는 지나치게 RFID 기술이 모든 것을 해결해 줄 것으로 기대하는 것에 대해 강력하게 경고하고자 한다. RFID 기술은 그 자체로 데이터 획득 및 전송에 중요한 기능을 제공한다. 비즈니스 환경과 공급망 정보시스템 내에서 실제 RFID 기술의 가치가 실현될 것이다.

RFID 기술의 문제점

RFID 기술의 미래에 대하여 어느 누구도 발전과 쇄락에 대하여 확신할 수 없다. 카네기멜론 대학교(Carnegie-Mellon University)의 선더 케크라(Sunder Kekre) 교수는 RFID 기술의 미래에 대하여 다음과 같이 경고하고 있다. "RFID 기술은 다양한 데이터를 생성할 것이다. 그러나 우리는 그 데이터를 이용해 어떻게 활용할 것이며, 효과적인 이용을 통해 어떠한 가치를 창출할 것인가? 우리는 비즈니스를 위해 보다 지능화된 접근법을 개발해야 할 것이다"(Kekre, 2004).

가트너 그룹(Gartner Group)의 연구 부소장인 Brain Zrimsek은 2004년 오스트리아 시드니에서 열린 심포지엄에서 RFID 기술로 황폐화된 미래를 제시했다. Brain Zrimsek은 월마트의 RFID 시스템 구축 사례를 들어 공급자들에게 "Act on Fact"로 알려진 것처럼 프로세스 혁신을 가져다주지 못한다는 사례를 들면서, 현재의 RFID 활용수준이 비즈니스 프로세스 혁신에 기여를 하지 못할 것을 경고했다. "Act on Fact"는 일, 시간, 초 단위가 아닌 주문과 동시에 실행되는 공급망 프로세스를 의미한다. Zrimsek은 다음과 같이 주장했다. "나는 적어도 2010년까지 기업에서의 대규모 RFID 시스템 구현이 이루어지지 않을 것으로 생각한다. 월마트의 RFID 구현 성공사례는 전략적 수단이라기보다는 단순한 기능적 차원의 RFID 성공사례라고 생각한다. 월마트의 RFID 구현사례는 기본적으로 또 다른 레이블링 시스템일 뿐이다."(Zrimsek, 2004).

RFID 기술 도입이 진행되면서 리엔지니어링(Reengineering)과 리스트럭처링(Restructuring)의 필요성과 개인정보보호 및 보안에 대한 문제가 뒤따르고 있다. RFID 기술 도입에 있어 비용측면에서 바코드의 활용성을 고려하여 반대의견이 보다 많이 나타나고 있다. RFID 기술에 대하여 반대하는 사람들은 바코드 시스템의 폭넓은 활용성에 대해 설명하면서 새롭게 대두되는 RFID 기술의 사용에 대하여 여러 가지 부정적 의견을 제시하고 있다. 왜 우리는 태그를 필요로 하는가? RFID 기술에 대한 투자를 통해 우리가 얻을 수 있는 이익은 무엇인가? 이러한 다양한 질문에 대하여 RFID 기술이 제공해 주는 자동화된 데이터 인식기술(무선인식을 통한 자유로운 데이터 획득, 고속의 데이터 인식 등) 능력을 통해 지속적으로 개선될 수 있는 가능성에 대하여 제시했다. 기술이 점차 개선됨에 따라, RFID 기술의 데이터 인식 범위와 인식 속도에 대한 능력은 지속적으로 향상되고 있다. 보다 중요한 관점은 RFID 기술의 발전은 재고관리가 어려운 환경에서 보다 용이한 업무를 지원해주는 기술로 이용될 수 있다는 것이다.

일부에서 제기하고 있는 RFID 기술에 대한 우려는 글로벌 환경에서 RFID 시스템의 한계에 관련된 기술적인 관점에서 유발되었다. 왜냐하면, RFID 기술은 다양한 주파수 대역을 사용하고, 규제 및 표준이 부재하고, 잔여 주파수 대역 자원을 활용하는 특성이 있기 때문이다. 또한, 보다 성숙한 RFID 기술의 활용을 위해서는 서로 보조를 맞추는 보완기술이 필요하다. 칩에 대한 포장(Packaging)과 엠보싱(Embossing) 프로세스는 보다 경제성을 갖도록 해야 하며, 리더기의 비용을 가능한 25달러 이하로 낮추어야 한다. 이러한 기술적인 요소들은 몇 년 내로 해결될 것으로 보인다. 또한 데이터 인식에 있어 여러 가지 문제점이 나타나는 물, 금속 등과 같은 다양한 매체에서 태그 인식에 대한 간섭 현상(Interference)[15)]또한 중요한 관심 영역이다.

RFID 기술의 문제점에 있어 방대한 새로운 데이터의 예상치 못한 손실이 발생하였을 때 나타나는 여러 가지 문제점에 대하여 논의할 것이다. 예를 들면, 어떻게 이 데이터를 누적 관리하고 공유할 것인가? 이 정보의 관리 주체는 누가 정보에 접속할 수 있도록 허락할 수 있을까? 어

---

15) [역주] 물리학에서 교차하거나 같은 경로로 진행하는 2개 이상의 파열이 겹칠 때 생기는 순효과를 의미한다.

떻게 위험한 요소들로 부터 보호할 수 있을까? 방대한 정보를 가지고 있는 새로운 시스템은 기존의 시스템과의 통합이 필요한가? 만약, 월마트가 미국의 모든 소매업체의 상품들에 대하여 모두 태그를 장착하였다면, 이 정보시스템은 매일 7.7 테라바이트의 방대한 데이터를 생성할 것이다(Violino, 2003).

이러한 관점에서 RFID 사용에 따라 고려해야 할 사항은 다음과 같다.

- RFID 시스템의 활용영역이 다양하기 때문에 정확한 사용을 위한 의사결정이 요구된다.
- 다양한 영역에서 RFID기술의 사용은 보다 투명한 데이터 처리가 가능하기 때문에 정보 보호에 대한 많은 관심이 요구된다.
- 글로벌 표준화를 추구하기 위한 기술 표준에 대한 동의가 요구된다.
- RFID시스템의 도입을 촉진하기 위해서는 비용 감소 및 수익 창출에 대한 실제 사례 및 구체적인 가이드라인을 제시해야 한다.

RFID 어플리케이션의 기업에서의 활용

RFID 기술수용에 대한 반대 의견이 분분함에도 불구하고, 일부 현재의 RFID 어플리케이션들은 기업에서 급속도로 그 활용성이 증가하고 있다. 사용자들은 팔레트(Pallet) 또는 케이스에 내장된 태그들을 이용해서 케이스 및 팔레트 안의 상품들을 분류하고, 이동되는 과정을 추적 관리한다. 케이스 속의 내용물들에 대한 정보는 케이스 또는 팔레트들이 특정한 위치를 통과할 때 시간 대 별로 그 내용물이 체크되고 또한 다양한 위치에서 읽혀진다. 회사들은 계획에 따라 보다 체계적인 업무처리가 가능해진다.

RFID 기술을 이용한 계획된 업무처리는 공급망에 있어 매우 좋은 기회를 제공해 준다. 실제로 국제화물 처리에 있어 9/11 사건 이후에 기업들은 RFID 기술에 대하여 보다 많은 관심을 갖게 되었고, 국제무역에서 안정된 거래를 가능하게 해주는 이익을 제공해 준다. 또한 RFID 기술은 광우병에 걸린 소들을 추적 관리하는데 매우 유용하게 활용되며, 위조상품을 파악하는 데도 유용하게 사용된다.

저주파(Low-Frequency) RFID 태그는 동물의 분류, 맥주 통, 종이뭉치의 이동 관리에 사용되고, 자동차 도난 방지 시스템에 이용된다. 애완동물에 미세한 RFID 칩을 내장해, 애완동물이 분실되었을 경우 주인을 찾아주는데 이용된다. 세계적인 자동차 타이어 회사 미쉐린(Michelin)에서는 타이어에 RFID 태그를 장착해 자동차 제조업체와 딜러들의 재고를 추적 관리하였으며, 특수차량에 부착된 타이어를 추적 관리하는데 RFID 기술을 이용하였다. 여기에는 타이어를 교체하거나 대체할 필요성이 발생되었을 때 신호를 보내도록 하는 아이디어가 적용되었다. RFID 기술을 이용한 스마트 카드(Smart Card)는 홍콩, 네델란드, 말레이시아에서 대중교통의 지불수단으로 폭넓게 사용되고 있다. 현재 RFID 기술의 활용에 대한 주요 이슈는 이 기술을 어디에 이용될 것인가가 아니라, 어떻게 RFID 기술을 비즈니스 가치를 증진시키는데 이용할 것인가에 중점을 두고 있다.

RFID 기술은 25년 동안 사용된 UPC[16] 바코드 기술을 대체해 가고 있다. RFID 코드는 바코드를 대체할 기술로써 SKU(Stock Keeping Unit)[17] 또는 LOT[18]단위에 기반하여 상품인식을 위한 유일한 코드로 발전

16) [역주] UPC(Universal Product Code)란 국제 제품 코드를 의미한다.
17) [역주] SKU(Stock Keeping Unit)란 상품의 최소분류 단위를 의미한다.
18) [역주] LOT이란 1회에 생산되는 특정수의 제품단위 또는 제품의 품질관리를 위해 동일 원료·동일 공정에서 생산되는 그룹을 나타내는 번호를 의미한다.

되고 있다. 그러나 이 기술이 필수불가결한 것인가는 한번쯤 고민해 보아야 한다. UPC 코드는 우리가 사용하는 일반적인 상품군들에 있어 동질적인 단일 코드로 표현해야 하는 한계점이 존재한다. RFID 태그는 모든 위치에서 추적이 가능하며, 재고 추적 관리에 이점을 제공해 줄 것이다. 일반적으로 볼 때 전통적인 UPC 상품 코드에 비해서 RFID 기술은 보다 많은 장점을 가지고 있지만, RFID 적용에 있어 발생하는 일부의 문제점이 나타날 수 있다.

페덱스(FedEx)의 부사장 쉐리 아홈(Sherry Aaholm)은 2004년에 열린 인포매이션 위크지(Information Week) 춘계 컨퍼런스에서 다음과 같이 연설하였다. "RFID기술은 바코드 기술을 대체할 뛰어난 기술이다. 우리는 보다 많은 공급자들에게 RFID 기술 도입을 촉구할 것이다." 이 말은 가까운 미래에 RFID 기술이 부가 가치를 창출해줄 것임을 설명해 준다. 또한 그녀는 다음과 같이 말했다. "현재의 RFID 기술은 유통업체 파트너들과 우리들 사이에 있어 폐쇄적인 시스템이다. 그러나 우리는 무선 주파수를 통한 보다 많은 정보를 생성할 수 있을 것이고, 근접한 시일 내에 우리들은 보안과 정보보호에 대하여 보다 많은 관심을 갖게 될 것이다."(Garvey, 2004). 우리는 이 말로부터 RFID 기술의 수용에 대한 흐름을 파악할 수 있다. 현재 RFID 기술 도입과 관련해 염려스러운 사항들이 존재하는데, 여기에는 보다 많은 설명들이 필요할 것이다.

EPC글로벌은 RFID 기술의 국제표준 작업을 진행하고 있다. 만약, 이 표준이 채택된다면, RFID 기술은 보다 활성화되는데 자극을 받게 될 것이다. 미국 식약청은 현재 병원에서 RFID 기술을 이용해 의학적 신원 인증 관리, 의료진들의 의료 기록 사전 이용 등에 대한 규정을 검토하고 있다.

또한 현재 논의되는 다양한 RFID 관련 이슈에 대한 옹호론자의 주장과 같이 RFID 칩 비용이 지속적으로 하락하고 있고, 새롭게 출시되는 칩은 약 5센트 정도로 하락할 것으로 예측되고 있다. 칩은 독립적인 기능보다는 부속물로써 다른 물품에 장착되어야 하는 특징을 가지고 있다. 아베리 데니슨(Avery-Dennison)과 같은 회사는 팔레트 또는 상품에 연결할 수 있는 적절한 장비나 레이블에 의무적으로 장착하는 것을 매우 긍정적으로 고려하고 있다. 리더와 안테나, 그리고 모든 RFID 구성요소들은 패키지 형태로 구매되어 설치되어야 한다. 물품당 5~25센트 또는 7~8 달러까지 이르는 비용-이익 비율은 팔레트 단위보다는 상품최소분류 단위까지 근접할 수 있도록 기술 개발이 이루어져야 한다.

부정적인 측면에서, 특정 분야에 있어 RFID 기술의 사용은 민법상 심각한 분쟁의 소지가 있으며, 심한 경우에 상품불매운동(Boycott)으로 이어질 수 있다. RFID 기술에 대한 소비자 개인정보보호의 매우 중요한 사례로 질레트(Gillette)의 사례가 있다. 질레트사는 개인 건강관리 용품을 제조하는 회사로, 이 회사는 매사추세츠주의 브룩클론의 월마트 상점에서 부정적인 면에 중점을 두고 적용시험(Pilot Test)을 수행하였다. 질레트 마하3 면도기의 면도날은 좀도둑질을 많이 당하는 항목 중 하나이다. 이 시험에서는 진열대 위의 면도날에 대하여 RFID 기술의 추적 기능을 적용시켰으며, 마하3 면도기의 개별 항목에 장착된 태그를 테스트하였다. 이 테스트를 통해 나타난 성과는 RFID 기술이 상품이 분실, 도난되거나 재보충이 필요할 때 미리 경고를 해주어 효율적 매장관리가 가능하다는 것이다.

그러나 월마트는 최근 그들의 유통업체들과 유통센터에서 RFID 시스템 구축에 대한 검증을 정지하기로 결정했다. CASPIAN(Consumers Against Supermarket Privacy Invasion and Numbering)은 제조업체와 유통업체들에 의한 RFID 기술의 남용에 따른 잠재적인 문제점들을 제시하기 위하여 웹사이트(http://www.boycottgillette.com)를 오픈하였다. 이 그룹에서는 소비자들이 질레트사의 불법행동과 제품구매 거부 운동을 펼쳤다.

CASPIAN의 노력은 RFID 기술이 소비자의 개인정보 침해에 영향을 미칠 수 있다는 사실을 알려주었다. 몇몇 주에서는 소비자 보호를 위해서 RFID 기술을 이용한 불법행위에 대해 법률제정을 검토하게 되었다. 또한, EPC글로벌에서도 개인정보보호 문제를 해결하기 위해 워킹 그룹을 형성하였고, 소비자들이 RFID 태그가 부착된 것을 인식할 수 있도록 포장지에 표기하는 내용을 권고하게 되었다. 고객이 구매하는 상품에 대하여 RFID 기술의 사용을 고려하는 많은 회사들은 고객 보호를 위한 다양한 방안을 연구하고 있고, 그들의 웹사이트를 통해 고객보호정책을 제안하고 있다. 질레트사의 사례에서 나타난 것처럼, 소형카메라를 통해 마하3 상품을 절도하는 사람의 동영상을 캡처(Capture)하는 것과 같은 개인 사생활 침해문제는 독일의 유통업체 메트로그룹에서도 수행했던 것으로 알려졌다. 사생활침해와 관련된 주요 관심사는 다음과 같다.

- 유통업체에서 상품을 구매하는 사람은 RFID 태그의 존재여부를 확인 할 수 없다.
- RFID 태그는 상품의 소유주의 승인과 관계없이 원거리에서 읽혀질 수 있다.
- 신용카드를 통해 RFID가 부착된 상품을 구매하였을 때, 상품에 대한 정보와 카드정보는 유통업체에게 함께 노출된다.
- RFID 태그는 세계적으로 모든 상품에 있어 동일한 적용 형태를 가진다. 그러므로 사생활 침해가 발생할 수 있다.
- RFID 태그는 상품에 부착되어 있기 때문에, 소비자에 의해 구매된 상품은 그들이 사용하는 동안에도 감시되어 질 수 있다.

요약

RFID 기술은 떠오르는 신기술로 다양한 비즈니스 영역에 급속하게 도입될 것으로 전망된다. RFID 기술의 필요성은 실제 비즈니스와 사회적인 수익을 위해 갈수록 증대될 것이며, 가시적 네트워크 시스템으로써 무선 환경 하에서의 인증 도구로 긍정적인 위치를 차지하게 될 것이다. 그럼에도 불구하고 RFID 기술에 대한 세력들은 긍정적인 측면과 부정적인 측면으로 양분되고 있으며, 현재 RFID 기술에 대한 부정론자들이 상당수 존재한다. 현재까지 RFID 기술은 해결해야 될 많은 문제점이 존재하고, 또한 지속적으로 발전시켜나가야 할 과제들이 많이 있다. 대부분의 회사에서는 RFID 기술을 도입하기 전에 여러 가지 발생할 문제 및 도입 성과에 대하여 관망하고 있다. 여전히 RFID 기술의 도입에 따르는 위험은 수익성 못지않게 중요하게 고려해야 할 요소이다. RFID 칩의 비용 또한 RFID 시스템 도입에 있어 위험 요소 중 하나이다. 그러나 이것은 RFID 기술이 발전하게 되면서 점차 해결되고 있다. 다음 단원에서 우리는 비즈니스와 산업체에서의 공급망 응용에 있어 RFID 기술이 어떻게 이용되고, 왜 중요한 기술로 인식되고 있는가를 살펴볼 것이다.

Chapter 2

RFID 기술 도입을 위한 장애와 시장의 요구

RFID 기술과 같은 신기술을 수용할 때, 기업들이 검토해야 할 주요 사항들이 있다. 예를 들면, RFID 기술에 대하여 찬반양론이 서로 대립하는 이유는 무엇이며, 현재 RFID 관련 주요 화제로 떠오르는 이슈(Issue)는 무엇인가? 포춘지가 선정한 2000개의 글로벌 기업 대부분이 RFID 기술을 도입하는 이유는 무엇인가? 왜 미국 정부는 기업들에게 RFID 기술 도입을 장려하고 있는가? RFID 기술을 반대하고 있는 사람들은 언제까지 부정적인 견해를 주장할 것인가? 현재 RFID 기술에 대한 찬반양론이 매우 복잡하게 얽혀있지만, RFID 기술의 유용성에 대해서는 전반적으로 동의하고 있다. 그렇기 때문에 RFID 기술이 기업에 성공적으로 구현되기 위해서는 명확한 방향성을 확보하려는 노력이 필요하다.

RFID Journal의 편집자인 Mark Roberti에 의하면, RFID 기술 수용은 매우 강력한 경영혁신 도구로 기업의 경영성과를 개선시켜 줄 것이라고 한다. 현재 기업에서 RFID 시스템을 도입하는데 많은 비용이 발생하고 있지만, 결국 RFID 기술은 기업에게 투자대비수익률을 확보해 줄 것이다. 예를 들면, 소매업체에서 RFID 시스템을 구현할 경우, 소매업체는 상품 판매 과정에서 발생할 수 있는 품절 상황을 사전에 예방할 수 있을 것이다. 이를 통해 소매업체들은 연간 약 4%정도의 비용을 절약할 수 있을 것이다. 대규모 소매업체인 월마트의 경우 1%의 판매증가는 약 30억 달러의 수익창출 효과를 발생시킨다고 한다. 그렇기 때문에 소매업체의 품절예방은 수익성을 개선시켜 줄 것이다. RFID 기술 옹호론자들은 RFID 기술의 확산을 위해 다양한 RFID 성공사례들을 찾고 있다. 그 이유는 기업들이 RFID 기술을 적용해 경영성과를 개선한 사례가 소개될 때, 그 동안 방관하고 있던 기업들이 RFID 기술을 수용할 수 있게 되기 때문이다.

2장에서는 RFID 기술의 수용과 거부에 대하여 RFID 기술의 전면과 이면에서 영향을 미치는 요소들에 대해 살펴볼 것이다. 그리고 RFID 기술에 중점을 두고 월마트와 미국 국방성의 사례를 살펴볼 것이다. 또한 RFID 기술성과 및 비용측면에서 기업들이 RFID 기술 도입을 통해 개선할 수 있는 사항들을 살펴보고, 더불어 미들웨어의 역할에 대해서도 살펴볼 것이다. 그리고 기술의 발전에 따라 나타나는 RFID 태그 가격의 하락 현상 등을 고려하면서, 실제 RFID 시스템을 구현하는데 있어서 문제가 되는 사항에 대하여 살펴볼 것이다. 더불어 현재 성공적으로 구현된 RFID 시스템 구축 및 활용 사례를 살펴보고, 구축 및 활용 과정에서 나타나는 다양한 문제점들을 살펴볼 것이다.

이미 적용중인 RFID

기업에서의 RFID 기술의 이용에 대하여, 그 유용성을 지지하거나 반대하는 다양한 의견들이 존재한다. 그럼에도 불구하고, 이미 몇몇 사회 분야 및 비즈니스 업계에서의 RFID 기술 구현은 시작되었고, RFID 기술이 수용이 확대되고 있다. 앞서 언급하였듯이 RFID 기술은 2차 세계대전

이후 개발되었으며 제조업체, 소매업체, 국방부 등 다양한 분야에 적용되는 어플리케이션으로 지속적으로 발전하고 있다. RFID 기술의 잠재성과는 아직 미미하게 나타나지만, 이미 RFID 기술은 유용한 경영도구로 인식되면서 다양한 영역에서 RFID 기술 수용이 이루어지고 있다. 현재, Texas Instruments사와 Philips Electronics사를 비롯한 50개 이상의 기업들이 보다 고성능의 RFID 장비를 제조하기 위해 노력하고 있다.

독자들은 이미 RFID 태그와 리더기를 직접 체험해 보았을 수도 있다. 아카데미 시상식에서도 보안을 위해 RFID 기술이 사용되었으며, 고속도로의 요금 징수 시스템에도 RFID 기술이 사용되고 있다. Exxon Mobi사의 스피드 패스를 비롯하여 McDonald사에서 햄버거와 감자튀김에 대한 비용 지불을 위한 패스에도 RFID 기술이 적용되고 있다. 1998년 이후 유럽에서 판매되는 모든 차량의 열쇠에 RFID 태그가 사용되고 있으며, 이 기술을 통해 차량 도난사고의 약 50% 정도를 예방하고 있다. 또한 도서관에서는 누군가가 책을 훔치려고 할 때 경보음을 울리는 RFID 기술을 활용하고 있고, 도서관 내에서 잘못된 서가에 있는 도서를 찾는데도 RFID 기술을 이용하고 있다. 최근에는 신축하는 대부분의 사무실에도 RFID 스마트 카드(RFID Smart Cards)를 이용한 보안 시스템을 구축하고 있으며, 일본의 초등학교에서는 RFID 시스템을 이용해 출석 체크를 하고, 이 결과를 전자메일을 통해 학부형에게 보내고 있다.

캐나다의 한 도시에서는 쓰레기 처리비용을 시민들에게 청구하는데 RFID 기술을 이용하고 있다. 미국의 장난감 제조업체인 Little Tikes사는 RFID 리더기를 부착한 플라스틱 전자레인지와 RFID 태그가 내장된 Magi Cook Kitchen이라는 상품을 출시하였다. 이 장난감은 RFID 기술을 이용해 전자레인지에 넣은 상품을 파악해 아이들이 이 상품을 조작할 수 있도록 미리 녹음된 내용을 들려준다. Disney사는 주요 고객인 월마트에 보낸 다양한 상품들에 RFID 태그를 부착해 상품위조를 방지하고 있다. 포드자동차는 캐나다 남부의 온타리오주(Ontario)에서 윈드스타(Windstar) 미니밴의 제조공장에서 생산관리를 위해 RFID 기술을 이용하고 있다. 포드자동차의 설명에 의하면 미니밴의 라디에이터 조립 공정에 RFID 태그를 부착해 각각의 미니밴의 명세에 관한 정보를 고객들과 생산 공정에 있는 작업자에게 제공한다. RFID 태그는 페인팅 작업을 하는 로봇에게 사용할 색상을 알려주며, 특정 자동차에 대해 장착할 옵션을 알려주고, 또한 자동차 내장의 장착하여야 할 특수부품이 주문되었는지를 작업자에게 알려주는 기능을 제공한다고 한다(Delaney, 2002).

현재 RFID 기술은 유용성과 문제점이 공존하는 초기단계로 인식되고 있다. 언론매체와 신문은 RFID 기술에 대한 발전 동향을 알려주고 있고, 매주 RFID 어플리케이션에 대한 새로운 소식을 전해주고 있다. RFID 기술은 과도한 비용, 구현 위험, 수익의 달성에 따른 위험, 구축 범위의 모호성 등에 있어 명확성이 결여됨에도 불구하고, 미래에 수익성을 제공해 줄 최적의 어플리케이션으로 인식되고 있다. 그러므로 성공적인 RFID 기술 도입을 위해서는 다양한 시장상황을 지속적으로 면밀히 살펴보아야 할 것이다.

현재 RFID 기술 도입을 고려중인 기업들은 RFID 기술에 대한 회의론 때문에 RFID 기술 도입을 도중에 멈추어서는 안된다. 초기 수용자들에게는 RFID 기술이 비판의 대상이 될 수도 있지만, 이들이 기울인 노력으로 적합한 사업의 토대가 마련될 수 있을 것이다. 대부분의 산업에 있어서 RFID 어플리케이션은 여전히 미완성 단계에 있으며, RFID 기술이 앞으로 발전하기 위해서 테스트는 반드시 필요하다. RFID 시스템이 널리 보급되면서 RFID 활용을 위한 일반시험이나 적용시험을 하는 기업들은 RFID 기술 구현에 적합한 지식을 보유하게 될 것이다. 공급업체는 RFID

시스템의 금속이나 물에 대한 영향력, 그리고 적절한 배치에 관한 문제를 극복하기 위해 RFID 태그 및 레이블 개발에 많은 비용을 지불해야 할 것이고, 이러한 지식을 체계화하는 노력을 기울여야 할 것이다. 기업들은 RFID 시스템을 통해 얻은 소비자의 다양한 정보를 자사의 경쟁우위 확보에 유용하게 이용하게 될 것이다.

RFID 주요 시장 및 적용 현장

현재 논의되고 있는 RFID 기술을 체계적으로 이해하기 위해서는 RFID 기술을 활용하는 현장의 특성을 이해해야 한다. 우리는 RFID 기술을 도입한 기업들로부터 RFID 기술이 어떻게 기업에 적용되고, 경쟁력을 확보하는데 이용되는가를 파악할 수 있다. 현재 다양한 상황에서 RFID 시스템이 구현되고 있는데, 본 단원에서는 4가지 대표적인 RFID 기술 구현 사례를 살펴볼 것이다.

- 미국 국방부(DoD) : 미 미국 국방부는 자산의 가시성(군사가 필요로 하는 물자의 위치), 배치(물자를 필요로 하는 전역에 도착하게 하는 방법), 라이프사이클 관리(중복 주문 및 운송 방지, 노후 비용 절약)에 대한 원조 방안을 찾고 있다. 많은 군수품을 저장하는 장소가 해당 전역에 더 이상 필요하지 않고 저장소가 사라지기 시작했을 때, 미국 국방부는 사막의 폭풍 작전(Operation Desert Storm)과 같은 상황이 발생하지 않기를 희망한다. 현재, 미국 국방부는 세계 어디에서나 800억 달러 규모의 군수물자를 추적할 수 있는 정보시스템을 원하고 있다. 6장에서는 국방 분야에서 RFID 기술의 응용분야에 대하여 상세히 설명할 것이다.
- 제약(Pharmaceuticals) : 일반적으로 제약 산업과 생명과학 분야에서는 위조제품의 판매를 방지하고, 약품의 유통과정을 확인하기 위해

제조업체부터 유통업체, 약국, 그리고 최종 소비자에 이르기까지 의약품의 운송과정을 추적관리하고 있다. 이들은 어떤 제품을 생산하였고, 제품 사용을 위해 어떤 제조업체가 어떤 상품을 유통하였는지를 정확하게 파악할 방법이 필요하다. 이는 의약품의 회수 및 추적을 용이하게 할 필요성이 존재하기 때문이다. 이러한 관심들은 자산의 보안성을 개선시키고, 눈에 보이지 않는 자산관리를 위해 의약품에 RFID 태그를 추가하는 것을 포함한다. 일부 기업들은 적정량의 의약품의 출시와 판매, 그리고 소비까지 확인하기 위해 RFID 기술을 도입하고 있다.

- 소매업체(Retailer) : 소매업체 역시 RFID 기술을 많이 이용하고 있다. 공급사슬상위에 존재하는 공급업체로부터 가장 큰 저항을 받는다. 소매업체들은 공급망 관리 비용을 줄이고 직원 관리 및 충원 수요를 줄이며, 품절 상황을 제거하고, 상품의 재고를 줄이는데 관심을 갖고 있다. 또한 이들은 손실자산 회수, 재고감소, 인프라스트럭처에 대한 수요 감소를 통해 자본금을 운용하는 데 있어 큰 감축이 있길 원한다. 판매 관점에서 볼 때 소매업체들은 잘 팔리는 제품의 품절 상황을 방지하여 수익을 높이려고 한다. 지금까지 소매업체들은 RFID 도입과 관련된 비용을 공급망 상위에 위치한 공급업체에게 떠맡기고 있는 상황이다. 기업들은 RFID 성과를 측정하면서 결과적으로 얼마나 많은 비용이 발생하고 절약된 비용이 공유되는지는 지켜보아야 한다.
- 보안(Security) : 9/11 테러는 기업체들에게 테러리즘으로부터 더욱 안전하게 보안을 유지하기 위해 다양한 보안 준비를 하도록 경각심을 불러일으키고 있다. 성공적인 자산관리를 위한 보안 영역에서 중점을 두어야 할 부분은 재고감소, 위조제품 방지, 안전한 상품 유통 부분이다. 이들 영역에서 RFID 기술은 매우 중요한 기술이 될 것이다. 5장에서는 RFID 기술과 관련된 보안 분야의 현황 및 발전방향에 대하여 상세히 다룰 것이다.

기업들이 RFID 기술에 투자한 자본금을 회수할 수 있는 잠재력을 가지고 있다는 사실이 알려짐에 따라, 여러 기업들이 RFID 도입을 위한 다양한 노력을 준비하고 있다. 다음 장에서는 다양한 상황 하에서의 RFID 시스템 구현에 대해 살펴볼 것이다. RFID 기술은 다양한 상황에 처한 기업들에게 위험요소를 제거해주고, 새로운 기회를 창출해 줄 것이다. 그러나 RFID 기술이 새로운 기회를 창출해 주는 데는 부정적인 요인과 긍정적인 요인이 존재한다. 그러므로 RFID 기술을 도입하는 기업들은 자사의 비즈니스 모델에 미치는 영향력을 분석하고, 이에 대한 적절한 대응전략 수립이 요구된다.

시장에서의 기회

그렇다면 RFID 기술 도입을 통해 기업들이 얻게 되는 새로운 기회는 무엇이고, 어떠한 성과를 얻을 수 있는가? 우선, 긍정적인 면부터 살펴보면, RFID 기술 옹호론자들은 이 기술이 기업들에게 잠재수익을 창출해 줄 것으로 생각하고 있다. [그림 2.1]은 여러 산업에 대한 시장에서의 기회들을 나타내고 있다. RFID 기술을 사용하기 위한 움직임을 만들기 위해 절약이 가능한 부분은 능력 부분과 대응하여 배열하였다. 미국 국방부, 항공산업, 방위산업 영역에서 RFID 기술은 가장 큰 수익을 제공하는 것으로 나타나고 있으며, RFID 기술 수용이 가장 손쉬운 산업으로 알려져 있다. 미국 국방부는 많은 어플리케이션을 가지고 있어서 국방 분야에서의 RFID 기술의 적용과정을 보다 상세히 설명하기 위해서는 새로운 단원이 필요하다. 예를 들면, 특정 비행기에 필요한 부품을 추적하는 것은 RFID 추적 시스템을 사용하면 용이하게 할 수 있으며, 이는 사업 분야에 대한 하나의 응용을 의미한다. 건강관리와 보안 분야에서는 높은 RFID 기술 수용 비율을 가질 것으로 예상되지만 비용절감에 대해서는 높은 비율을 가지지 못할 것으로 예상된다.

약품 제조, 엔터테인먼트, 천연자원 분야는 비용절감 기회가 적으며, 그래프 상에서 x축의 하단 부분에 모여 있다. 소매, 제조, 운송, 의약품 물류는 y축 상단 부분에 위치한다. 다음 단원에서는 모든 집단을 살펴보고, RFID 어플리케이션의 구현에 대한 인센티브를 비롯하여 예상되는 저항을 살펴볼 것이다. 점점 더 많은 산업영역에서 RFID 기술이 구현될 것이고, [그림 2.1]에 나타난 RFID 매트릭스는 지속적으로 채워질 것이다.

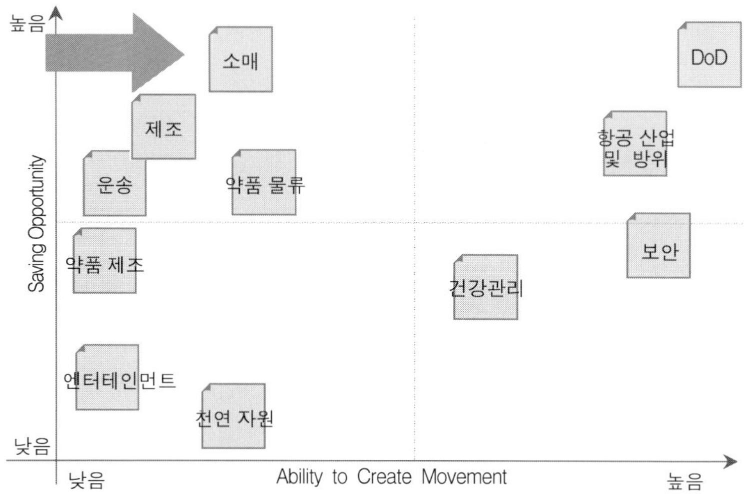

그림 2.1 RFID 산업 시장기회 분석 매트릭스(출처:CSC)

RFID 기술을 수용하도록 강요하는 압력

RFID 기술 수용에 대한 움직임은 RFID에 대해 많은 관심을 가지고 있는 대기업들이 만든 지침에 의해 진행되고 있다. 이들 대기업들은 RFID 기술 구현을 위한 체계적인 방안을 가지고 있다. 월마트는 연간 그들의 공급망에서 이동되는 케이스가 60억 개를 상회하고 있다. 이들은 보다 안정적인 RFID 시스템 도입을 위해 2003년 6월부터 그들의 상위 공급업체 100개를 선정하고, 케이스와 팔레트 수준에 RFID 태그를 부탁하도록 지시를 내리고, RFID 기술 적용시험을 하였다. 월마트는 성공적인 RFID 기술 적용방안을 확인한 후, 추가적으로 36개의 다른 공급업체에게도 RFID 태그 부착을 제안하였다. 대부분의 공급업체에서는 월마트에서 제안한 사항을 받아들여 그들이 생산하는 제품에 RFID 태그를 부착하였다.

2003년 8월에 월마트는 나머지 공급업체들에게 납품하는 제품에 대하여 2006년 1월까지 RFID 태그를 장착하도록 요구하였다. 월마트의 제안에 의해 P&G, 코카콜라, 질레트, 크래프트 푸드, 네슬레, 유니레버는 즉시 RFID 적용을 테스트하였다. RFID 태그는 상품에 대한 EPC 정보를 전달하므로 소매업체는 RFID 기술 도입으로 창고 직원과 점포 종업원이 각각의 품목을 바코드 리더기로 인식하는 잡무가 줄어들어 인건비를 절감시켜 줄 것이다.

미국 국방부는 2003년 10월에 상위 공급업체에 케이스, 팔레트, 포장 수준에서 RFID 기술을 2005년 1월까지 적용하도록 공지하였다. 모든 공급업체들은 2004년 5월까지 RFID 초기 구현을 시행하였으며, 컨테이너에 사용된 RFID 태그를 보완하기 위해, 군수물자의 형태와 가치에 따라 능동형 RFID 태그와 수동형 RFID 태그를 적절히 사용하였다. 뒤이어 미국 국방부는 2005년 1월까지 공급업체가 최종 정책에 대해 적합한 수동형 RFID 태그 및 구현에 대한 내용을 장려하고, 2005년 10월에 효과적으로 군수물자를 선적할 수 있도록 지시하였다. 보다 상세한 내용은 다음 단원에서 설명할 것이다.

영국의 소매업체인 테스코는 그들의 공급업체들에게 2004년 10월까지 케이스 수준에서 RFID 기술을 적용하도록 명령하였다. 테스코의 뒤를 이어, 생필품 제조업체인 질레트사는 캠브리지에서 RFID 기술 도입을 위한 테스트를 하였다. 질레트사는 점포의 선반에 제품을 항상 채우고 도난이 줄어들면 자사의 판매량이 약 15% 증가할 것으로 예상하였다(Khermouch and Green, 2003, p.42). 일반적인 소매업체는 매년 재고 부족으로 판매량의 4%를 잃어버리기 때문에 질레트사에게 RFID 기술 도입은 매우 중요했다.

독일 소매업체인 메트로그룹은 그들의 상위 100개의 공급업체가 2004년 11월까지 팔레트 및 운송 포장 수준에서 RFID 기술 적용을 희망하였다. 메트로 그룹은 소매점에서의 고객 경험 및 관련된 문제를 파악하기 위해 RFID 기술 적용 테스트를 하기도 하였다. 또한 미네소타주(Minnesota)의 최대 도시인 미니애폴리스(Minneapolis)에 위치한 소매업체인 Target사는 그들의 상위 공급업체가 2005년 봄까지 팔레트와 케이스 수준에서 RFID 시스템을 적용하도록 하였고, 나머지 공급업체는 2007년 봄까지 동참하기를 희망하였다. 또한 아이다호주(Idaho)에 위치한 슈퍼마켓 소매업체인 Albertsons사와 Boise사는 그들의 상위 100개의 공급업체에게 2005년 4월까지 RFID 기술 적용에 관한 의견을 표명하도록 하였다.

미국 식약청(FDA)은 반테러 정책에 초점을 두고, 모든 정책에 대해 2007년까지 위조방지를 위해 RFID 기술을 이용하도록 독려하기 위해 2003년에 특별 조사단을 구성하였다. 위조는 생명과학 분야에서 점차 증가하는 심각한 문제이다. 의약품의 위조비율은 판매 제품의 2~10%에 이르며, 시장 가치는 65~327억 달러에 이른다. 위조 의약품과 관련된 FDA 공식적인 사건 수는 1997년 6건에서 2002년 22건으로 증가하였다. 의약품 위조에 대한 조사를 통해 44건의 구속과 27건의 유죄판결을 이끌어 냈으며 아직도 많은 조사가 계류 중이다.

또한 Home Depot사는 RFID 기술 도입에 지지의견을 표명하며 공급업체에게 2005년 6월 30일까지 UCCnet 제품등록표준을 채택하라고 권고하였다. Home Depot사의 상품운영 관리자인 Mark Healy는 재고관리에 수동공정을 없애고 전자솔루션 도입을 통한 자동화를 준비할 것이라고 하였다. RFID 기술 옹호론자들에게는 [그림 2.2]에 표현한 것과 유사한 시나리오가 곧 나타날 것이다. RFID 기술은 제품의 제조에서 시작하여 배달 공정에 이르기까지, 실제 경쟁우위를 갖게 해줄 것이고, 필요한 투자에 대해 원금을 회수하기 위해 여러 기회들을 파악할 수 있게 해줄 것이다.

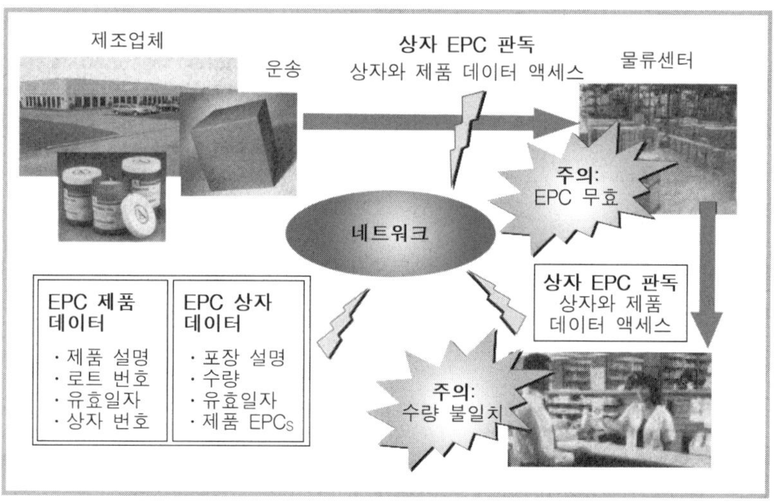

그림 2.2 공급망에서의 RFID 기술 적용 과정

RFID 기술이 가지고 있는 과제

RFID 기술의 문제점을 지적하는 사람들은 RFID 기술 옹호론자들과는 상반된 입장을 보이고 있다. Gartner Research의 Andrew White는 RFID 기술이 공급망 환경에서 과대 포장된 기술이라고 말하고 있다. 그

는 RFID 에 대한 주요 문제점으로 값비싼 RFID 태그 가격, RFID 태그 정보의 정확한 판독 결여, 개인정보 남용 문제를 제시하고, RFID 기술에 대한 제한적 이용을 주장하고 있다. 그는 RFID 기술을 통해 소매업체, 제조업체 모두 100% 만족한 결과를 얻게 되지 못할 것을 우려하면서, 이를 통해 얻을 수 있는 이익 또한 공급업체가 아닌 월마트와 같은 대규모 유통업체에게 돌아갈 것으로 예측하였다(Foster, 2004, p.39).

그 밖의 RFID 기술 도입과 관련된 심각한 과제는 많은 지시사항을 충족하는 신속성 및 투자대비수익에 맞는 합리적 분석 결여와 높은 초기 비용을 들 수 있다. RFID 최종 구축 단계에서 일부 공급업체는 소매업체에서 제안하는 지시사항을 지키지 못하며, 다수의 공급업체들은 비용에 대한 원금 회수를 결정하지 못하고 순응하기 위해 서두르게 될 것이다. 초기 월마트의 RFID 기술을 적용하기 위해서 많은 공급업체들이 Slap-and-Ship 순응 방법(팔레트에 라벨을 부착하여 고객에게 운송하는 것)을 채택한 이유는 이런 상황을 잘 설명하고 있다. Slap-and-Ship 순응 방법은 RFID 기술 적용을 위한 요구사항을 충족하기 위해 필요한 자본금, 프로세스, 조직의 투자를 감소시켜준다.

RFID 시스템의 기초인프라(RFID 태그, RFID 리더기, RFID 미들웨어 어플리케이션)에 대한 비용이 감소하고, 조직이 RFID 시스템을 통해 생성한 정보를 효과적으로 관리하는 방법에 관한 지식을 획득하면서 Slap-and-Ship 순응기법을 Wait and See 순응기법이라고 불리게 되었다. Andrew White가 언급한 것과 유사하게 Forester Research의 Navi Radjou는 "RFID 기술을 도입하면서 공급업체들은 월마트나 미국 국방부와 같이 큰 고객들에게 순응하는 것이 대부분입니다. 월마트는 자사의 재고사항을 더 잘 파악해야 하지만, 가치사슬 관점에서 볼 때 공급업체에게 돌아가는 이익은 없습니다."라고 경고하고 있다(Foster, 2004, p.39).

또한 일부 RFID 기술을 반대하는 사람들은 적절한 응용 프로그램 부재를 중요한 문제로 부각시키고 있다. 실제 RFID 시스템 구축에 많은 비용을 투자해도 응용 프로그램이 부재하면, 그 이용률이 떨어지게 되고, 결국 회사에서는 투자대비수익률을 얻지 못하게 될 것이다. 그러나 이러한 문제들은 RFID 기술이 발전하고, RFID 시스템의 이용률이 증가하게 된다면 해결될 것이다. 그렇기 때문에 기업들은 위험을 무릅쓰고 RFID 기술에 대한 위험한 투자를 수행하고 있다. Ace Hardware Corporation사의 IT부분 부사장인 Mike Alterdorf는 RFID 기술을 자사의 15개 물류센터에 배치할 계획을 가지고, 2004년에 RFID 시스템에 대한 테스트를 시작했다고 밝혔다. 그는 RFID 시스템을 배치하는데 있어, 현재 RFID 관련 시스템의 비용을 고려하면 투자한 금액을 회수하는 것이 확실히 가능하지는 않지만, 언젠가는 회수가 가능할 것이라고 하였다. 그의 의견은 일반적으로 예상할 수 있는 결과로 RFID 기술을 수용하고, RFID 시스템을 테스트하며 실제 결과를 지켜보는 것이다.

초기 기술수용단계에서 공급업체가 소매업체의 지시사항을 충족하기 위해 다양한 노력을 하는데, 이러한 노력의 결과는 공급업체들에게 시간이 갈수록 보다 수월해지게 된다. 그러나 많은 공급업체들은 RFID 기술을 소매업체들에게 유용할 뿐, 소비자를 대상으로 부가가치 창출이 어려워지게 됨을 인식함에 따라 RFID 기술에 대한 환상이 깨지게 된다. 또한 소매업체들은 RFID 공급망을 통해 얻게 되는 다양한 정보를 공급업체와 공유하지 않으려고 한다. 그렇기 때문에 공급망에서 RFID 기술은 아주 느린 속도로 수용된다. 본서에서 언급하였듯이 RFID 시스템의 가치는 정보에 따라 행동하고 기업 내부와 외부의 정보를 공유하는 것으로부터 나온다. 최근 대규모 소매업체는 이익 창출을 위해 RFID 시스템의 통합적 구현을 위해 노력하고 있다. 그러나 보다 큰 RFID 도입성과를 위해서는 공급사슬 파트너 기업들의 RFID 시스템 채택에도 관심을 가져야 할 것이다. 대규모 소매업체가 RFID 시스템 설치를 무작정 밀어붙이면 RFID 시스템은 체계적으로 구현되지 않을 것이다. 향후 RFID 기술 도입을 고려하는 기업들은 자사뿐만 아니라 파트너 기업 측면에서도 RFID 도입을 통해 얻게 되는 유용성과 문제점에도 관심을 가져야 한다.

진정한 RFID 기술의 가치를 이해하기 위해서는 보다 완벽한 기술의 구현이 이루어져야 한다. RFID 기술의 불확실성은 기업에서의 기술 도입에 장애를 가져다주고 있다. RFID 기술에 대해 신중하게 관찰하고 있는 기업들은 도입 회사, 하드웨어 제공업체, 소프트웨어 제공업체, 산업계 이용자 집단 사이에서 현재는 그다지 중요하지 않는 협력을 요구하면서 RFID 기술의 활용이 완벽하게 뿌리내리는데 약 5년 정도의 시간이 필요할 것으로 예측하고 있다. Forester Research의 Navi Radjou는 RFID 기술 자체가 공급망의 성과를 개선하지 못할 것으로 이야기하고 있다. 기업들은 성과개선을 위해서는 RFID 기술을 활용하는 새로운 프로세스 및 수익모델을 개발해야 할 것이다. 예를 들면, 소매업체와 상품을 공급하는 공급업체는 RFID 기술을 이용해 이동 중인 상품에 대한 상세한 위치 정보를 활용하는 새로운 방법을 이용할 것을 충고하였다(Foster, 2004, p.39).

RFID 기술은 부족한 상품 및 분실 상품을 파악하는 수단이 아니라 공급망에 참여한 모든 당사자들에게 이익을 제공해 줄 수 있는 공급망의 가시성을 창출하는 핵심 도구로써 정착하도록 기업들은 노력해야 할 것이다. 기업들은 실시간으로 대응할 수 있는 협력체계를 구현함으로써 RFID 기술의 활용가치를 높이게 될 것이고, 시장에 제품을 판매하는데 적극 활용하게 될 것이다.

1장에서 언급한 것처럼 RFID 기술의 중요한 기능 중 한 가지는 개별 제품을 추적할 수 있는 능력이다. 현재, RFID 기술에 대한 소비자 지지 집단과 입법 제정자들은 RFID 정보 판독을 위한 기준선(Line of Sight)이 필요 없다는 사실을 인식하고 있으며, 미국 연방거래위원회는 RFID 기술의 오용에 대해 우려하고 있다. 예를 들면, 주요 문제점은 고객의 구매행동과 고객들의 상점 내에서의 이동이 고객들이 모르는 사이 감시될 수 있다는 점이다. 또한 고객들이 어깨 패드에 RFID 태그가 내장되어 있는 정장을 구매했을 경우 점포 안에서 고객의 위치를 추적할 수 있을 것이고, 더불어 소매업체는 고객이 점포에 들어올 때 이름을 부르면서 고객을 맞이할 수 있을 것이다.

한편 기업들은 고객이 구매한 옷에 다양한 정보(소매업체의 POS 시스템을 통해 고객의 개인 정보 및 구매 정보와 연관된 간단한 ID 숫자)가 내장되어 있는 것을 알면, 고객의 과거 구매내역 분석을 통해 빠르게 대응할 수 있다. 예를 들면, 점포 종업원은 고객이 많이 구매하는 상품과 사이즈를 선택해 고객들이 상품에 대해 문의하기 전에 보여줄 수 있다. 반면, 개인정보 보호를 지지하는 사람들은 고의로 제3자가 고객의 개인 정보를 변경하거나 훔치는 가능성과 고객의 구매정보를 오용할 가능성이 매우 크다고 주장하고 있다. 종업원이 고객의 구매정보를 입력하고 고객은 자신의 옷장을 채우기 위해 향후 구매에 대한 조언이나 어울리는 액세서리에 관한 다양한 안내를 RFID 기술로부터 받을 수 있다. 그 밖의 최악의 RFID 오남용 사례는 다음과 같다.

- 집 문밖에 서서 이혼 소송 중에 배우자가 집안의 모든 소유물을 스캐닝하는 것
- 물류센터와 소매점을 무선으로 판독해서 경쟁기업의 신제품 도입 및 판매 동향에 대해 염탐하는 것
- RFID 태그에 있는 정보를 파괴하거나 변경하기 위해 RFID 태그를

악의적으로 해킹하는 것. 예를 들어 가격을 해킹하는 사람이 제품 계산을 하기 이전에 제품 가격을 조정하는 것

또 다른 이슈로 RFID 기술에 대한 찬성자들은 RFID 기술이 제품 가격을 내리고, 보안을 강화하며 쇼핑 경험을 제고하여 소비자에게 궁극적으로 이익을 제공할 것이라고 주장한다. RFID 기술에 대한 반대자들은 RFID 기술의 오용 가능성이 이익보다 훨씬 중요하며, 기술적인 안전장치와 법률제정을 준비해야 한다고 주장하고 있다. 기업들은 이 두 의견을 조율해 고객 개인정보를 소중하게 여기고, 고객들의 마음을 불안하게 만들지 않으면서 이익을 얻을 수 있는 방법을 강구해야 할 것이다.

물론 양쪽 모두의 의견이 어느 정도 타당성을 가지고 있다. RFID 파일럿 상황과 실제 구현을 통해 RFID 기술에 대한 다양한 경험을 축적하면 적절한 해결 방안을 찾을 수 있게 될 것이다.

이러한 상황을 가장 잘 나타내고 있는 사례는 전자우편관리 및 컴퓨터 보안 관리이다. 우리는 누군가가 정보시스템에 악의적인 의도로 접근하여 정보를 손상시킬 가능성이 존재한다는 것을 알고 있다. 그렇기 때문에 이에 대비하기 위해 적절한 수준의 시스템 보안 관리를 수행해야 할 책임을 가지고 있다. RFID 시스템에 대해서도 유사한 방법이 필요하다. RFID 시스템 생산업체는 자사의 제품과 시스템이 본질적으로 안전하다는 것을 보증해야 하며, RFID 시스템과 관련해 위험에 적절한 관리방안을 제시해 고객들에게 신뢰성을 심어주어야 한다.

또한 RFID 기술을 방해하는 기술적 요소가 존재한다. 일반적으로 가장 큰 장애요소는 공급망 기업들 사이에서 RFID 기술을 통해 얻을 수 있는 이익을 챙기는데서 갈등이 발생할 수 있고, 더불어 문제점을 해결

하기 위해 상호간의 노력이 부족한데서 갈등이 발생할 수 있다. 공급망에서의 RFID 기술 구현을 통한 기업의 수익성 창출과 비용 발생과 관련된 문제를 해결한 사례는 매우 제한적이다. 이 부분은 다음 단원에서 보다 상세히 살펴볼 것이다.

여전히 RFID 기술 구현에 장애물은 잔존하고 있다. Rajit Gadh이 Computer World에 기고한 칼럼에서 RFID 기술의 복잡성을 완벽하게 이해하기 위한 조언을 하고 있다. Gadh에 의하면, 단지 팔레트와 케이스에 RFID 태그를 부착해서 선적하는 것 이상으로 RFID 활용 방안에 대한 많은 이해가 필요하다. 그는 RFID 사업자가 RFID 시스템 배치에 대한 미흡한 기술력을 가지고 있다고 한다. 하지만 Gadh는 RFID 기술의 미흡함에 순응하고, 공급업체가 초기 비용을 부담하게 된다면, 기업들은 공급망에서 제품이 생산되고, 유통되고, 소비되기까지의 모든 과정을 추적관리 할 수 있게 되어 결국 적절한 투자대비수익률을 확보하게 될 것이라고 예측했다(Gadh, 2004).

가능성을 보여주는 사례

RFID 기술 도입에 동기를 부여하는 많은 성공 사례가 존재하는데, 이 사례들은 일반적인 제조업체로부터 소매업체에 이르는 과정의 사례에만 국한된 것은 아니다. John Edwards가 CXO Media에 보고한 첫 번째 사례에 대해 살펴보자. 항공회사들은 수년 동안 흔히 발생하지만 널리 알려지지 않은 카트 분실 문제를 처리하기 위해 다양한 노력을 해왔다. 기내의 승객은 음료수를 운반하기 위해 사용하는 카트를 여행할 때 당연히 필요한 장비의 일부분으로 여긴다. 하지만 이러한 카트의 비용은 개당 1,000달러에 이른다. 항공기내 서비스 산업에 제품을 제공하는 텍사스에 위치한 회사인 eLSG.SkyChefs사의 항공 솔루션 부사장인 Tony Naylor

는 "항공사가 세 달 동안에 1,500개의 카트를 분실하고 있고, 이로 인해 많은 손실이 발생하고 있다"고 하였다.

항공사에서는 RFID 기술에 대한 다양한 연구와 실사(due diligence)를 통해 해결방안을 모색하고 있다. Naylor는 "RFID 기술 도입을 진행하는 것은 매우 위험한 일이다. 이는 서로 상충되는 의견이 많았기 때문입니다."라고 밝히고 있다. 결국 이 항공사는 이동용 카트를 관리하기 위해 캐나다 퀘벡주(Quebec)에 위치한 Scanpak사의 RFID 어플리케이션인 GETS(Galley Equipment Tracking System)을 도입하기로 결정했다. 물론 RFID 도입을 하는 이유는 카트 분실 문제에 대한 해결방안으로 분실된 카트를 추적하여 항공사에 돌려주는 것이었다(Edwards, 2003).

전미축산인쇠고기협회(NCBA)는 미국 전역에 걸쳐 수많은 농장에 있는 가축들을 추적하기 위해 RFID 프로젝트를 준비하고 있다. 높은 수준의 품질을 유지하고 질병이 전염되지 않도록 관리하는 것에 관심이 있는 월마트, 맥도널드와 같은 구매자에 의해 고무된 전미축산인쇠고기협회(NCBA)는 2004년 1월에 프로그램을 시작하였다. 미국 농림부는 2003년 12월에 시작한 노력으로 비록 일부 주에서 RFID 도입 성과를 측정할 수 있었지만 그 성과가 결코 완벽하지는 않다는 것을 인식하고 있었다.

그러나 RFID 태그 공급업체인 DAC(Digital Angel Corporation)사의 최고경영자인 Kevin McGrath에 의하면 "현재 기업에서의 RFID 시스템 도입과 관련해서 보이지 않는 여러 가지 장점들이 존재한다."고 한다. McGrath는 "월마트와 맥도널드와 같은 기업이 소모하는 전체 물류관련 비용은 전사적인 RFID 시스템을 구현하는 비용보다 월등히 많습니다."고 한다. 이는 실제 기업에서 RFID 시스템을 구축할만한 가치가 있다는 이야기이다. McGrath는 "미국에는 최소 1억 마리의 소가 있으며, 그 중

매년 4,000만 마리의 소가 RFID 관련 기술을 이용해 질병을 추적 관리하고, 문제가 된 소를 도살시키고 있다."고 이야기하고 있다(Sullivan, 2004b).

GE(General Electric)사는 가전제품과 제트기 엔진을 제조하는 것으로 유명하다. 또한 GE사는 매우 성능이 뛰어난 동력장치 시스템 사업부분을 가지고 있다. 이 사업부분은 2002년에 모든 공급품의 이동을 추적할 목적으로 능동형 RFID 태그를 많은 공급품에 부착하는 프로젝트를 진행하였다. 거의 모든 공급업체들이 GE사의 지시사항을 따랐다. 이 노력에 의해 두 가지 성과가 나타났다. 공급업체는 세관을 통해 제품을 보다 빠르게 진행할 수 있었고, 더불어 재고의 보유기간을 단축시키는 효과를 얻었다.

GE의 200억 달러 규모의 SAMP(Smart Asset Management Program) 관리자인 Sean Carney에 따르면, "우리는 보다 체계적인 자산관리를 위해 RFID 발의안을 채택하였다."라고 밝혔다. GE는 공급업체에게 능동형 RFID 태그에 저장된 데이터를 지우고, 재활용이 가능한 능동형 RFID 태그를 제공하면서 비용을 부담하였다. 이를 통해 GE가 얻은 이익은 무엇인가? GE의 동력장치 사업부분의 총무 관리자인 Tahir Gamid에 따르면, "하루라도 조업을 하지 않으면 동력장치 개발 프로젝트에 큰 영향을 미칠 수 있다."고 언급하고 있다(Bacheldor, 2003a). 즉, GE사는 RFID 기술을 이용해 조업률을 높임으로써 회사의 경영성과를 개선할 수 있었다고 한다.

기타 흥미로운 RFID 응용 분야는 다음과 같다.

- 병원은 RFID 기술을 이용하여 환자의 병상에서 약품을 검사하고 만일 약을 잘못 투약할 경우 간호사에게 경고를 할 수 있다.

- RFID 기술은 창고 또는 점포 안에 있는 RFID 태그에 대한 스캐닝을 통해 창고 또는 점포 안에 있는 물품의 정보를 얻을 수 있다.
- 데이터 품질이 떨어지는 데이터를 제거하면 소매업체는 큰 수익을 얻을 수 있다. P&G는 거래 파트너에게 전가되는 데이터 품질이 떨어지는 정보를 없애기로 결정하였다. 또한 P&G는 더 이상 판매하지 않는 제품에 대한 데이터 뿐만 아니라 수천 가지의 중복 데이터가 존재하는 것을 발견하고, 이를 제거하기로 하였다. P&G의 CIO인 Steve David에 의하면 "한 제품 이미지 데이터베이스에서 데이터를 청결하게 정리하면, 데이터 이미지를 유지하는 것과 관련해서 100만 달러의 비용을 절약할 수 있었다"고 언급하고 있다(Hayes, 2003, p.32).
- 마이크로소프트사는 가정용 엔터테인먼트 상품인 X-박스 컴퓨터 게임, 소프트웨어, 키보드, 마우스 등과 같은 상품에 RFID 태그를 부착해서 월마트의 창고에서 케이스와 팔레트 단위로 효율적인 단품 관리가 가능하도록 하는 RFID 시스템 구축을 시작하였다(Sullivan, 2005a, p.28).
- Hitachi사와 유럽중앙은행은 위조를 방지하고, 지폐의 진위를 입증하고, 계산을 자동화하기 위한 시스템을 구현하기 위해서 "MuChip"과 같은 아주 작은 크기의 RFID 태그의 사용을 검토하였다.

향후 방향

RFID 기술의 확대 적용은 아직 갈 길이 멀다고 말한다. 이는 RFID 기술로 인해 얻을 수 있는 이익과 비용을 분석, 문서화, 활용하는데 많은 노력을 기울여야 한다는 것을 의미한다. 대량의 팔레트 수준에서 RFID 태그를 부착하는 것에 대한 초기 지시사항이 나오면, 반드시 극복해야 할 기술적, 환경적, 그리고 사회적 문제점을 검토해야 한다. 앞으로 2년 안에 수많은 해결방안이 나올 것으로 예상된다. 현재 기업에서는 적절한

RFID 어플리케이션의 부족으로 RFID 시스템을 통해 얻은 정보를 효과적으로 활용하는 것은 쉽지 않다. 그러므로 향후에는 RFID 시스템을 통해 얻은 정보를 공급망 기업들이 활용할 수 있는 적절한 RFID 어플리케이션 개발에 많은 연구가 이루어져야 할 것이다. 이렇게 되어야 기업에서 RFID 활용을 통한 성과창출이 용이해질 것이다.

제조업체와 공급업체는 RFID 기술과 같은 신기술 개발 프로젝트에 대해 상당한 비용을 투자하면서, 다양한 지식을 축적해야 할 것이다. 그리고 RFID 기술에 대한 유용성과 문제점에 대한 다양한 지식을 체계화해야 할 것이다. 이를 통해 향후 RFID 시스템을 도입하는 기업들에게 다양한 정보를 제공해 주고, 테스트 비용을 감소시켜 줄여야 한다. 더불어 기업들은 이러한 결과를 향후 RFID 시스템 구현을 위한 프레임워크로 이용해야 할 것이다.

새로운 RFID 기술이 나타나면서 기업들은 성공적인 기술 도입을 위해 고려해야 할 많은 요소가 존재한다. 본서는 RFID 기술에 대한 다양한 사례를 제시하였다. RFID 기술은 공급망에서 상품의 흐름을 한 눈에 살펴볼 수 있는 경영혁신 도구이고, 궁극적으로 미래의 무선 비즈니스 세계의 일부분을 차지하게 될 유용한 기술이다. 그렇다면 RFID 기술이 가시성 창출 도구의 일부인 것을 어떻게 설명할 수 있을까? 미국 테네시주(Tennessee)의 채터누가(Chattanooga)에 위치한 Erlanger 병원에서 어떤 일이 일어나고 있는지 살펴보자. 병원의 일부 시설에서 간호사가 환자의 데이터를 무선으로 입력함으로써 시간을 절약하기 위해, 시스템의 한 부분으로서 천장 타일에 안테나를 설치하였다. Erlanger 병원의 네트워크 책임자인 John Hartron에 따르면 "이러한 RFID 기술을 이용한 정보시스템은 환자 보호 차원에서 혁신의 토대가 됩니다."라고 밝히고 있다.

정보기술의 발달로 간호사들은 의료장비를 이용해 수작업을 하지 않고, 전자매체를 이용해 환자의 상태를 체크하고, 환자의 병력에 대한 정보를 시스템에 입력한다. 또한 환자에게 약을 처방하는데도 실시간으로 정보를 전달해주는 장비를 이용해 편의를 도모하고 있고, 더불어 VoIP(Voice over Internet Protocol) 기술[1)]을 이용하여 병원 어디에서나 실시간으로 의료진들이 환자들의 정보를 이용할 수 있게 되었다. Erlanger 병원의 모바일 건강관리 시스템은 무선통신기술과 휴대용 컴퓨터 장비가 결합해 의료진과 환자들에게 보다 유용한 기능을 제공해주고 있다.

Erlanger 병원의 네트워크 책임자인 John Hartron에 의하면, 병원에서 각각의 병실에서 이용되는 600개의 의료장비인 정맥주사 펌프를 추적하기 위하여, 펌프에 RFID 태그를 장착할 계획을 수립하고 있다고 한다. 또한 특정 감시지역 내에서 무선통신기술과 지리정보시스템을 결합해 미아가 발생할 경우, 신속하게 미아를 찾을 수 있는 RFID 시스템도 도입되고 있다고 한다(McGee, 2003). 이러한 사례들은 무선 환경에서 RFID 기술을 이용해 업무처리의 가시성을 높이는 사례들이다.

요약

RFID 기술이 제품의 무선 식별 및 추적 분야에 적용되면서, RFID 기술이 비즈니스 분야에서 중요한 역할을 담당할 것이라는 것은 의심할 여지가 없다. 의료 서비스 현장과 군수물자관리 영역에서의 물품의 이동경로를 추적하는데 RFID 기술은 많은 시간을 단축시켜 줄 것이다. RFID 기술에 대한 지나친 기대가 현실인지 아니면 일시적인 현상인지 묻는다

1) [역주] VoIP(Voice over Internet Protocol)기술은 음성 데이터를 인터넷 프로토콜 데이터 패킷으로 변화하여 일반 전화망에서의 통화를 가능하게 해주는 통신 서비스 기술이다

면, 현재의 상황을 고려해 볼 때, RFID 기술은 점진적으로 채택하는 단계로 나아가고 있다고 말할 수 있다. 따라서 기업들은 RFID 기술 도입 가능성을 신중하게 검토해야 하며, RFID 기술의 숨겨진 가치를 입증하기 위해 노력해야 할 것이다.

본서에서는 RFID 기술을 도입하고 있는 대표적인 분야로 소매업체, 의료서비스, 군방 분야의 사례를 검토하였고, 기술 적용에 따른 문제점을 언급하였다. 현재 RFID 기술은 지속적으로 발전하고 있으며, 많은 기업에서 RFID 기술 적용에 동참하는 방법을 비롯하여 적절한 투자대비수익률 구현과 성공적인 RFID 시스템 개발 및 배치를 위한 노력을 하고 있다. 3장에서는 이러한 과제를 수행하는 방법에 대해 살펴보겠다.

Chapter 3

공급망 응용에 있어 RFID : 투자와 성과

본서에서는 다양한 산업과 비즈니스에 있어 효율적인 공급망 관리를 지원해주는 유용한 RFID 기술을 소개하고 있다. 기업들이 RFID 기술에 대하여 많은 관심을 가지고 있지만, 여전히 RFID 기술에 대한 지식은 부족한 편이다. 일반적으로 알려진 것처럼 RFID 기술은 무선통신 기술을 이용해 공급망 관리에 있어 가시성을 확보해 주기 때문에, 기업인들은 보다 깊이 있는 RFID 지식을 얻기 위해 노력하고 있다. 전통적인 RFID 기술은 약 25년 전에 나타나기 시작한 바코딩 시스템에서 그 기원을 찾을 수 있다. 현재 사용하는 RFID 기술은 바코딩 기술을 지속적으로 개선한 기술이다. RFID 기술은 기업의 관리자들에게 글로벌 공급망 환경에서 발생하는 문제에 대하여 직접적인 해결책을 제시해 주었고, 또한 가치있는 정보의 전자적 교환을 가능하게 해주었다. RFID 기술 구현 지식들은 공급망 네트워크 전체 구성원들에게 다양한 지식을 제공해주어, 기업의 가치창출을 지원해 줄 것이다.

ROI와 효율성

우리는 RFID 기술이 산업체에서 나타나는 비효율적인 문제점들을 개선해 줄 것으로 생각하고 있다. [그림 3.1]은 비즈니스 영역에서 나타나는 RFID 기술의 영향력을 보여주고 있다. RFID 기술의 응용은 다양한 소매업 분야에서 공급망 내부와 외부의 조달 프로세스 연결을 통해 탁월한 업무 개선 효과를 가져다준다. RFID 기술의 응용은 공급망에서 상품의 주문 및 배송 절차에서 나타나는 여러 문제점들을 현격하게 감소시켜준다. 유타주(Utah)의 창고관리 및 유통업체인 Associated Foods사의 유통센터에서는 125명의 사람들이 유통관련 정보를 컴퓨터에 입력하고 있다. 그들이 입력하는 정보 중에 약 40%에 문제가 있었다. 기업에서의 상품의 제조 및 유통 상에서 나타나는 정보의 비효율성은 RFID 기술 도입을 통해 개선될 수 있다. 그래서 많은 기업들이 RFID 기술 도입 준비를 하고 있다.

예를 들면, 다양한 서적을 제작하는 회사들은 그들이 비즈니스에서 발생하는 손실 비율을 약 35% 정도로 예측하고 있다. 한 종이회사는 종이를 운반하는 트럭이 약 60%가 빈 상태에서 운용된다는 것을 물품 이동에 따른 물류활동성 분석을 통해 발견하였다. 이러한 문제점들은 RFID 기술의 활용을 통해 극복될 수 있을 것이다. 일반적으로 상품운송 및 거래과정에서 나타나는 부정확한 인식, 잘못된 가격, 잘못된 계산, 그 밖의 문제점들에 의해 추가 발생하는 관리비용은 RFID 기술 이용을 통해 감소시킬 수 있다.

기업들이 RFID 기술을 사용하게 되면 파손되어 판매되지 않는 상품, 장기간 판매되지 않은 상품, 계절의 변동에 따라 발생된 재고에 대한 효율적인 관리를 통해 비용을 절감할 것이다. 애리조나 주립대학교(University of Arizona)의 Timothy Jones 교수가 수행한 연구결과에 의하면, 미국 가정에서 만들어지는 음식의 40~50%는 사람이 먹지 않고 쓰레기로 버려지며 이는 공급망의 비효율성에 의해 나타난 문제라고 지적한다. 편의점에서 판매하는 음식의 약 26%, 패스트푸드 레스토랑의 음식의 약 10% 또한 쓰레기로 버려진다고 한다. 그 이유는 무엇일까? 이는 공급망에서 수요와 공급의 일치가 이루어지지 않았기 때문이다(Roberti, 2005c).

앞서 살펴본 다양한 이유 때문에, 우리는 RFID 기술 응용이 기업에게 보다 많은 효율성을 제공해 줄 것으로 기대하고 있다. 반대로, RFID 기술이 다양한 산업에서 문제점을 개선하고, 유용한 기회를 제공해 줄 것이라는 기대에도 불구하고, 부정적인 의견이 나타나고 있다. 따라서 본서에서는 RFID 기술에 대한 옹호론자들과 반대론자들이 제안하는 중요한 고려사항을 설명하고자 한다.

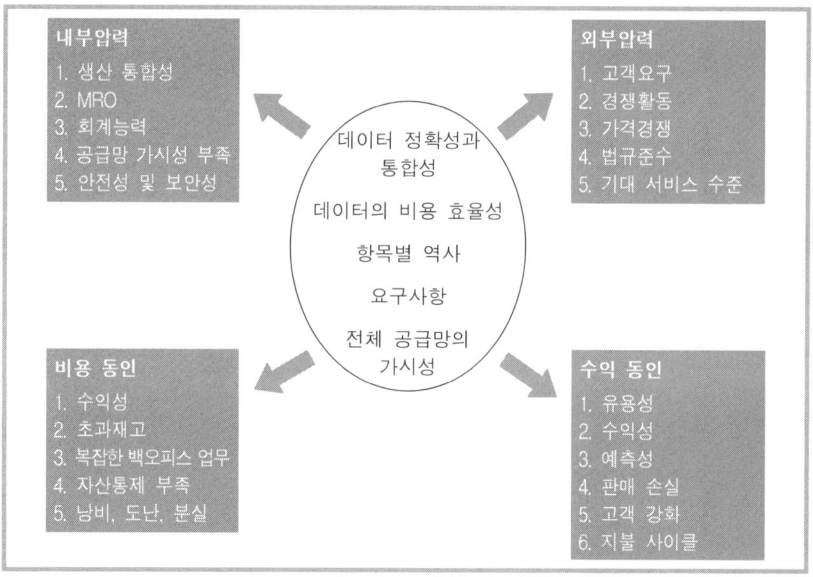

(출처 : Rob Jackson, Computer Sciences Corporation)

그림 3.1 RFID기술의 역량 : 비즈니스 결과

기업들은 공급망에서 RFID 기술을 수용하기 위하여 많은 노력을 하고 있지만, 때로는 RFID 기술이 우리가 생각하는 수준의 성과를 가져다주지

않는다. 그러므로 우리는 성공적인 RFID 구현을 위해서 제안을 하고자 한다. 성공적인 RFID 구현을 위해서는 공급망에서 업무 프로세스 단위로 가시성 확보가 필요하며, 우리가 구현하고자 하는 RFID 기술에 대한 전체적인 이해가 선행되어야 한다. 즉, 어떻게 무선통신에 기반한 RFID 기술이 다양한 기업군으로 연결된 디지털 공급망에서 작동되는가를 이해해야 한다.

RFID 기술의 성공적 구현을 위한 우리의 가설은 명확하다. RFID 기술은 소매영역이나 국방영역에서 몇몇 기업들에 의해 불평이 제기되고 있는데 이는 결코 일반적인 현상이 아니다. 몇몇 선도 기업들은 공급망에서 RFID 기술에 기반한 자동화된 무선인식시스템 도입으로 다양한 수익성 창출이 가능해지고 있다. 이러한 RFID 기술의 비즈니스 적용 가능성은 지속될 것이고, 잠재적인 수익 창출 가능성 역시 지속될 것이다. RFID 기술은 전체 공급망 네트워크에서의 모든 데이터의 상호교환을 가능하게 해 줄 것이다. 우리는 이 단원에서 RFID 기술 수용에 있어 옹호론자의 입장과 반대론자의 입장에서 성공적인 RFID 기술의 공급망 응용을 위한 주요 가정과 지원상 문제에 대한 내용을 소개하고자 한다.

공급망 지원 도구로써의 RFID

본 단원에서는 과거의 공급망과 현재의 공급망에 대한 다양한 특성을 비교, 설명하고자 한다. [그림 3.2]에 설명된 것처럼 과거의 공급망 프로세스는 단순한 업무구조와 프로세스 형태로 구성되어 있다. 일반적으로 회사의 공급망을 분석해보면 제조, 생산, 소비에 이르는 다양한 공급망 기업들이 상호 유기적인 연결 관계를 가지고 있다. 상품과 서비스, 정보, 금융상의 상호 교환관계는 전형적인 기업의 업무 프로세스에서 나타나고 있다. 대부분의 기업들은 상호 교환관계에서 최고의 성과를 창출할 수 있는 실행방안을 찾고 있나, 현실에는 많은 어려움이 존재한다. 그렇기 때문에 회사들은 원활한 재고관리를 위해 업무 프로세스를 단순화하고, 문제 영역을 최소화하기 위해 노력하고 있다. 이러한 노력을 지원하는 기능에는 정보기술, 지역 인트라넷을 통한 커뮤니케이션, 재무관리, 회계관리, 인적자원관리 등이 포함되어 있다.

그림 3.2 공급망의 전통적 관점

실제 공급망 혁신을 위해서는 고객, 공급자, 조달업체 등 대부분의 공급망 전체 영역에서의 관심이 요구된다. [그림 3.3]은 오늘날 기업들의 공급망에 대한 상호 연관관계를 보여주고 있다. 이 그림은 협업 네트워크의 기능을 설명해주고 있다. 일반적으로 회사들은 그들의 공급자들로부터 원자재를 조달받아 제조과정을 거쳐 유통업체에 제품을 납품하고 있다. 그리고 유통업체들은 부가가치 재판매업자(VAR)를 통해 상품을 소매점에 유통시키는 기능을 수행하고 있다. 부가가치 재판매업자란 기존의 상품의 기능을 보완해 고객 만족도를 증대시키는 기능을 수행하는 사업자이다.

현재 많은 제조업체들은 자사의 경쟁력을 향상시키기 위해 다른 기업으로부터 다양한 기술들을 도입하고 있다. 예를 들면, Boeing사는 새로운 7E7 기종의 비행기 본체를 제조함에 있어 유럽과 일본의 자원을 이용하였다. GE사는 독립 제조업체인 Bosch사로부터 전자가전 라인을 도입해 이용하고 있다. Design Partners사는 최근에 나타난 아이디어에 대하여 상업적 접근을 통해 혁신적으로 라이프 사이클 단축을 지원해주는 업무를 수행하고 있다. P&G사와 Kraft Foods사는 그들의 공급망에서 성공적인 신상품 제조를 위해 상호협조를 통해 작업을 수행한다. Hewlett-Packard사는 세계 시장에 신제품 프린터 출시를 위해 공동으로 대응하는 글로벌 네트워크를 가지고 있다. 또한 Ford사는 최초의 제품 조달 기업에서 신차의 디자인에 이르는 부분까지 다양한 회사들이 각각의 기능을 수행할 수 있도록 세분화된 글로벌 네트워크를 가지고 있다.

상품의 적재와 수송은 다양한 물류서비스 제공업체들이 수행하는 업무이며, 군대조직에서도 이 기능들이 수행되고 있다. 유통업체들도 특수한 시장분할을 통해 저장과 수송에 따른 중요한 역할을 수행하고 있으며, 또한 틈새시장에서 중요한 역할을 수행하고 있다. 이러한 대표적인 업체로 SYSCO[1] 사가 있다. 이 회사는 다양한 기관에 음식자재를 제공하고 있다. 이 회사의 조달관리시스템은 매우 정교하고, 효과적으로 운용되고 있다. 현재 이 회사에서는 보다 정확한 식자재관리를 위해서 RFID 기술을 도입하고 있는데 이 RFID 기술은 효율적인 업무 처리를 지원할 것이다.

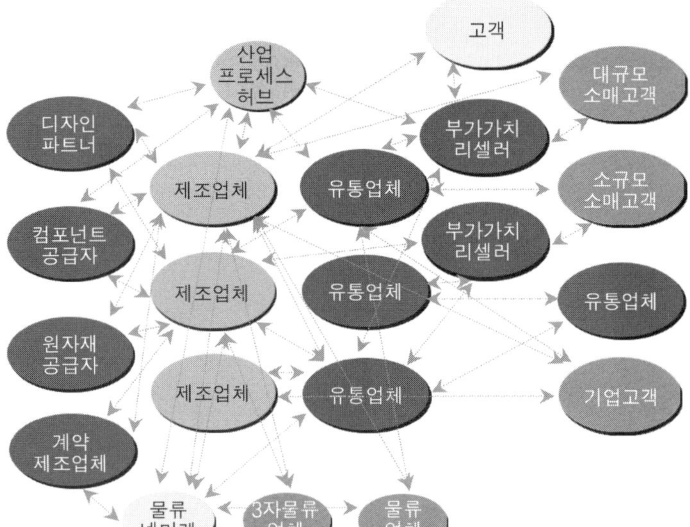

그림 3.3 협업 네트워크 환경 하에서의 공급망

1) [역주] 미국 최대의 식자재 유통회사

부가가치 재판매업체는 상품의 유통에 있어 부가적 기능을 제공하고 있다. 특히, 고도의 기능적 상품과 커뮤니케이션 제품 영역에서 그 역할은 크다. 예를 들면 Amazon.com은 인터넷을 통해 서적을 판매하고 있으며, 또한 유통업체인 Best Buy사는 여러 업체들과 전략적 제휴에 기반한 협정을 맺고 가전제품을 판매하고 있다. 결국 고객들은 다양한 상품 카테고리 안에서 더욱 편리하게 제품을 구매할 수 있게 되었다. 현재 대부분의 공급망은 고객화된 제품과 솔루션에 기반해 유통 채널이 다양화되어 가고 있다.

새로운 마케팅 게임은 세분화된 정보를 기반으로 이루어질 것이며, 수요는 일반화되고, 통제되어 공급망 기업들의 영향을 받게 될 것이다. 오늘날 소비자들은 어떻게 그들이 원하는 제품을 구매할 것인가에 대한 다양한 선택권을 가지고 있다. 소비자가 원하는 제품을 조달하기 위해서 기업들은 상품의 수요와 공급에 많은 관심을 가져야 할 것이다. 이 새로운 게임은 공급망 네트워크 기업들의 능력에 따라 그 진가가 나타날 것이다. 이는 고객이 원하는 방향으로 발전되어야 할 것이다.

현대의 공급망은 매우 복잡하게 상호 연관된 기능으로 연결되어 있다. 그리고 각각의 업무 단계별로 많은 자료와 지식들이 정시에, 정확하게, 효과적으로 제 기능을 수행하도록 통합 관리되고 있다. 여기에서 RFID 기술은 보다 많은 기능을 제공해 줄 것이다. RFID 기술은 다양한 조건에서 최적의 기능을 제공할 수 있는 데이터 교환 기능을 제공해 줄 것이고, 또한 업무 지원 도구로 가시성을 강화시켜 줄 것이다. 또한 RFID 기술은 공급망에서 처리되는 업무에 따른 데이터의 추적 및 교환기능을 제공해 중요한 정보를 제공해 줄 것이다. 예를 들면 RFID 기술은 고온 또는 저온에 따라 발생하는 음식물의 부패를 통제하거나 감시하는데 사용될 수도 있고, 매우 높은 습도 상황에서 처해있을 때 경보음을 제공해 문제 발생을 사전에 막아주는데 이용될 수도 있다. RFID 기술은 공급망 전체 네트워크에 생산성 개선과 가시성 확보 기능을 제공해 줄 것이다.

일부에서 RFID 기술 도입을 강하게 반대하는 세력이 존재하고 있지만, RFID 기술은 공급망에서의 가시성 확보와 업무 최적화를 가능하게 해주는 역할자로서 지속적으로 기업들의 경영환경에 수용될 것이다. 특히 최근 다양한 기술과 통합을 통해 RFID 기술은 글로벌 공급망 구현환경 하에서 중요한 기능을 제공해 주고 있다. 이와 같은 측면에서 상호 연관성을 맺고 있는 기술들과 또는 상호 관련된 업무를 처리함에 있어서 RFID 기술은 그 연결성을 더욱 강화해 줄 것이다. 즉, RFID 기술은 공급망 네트워크에서 상호간의 정보 교환을 가능하게 해줄 것이고, 이를 통해 향후에 어떤 일이 발생하든 업무 처리에서 더욱 효과적인 반응이 가능하게 될 것이다.

복잡한 데이터 전송기능 실현

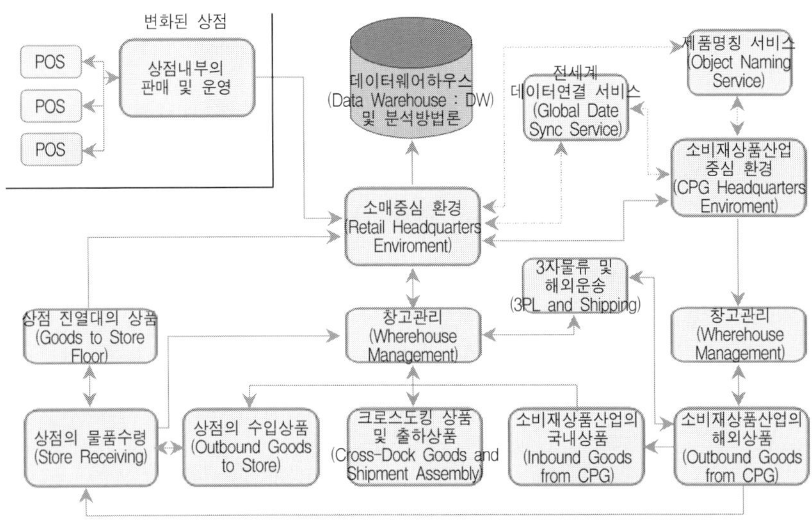

그림 3.4 제조-소매 공급망의 연계 형태

[그림 3.4]는 소비재 제조업체에서 소매업체까지의 일반적인 공급망 시스템 관계를 보여준다. 이 그림은 하나로 연결된 공급망에서 지속적인 피드백과 기업에서 나타나는 확장된 업무 프로세스를 조화시키기 위해 실시간 정보의 접근에 대한 상호의존성을 보여준다. 소비로부터 공급과 제조 및 보충 위치까지 역으로 검토하는 방법으로 각각의 다이어그램은 판매정보 수집을 시작으로 각 단계에서 무엇이 소비되는지, 현재 요구되는 사항은 무엇인지를 알 수 있게 해준다. 이를 위해 POS 데이터는 현재 요구를 확인하고 무엇을 보충해야 하는지, 공급망에서 재고관리 정보가 정확히 반영되고 있는가를 확인하기 위해 연결고리의 첫 부분을 차지한다. POS 데이터는 공급자에게 분석 및 배송을 위해 소매중심환경(Retail Headquarters Environment)을 제공한다. 최대 이익을 얻기 위한 시도로 관련된 지식이 축적되고 이러한 지식이 공급자 측면으로 이동될 때 관련된 구성요소와 추가적인 서비스에 대해 고려해야 한다.

예를 들면, 소매점에서 현재의 상황을 추적하고 가장 많이 팔리는 제품의 재고현황 파악을 원하는 신발 제조회사의 사례를 살펴보자. 현재 소비재상품 제조업체는 POS 데이터와 중앙처리센터로부터 들어오는 구매주문에 대응할 수 있는 장소에 시스템을 구비하고 있다. 여기서 현재의 시장정보를 적절히 수집하고, 시스템에 부합되는 장단기 계획과 조합하는 과정을 거친다. 이러한 과정은 대중스포츠로 인정받아서 불티나게 팔리는 운동화의 생산이나 배송일정 조정에 이용될 수 있다. 인기 높은 화장품이나 브랜드 파워가 있는 회사에서 제조된 향수나 유명인이 광고한 상품에서도 동일한 현상이 발생한다. 기본적으로 팔레트에 부착된 RFID 태그를 이용한 추적 과정은 보다 나은 성과를 낼 수 있으나, RFID 태그가 개인의 신발 케이스나 향수병에 부착되어야 기업이 성별, 크기, 색상 그 외의 자료를 얻을 수 있다.

이러한 시스템을 구성하기 위해서 지출되어야 하는 비용은 극단적으로 많이 소요되지는 않는다. 글로벌 기업인 P&G사는 스페인에 위치한 제조공장의 지게차에 RFID 리더기를 설치하고 팔레트에 RFID 태그를 부착하는 시스템을 도입하는데 약 십만달러 비용을 투자했다. 여기에는 장비 구입비 및 설치비까지 포함된 비용이다. 이 시스템을 통해 트럭 운전기사가 창고의 문을 지나서 움직이게 되면, 신호가 수화물 운송 여부를 정확하게 알려주는 체계가 구축되었으며, 이전에 비해 창고 활용도가 높아지면서 공장 가동률이 증가되었고, 주문정확도는 100%로 보고되고 있다. 또한 이 시스템은 한 번에 물건을 옮길 수 있도록 지원함으로써 지게차 운전기사의 수를 줄일 수 있었다. 투자된 비용의 회수기간은 약 1년이 소요되었다(Roberti 2005).

데이터의 중심이 공급망에서 소비단계(Upstream)[2)]로 이동하면서 시스템에서 관리되는 영역 이외의 제품을 중간 물류센터나 3자 물류창고 운영을 통해 보충할 수 있는 기회가 생긴다. 여기에 신발 제조업체는 지역 물류센터와 회사의 창고 및 제3자 보관시설에서 어떻게 저장되는가에 대한 완벽한 도식화를 얻기 위해 RFID 기술을 통해 발생되는 정보를 추가하게 된다. 그 정보가 제조회사에 도달되는 시점에서 또 다른 공급망 구성요소는 어떤 제품이 선적되어야 하는지와 공급단계에서 어떤 제품이 보충되기를 기다리는 상점에 대해 파악하고, 계획된 배송정보에 맞추어 어떤 한 방향으로 제품을 이동시킨다.

또한 다른 예로 일련의 창고나 물류센터에서는 배송시 트럭에 상품을 최대한 적재하기 위하여 간단한 크로스도킹(Cross-Docking) 기법을 활

2) [역주] 공급망에서 업스트림(Upstream)은 공급자에서 소비자로 흐르는 물류 흐름을 의미하고, 반대로 다운스트림(Downstream)은 소비자에서 공급자로 흐르는 물류흐름을 의미한다.

용하기도 한다. 최근에는 이 모든 업무의 연결이 가능한 온라인을 통해 이루어지고 있으며, 어떠한 업무가 진행되고 있는가에 대한 정확한 정보를 전송해주고 있다. 이러한 일련의 과정은 규정외의 안전재고나 일반재고를 발생시키는 활동을 줄이고 있다. 그러나 때로는 제품주문이 불가능해짐에 따라 판매에 문제가 발생하는 좋지 않은 상황에 직면할 수 있다는 것을 고려해야 한다. RFID 기술은 정보시스템을 이용하여 추가재고를 최소화시켜주고, 제품이 원활하게 유통되도록 도움을 준다.

도식화를 통해 설명된 연관관계의 전체 목적은 중간 단계에서 요구되는 사항에 대해 공급에서 소비로 흐르는 정보의 이동만큼 중요하게 POS 데이터로부터 적절한 대응을 위한 지식생성 과정의 구성요소들까지 정보를 제공하는 것이다. 어떠한 필요성에 의해 활용도 높게 배치된 솔루션은 최적화된 결과를 도출하는데 필수적인 각각의 연결고리에서 가장 효율적인 방법으로 요구에 대응하는 구성요소의 집합으로 구성된다. 신발 공급자의 관점으로 돌아와서 스리랑카 혹은 필리핀에서 공급되는 원자재부터 대만의 봉제산업 그리고 유럽과 북미에서 선적되는 일련의 과정을 한 단계 발전시킬 수 있는 시스템에 대해 생각해 보자. 기본적으로 실시간으로 움직이는 시스템 내부에서 어떠한 이슈가 발생하고 있는지를 파악하는 것은 정보의 핵심적인 부분이 될 수 있다. 그 이유는 시장환경의 변화와 인기 있는 스포츠가 신발의 디자인을 변화시키거나 다른 대중의 특성으로 변화 될 수 있기 때문이다. 만약 시스템이 재빨리 가장 인기 없을 것 같은 품목을 재빨리 제거하고, 즉각적으로 주문이 발생할 수 있는 품목으로 공급망에 배치한다면, 수익은 최적화되고 쓸모없는 재고는 최소화될 것이다.

이 시스템이 실행되면 그 결과는 기업에게 다양한 성과를 가져다 줄 것이다. 상점의 진열대에는 시장에서 가장 요구가 많은 물건들로 채워질 것이고, 먼지 쌓인 재고는 사라질 것이다. 제조업체들은 제조과정에서 불필요한 부분을 제거할 수 있으며, 유통업자들은 배송시스템을 통해 요구에 부합하는 제품을 보유할 수 있을 것이다. 이러한 환경은 주문에 초점을 맞춘 대응과 물류의 전체적인 흐름을 추적할 수 있게 되고, 공급망의 전체적인 그림을 실시간 통제가 가능해지는 형태로 이뤄지며, 재고가 관리되지 않는 영역인 블랙홀 속으로 사라지지 않기 때문에 가능해지는 것이다. 현재까지 언급된 RFID 기술을 활용한 시스템에서 대부분 응용상황에 대한 투자가 적절한 이익을 창출할 것인가에 대한 사항은 향후의 문제이다. 그러나 RFID 기술이 발전하고, 비용은 절감되며, 더 많은 유용성이 산업전반에 걸쳐 거대하게 조성되기 때문에 그에 따른 보상이 돌아올 것은 분명하다.

전체 공급망에서 RFID 기술의 가장 큰 성과는 연계된 구성요소(공급자, 제조업체, 유통업체, 소비자 등을 포함하는 모든 구성원)들 사이의 협력과 조화를 통해 산출되는 각각의 단계의 진보된 업무처리에서 찾아볼 수 있다. 이는 가시화된 요구 즉, 단순 전송과정이 아닌 판매가 발생하거나 재고가 생기는 지점의 정확성 개선이 필요한 곳에서 나타난다. 또한 신상품 소개, 홍보, 특별 판매를 위한 기본적인 정보를 수집하는 과정에서도 필요성이 있다. 이러한 잠재적인 성과는 다음과 같다.

- 전체 공급망 구성원들이 구매, 선적, 추적 과정의 전체 네트워크를 통해 전체 공급망 구성원들의 협력이 가능해진다. 이를 통해 공급망 기업들은 시너지 효과를 얻을 수 있다.
- 보유재고와 재고수준을 조화시키도록 유지하고, 실제 주문과 판매동향을 결합시켜 주문과 공급을 조화시킬 수 있다.
- 시장 상황의 변화와 새로운 구매 패턴을 분석하고 차이를 구분하여 의사 결정과정을 개선시킬 수 있다. 이를 통해 실제 요구에 대한 보

다 적절한 요구방안을 만들 수 있다.

- 생산 능력과 현재 출고계획과 관련하여 정확한 지식에 근거하여 올바른 방향으로 수정된 공급과 판매 활동을 수행할 수 있다. 이를 통해 전체 공급망에서 중요한 과실을 피할 수 있다.

공급망 전체의 가시성

지금까지 내용을 정리하면, RFID 기술 도입을 통해 전체 공급망에서 발생할 수 있는 모든 업무 프로세스의 개선사항은 직접적인 접근성과 공급에서 최종소비까지의 모든 과정이 가시화됨에 따라 관리자는 정확하게 어떠한 사건이 일어날지를 판단하고 결정할 수 있게 된다는 것이다. 실제 주문이 효과적으로 공급과 연계되고, 공급망 전체의 흐름이 시장 환경에 대한 가장 최신의 요구에 부합되고 조화됨으로써 효율성, 소비자 만족, 수익성이 향상된다. 좀 더 정교하게 접근하기 위해서는 일반적인 공급망에서 필요로 하는 연결고리들을 고려해야 한다.

판매시점관리를 통해 산출되는 데이터는 제품에 대한 상점에서의 판매정보와 실제적인 주문이 반영된다. 소매업체의 ERP 시스템과 CPFR 시스템[3]에서 실시간으로 정보가 데이터베이스에 저장되고, 실제 판매와 계획 활동에서 얻어지는 자료 또한 실시간으로 저장된다. 또한 바코드를 판독하여 얻어진 데이터가 판매상점의 데이터베이스에 기록되며, 작업 과정에 있는 제품이나 완성품에 대해 재고변화에 대한 내용 또한 데이터베이스에 기록된다. 만약, 특정 제품이 특정 장소로 이동해도 실시간으로

---

3) [역주] 협업설계 예측 및 보충(Collaborative Planning, Forecasting, & Replenishment : CPFR)은 소매업체, 도매업체와 제조업체가 고객서비스를 향상시키고 업체들 간에 공급망관리에서 정보의 흐름을 가속화하여 재고를 감소시키는 경영전략 기법이다. 이러한 CPFR은 판매손실을 회복할 수 있는 서비스 증대와 카테고리 관리를 향상시키며 수요계획을 통해 적시 상품보충을 실현한다.

데이터 변화를 포착하고 정확히 추적할 수 있다면, 얼마나 더 많이 수집할 수 있을 것인가? 이 질문에 대한 해답은 RFID 적용시험과 다양한 RFID 성공사례를 통해 알 수 있다.

예를 들어 다음과 같은 두 가지 시나리오를 고려해 보자. 첫째는 냉장고, 전자레인지, 식기세척기와 같이 부피가 크고 제품이 쉽게 손상될 수 있는 물품이나 가전제품을 생산하는 제조회사의 사례를 살펴보자. 제품 손상에 대한 책임을 줄일 수 있도록 추가적인 정보에 대한 기록을 남기거나, 정확히 어떻게 관리되고 운송되었는지를 알기 위해 부착하는 RFID 태그는 의미 있는 가치를 부여한다. 둘째는 값비싼 보석에 대한 처리과정으로 비싼 금과 다이아몬드 제품을 운송하는 사례를 살펴보자. 상품수준(Item-Level)에서의 정확한 추적은 잠재적인 손실에 대한 보호나 인건비를 줄일 수 있다는 점에서 RFID 기반 시스템의 중요한 투자회수 수단으로 활용할 수 있다.

RFID 시스템을 통한 유통과정의 순환 고리는 소매업체와 그 업체의 창고운영 과정에서 확립된다. 소비재 제조업체는 배송과 창고운영 과정에서 유사한 연계를 만들 수 있다. 잠재적으로 많은 정보제공 수단을 통해서 창고와 상점의 진열대에서 되돌아가는 제품흐름 과정을 거치고, 모든 선적 데이터와 승인과정이 입력되면, 사전선적통지서(Advance Shipping Notices: ASNs)가 발행된다. 또한 모든 과정은 매우 정확하고 시기적절한 정보에 의해 개선될 수 있으며 만약 역물류(Reverse Logistics)[4]의 회수와 같이 조정이 필요한 단계가 있다면, RFID 시스템이 제공하는 기능

---

4) [역주] 역물류(Reverse Logistics)란 제품에 하자가 생길 경우, 제품이 보상판매될 경우 등 고객으로부터 기업이 상품 또는 서비스를 돌려받는 부분이나 제품의 활용이 끝나고 재사용되기 위해 수거되는 과정과 같이 최종적으로 소비자에게 제품이 배송된 이후의 물류과정을 의미한다.

으로 빠르게 개선할 수 있다. RFID 기술은 모든 운영과정에서 발생하는 데이터를 확인해 발생한 문제를 해결해준다. 디지털 환경에서 RFID 시스템은 공급망에서 수요와 공급을 일치시켜 실시간 자원관리를 지원해 준다.

디지털 환경에서의 공급망 운영

십년 전 대부분의 사람들은 전자메일 주소를 가지고 있지 않았다. 그러나 현재의 우리들은 대부분 몇 개의 전자메일 주소를 가지고 있다. 전세계적으로 전자메일의 높은 보급 수준은 이제 당연한 것으로 받아들여지고 있다. 인터넷은 이제 부족함이 없는 일반화된 커뮤니케이션을 지원하는 통신시스템으로 Tim Berners Lee에 의해 개념화되었다. 어떻게 해서 인터넷에 많은 사람들이 동화되게 되었을까? 우리는 이제 구리선 또는 광섬유를 통하여 접속하지 않고 공급망 네트워크 안에 있는 어떠한 파트너에게라도 무선 메시지를 보낼 수 있다. 이러한 커뮤니케이션은 작은 휴대 컴퓨터 장치 등을 통해서도 가능하다. 또한 커뮤니케이션 기술은 기업의 공급사슬에서의 상품과 서비스의 흐름을 가시화시켜 주었다. 현재, 무선통신 기기를 대부분의 일반 사람들이 사용하고 있으며, 이를 통하여 먼 곳에 있는 사람들과 커뮤이케이션을 할 수 있게 되어 기업의 업무처리를 활성화시켰다.

시장이 변화함에 따라 예전에 구축되었던 공급망은 이제 시장 변화에 대처하지 못하게 되면서 공급망도 변화하기 시작했다. 현재 공급망의 변화는 정확한 지식과 계획을 바탕으로 공급망을 개선하여야 하며, 이러한 변화에 주도적인 역할을 하는 것이 RFID 기술이다. RFID 기술은 디지털 환경에서 발생되고 있는 모든 거래에 대한 가시성을 확보하고, 제품 거래에 대한 자료를 실시간으로 파악하는 도구로써 자리매김하였다.

RFID 기술의 활용이 가능한 중요한 분야와 새로운 공급망 분야를 살펴보고, 성공적인 RFID 기술 활용을 위한 고려요인을 살펴보자.

- 수출입 관련 자료와 선적 및 하역작업에 사용되었던 비용분석이 실시되어야 하며, 업무 추진 과정의 추적을 통한 재무상태 파악이 필요하다.
- 가시성과 이벤트에 대한 관리를 통하여 확장되고 있는 공급망 네트워크 상의 움직임에 대한 목록을 만들고, 실시간으로 움직임의 변화를 추적하는 것이 가능하여야 한다.
- 제3자에게 제공할 운송서비스, 구조와 비용에 대한 세부적인 구성을 할 책임이 있으며 이에 대한 관계구성, 측정 및 승인 규칙에 대한 상세한 설명이 필요하다.
- 제품을 출하하면서 발생할 수 있는 장소 선정, 경로 변경, 선적 출하 일정 변경을 포함한 거래에 대한 모든 관리가 이루어져야 한다.
- 제품이 반품 또는 반송되면서 발생할 수 있는 제품 수리, 제품 복원 및 문제에 대한 해결이 이루어져야 하며, 이에 대한 비용 또는 처분에 대한 관리가 이루어져야 한다.

독일 소매업체인 Metro Group은 RFID 기술을 도입하였다. Metro Group은 레힌버그(Rheinberg)에서 『차세대 점포』라는 이름으로 제품의 이동을 자동으로 체크하는 RFID 기반 창고관리시스템을 시험하고 있다. 이 점포에 배송되는 상품에 대해서는 상품 내에 RFID 태그를 붙이고 점포에 상품이 도착하게 되면 RFID 리더기를 통하여 RFID 태그 내의 자료를 읽게 된다. 창고에서 상품의 판매를 위하여 진열대로 옮길 경우, 상품에 대한 정보는 RFID 리더기를 통하여 다시 읽혀지게 되고, 이 정보는 점포 내 특정 상품이 창고에서 매장으로 이동하는지 확인하는 것을 가능하게 해준다. Metro Group은 레힌버그(Rheinberg)에서의 RFID 기술에 대한 시험으로 RFID 기술이 소비자들에게 다양한 유용성을 제공할 수 있을 것을 확신하였다. 즉, Metro Group은 RFID 기술 도입으로 상품 판매 가격을 보다 저렴하게 할 수 있었다. 왜냐하면 그 이유는 RFID 기술이 제품의 생산에서부터 판매점의 진열대 위에 진열될 때까지 전체 공급망의 가시성을 파악할 수 있게 해주어, 비용을 절감시켜 주었기 때문이다(Foster, 2004, p.36).

다음으로 RFID 기술을 발전시키기 위해 어떠한 것이 최선의 길인지, 미래에 어떠한 방향으로 RFID 기술 혁신이 진행될 것인지 살펴보도록 하겠다. 월마트에서는 단순히 제품에 대한 정보를 파악하기 위한 수단으로서의 RFID 기술을 적용하고 있지는 않다. 창고(유통센터)에서부터 매장의 진열대, 심지어는 직원에게 전달되는 목소리의 일부까지 관리가 가능한 기술을 원하고 있다. [그림 3.5]에서는 이러한 기술에 대하여 상세하게 묘사하고 있다.

대형 소매업체에서는 전체 공급망 통합을 위해 정보시스템을 사용하고 있다. 오늘날 대형 소매업체는 공급업체에서부터 상점까지 위성통신을 통한 네트워크 시스템을 활용하여 상품과 관계가 있는 모든 정보를 처음부터 끝까지 추적하는 것이 가능하다. 소매업체는 매일 매일 제품판매 현황데이터를 수집하여, 부족한 제품에 대한 목록을 파악하고, 이러한 목록을 기초로 공급자에게 자동적으로 주문하는 것이 가능해진다. 월마트에서는 이미 3,400 개의 공급업체들에게 POS 시스템을 통하여, 온라인을 통한 데이터베이스에 접근이 가능하며, 이 데이터베이스를 기초로 공급업체로부터 제품을 구입하고 있다. 월마트의 자동화 시스템에서는 전자지불시스템을 포함하고 있다.

다른 기업들은 월마트가 도입한 자동화 시스템을 벤치마킹하여 RFID

기술을 확장시킬 수 있는 기반을 마련하고 있다. 기업들은 RFID 기술을 이용해 음성정보를 전송받고, 저장하는 것을 포함하여 노동 집약형 업무를 자동화하고, 주문 및 재고에 대한 목록을 선택적으로 관리하는 것이 가능하게 되어, 창고관리자나 매장관리자들은 효율적인 업무처리가 가능해 질 것이다. 기업들이 RFID 기술을 창고관리시스템과 거래관리시스템 분야에 활용할 경우 제품의 현재 상태를 파악하는데 매우 유용할 것이다.

업무프로세스

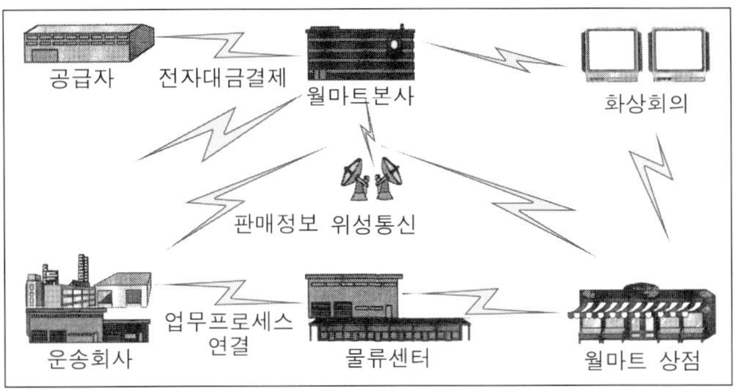

설명	• POS를 통해 매일 판매정보를 수집, 제품공급자에게 자동으로 주문 발주
기대효과	• 재고수준 최소화 • 공급자가 온라인을 통해 각종 정보확인, 자동화된 배송시스템 • 상점에 배송하는 시간을 현저히 단축
정보기술	• 3,400개 공급자를 연결하기 위한 판매시점관리시스템(POS), 제품구매 데이터베이스에 접근하기 위한 온라인 시스템 • 위성을 통해 전세계에 데이터를 전송하기 위한 시스템 • 자동화된 회계 및 전자결재 시스템 • 종합적으로 현재 연간 3억 3천만 불이 정보기술을 위해 소요

그림 3.5 실시간 정보교환을 위해 공급망을 통합하기 위한 월마트의 정보기술 활용구조

이 관점에서 볼 때, 10년 전 구상하였던 공급망 관리기법은 현재의 RFID 기술 도입을 통한 업무 프로세스 혁신과 동일 선상에 있다고 볼 수 있다. 실제로, RFID 기술은 실시간으로 세부 수준의 정보를 제공하는 것이 가능하며, 예전에는 볼 수 없었던 다양한 정보를 제공할 수 있는 잠재성을 가지고 있다. RFID 기술은 다양한 가능성 이외에 다양한 문제가 발생하기도 한다. 막대한 양의 정보가 발생하게 될 경우 이를 어떻게 관리할 것인가? RFID 기술 도입을 통하여 새로운 비즈니스를 구축할 때 어떠한 프로세스를 축소하거나 제거할 것인가? 가장 중요한 것으로 어떻게 RFID 기술을 이용하여 조직의 경쟁력을 향상시키고, 수익성을 향상시킬 것인가? 등의 문제가 존재한다.

이 질문들에 대한 해답은 앞에서 열거한 RFID 기술의 가능성을 통하여 찾을 수 있다. 무선 네트워크 환경에서 공급망 기업들의 정보 공유는 제품 생산 속도를 개선하고, 제품 생산 계획을 개선시켜 줄 것이다. RFID 기술이 공급망에서 다양하게 활용되기 위해서는 상품의 위치와 이동에 따른 정확한 정보를 제공해야 한다. 이를 통해 RFID 기술은 기업들에게 정확한 자산관리, 생산관리, 제품관리, 재고관리를 가능하도록 지원해 준다.

가시성을 향상시키는 RFID

RFID 기술은 가시성을 높이는 도구로써 공급망에서 제품을 추적하고, 기존의 정보인프라와 자연스럽게 조화를 이루어야 최적의 기능을 발휘할 수 있다. 1장에서는 RFID 기술 채택에 관한 모형을 살펴보았다. 기술 채택 모형을 기업에 적용하는 데 핵심이 되는 사항은 RFID 기술 그 자체가 해결책이 아니라는 점이다. RFID 기술이 여러 공정 사이에서 지식을 형성, 관리 및 전달하기 위해 적절하게 사용되고, 매우 상이한 업무절차와 비즈니스 모델을 생성하기 위해 사용될 때, RFID 기술의 진정한 가치와 업무의 개선 성과가 나타날 것이다.

예를 들어, 월마트는 RFID 기술을 이용해 소매점의 진열대에서 제품이 품절되지 않도록 하는 목표를 가지고 있다. RFID 기술은 월마트의 공급망에서 상품의 포장단위 수준에서 실시간으로 제품의 이동(예: 물류센터에서 소매점을 거쳐 실제 판매되기까지의 이동)경로를 파악하게 해준다. RFID 기술은 제품의 판매 가능성을 높여주고 결품에 따른 판매 손실(다양한 신기술에 의해 발생한 고질적인 소매점의 문제)을 현저하게 줄임으로써 수익 증가와 고객 만족도 개선에 도움을 준다. 향후 RFID 기술 활용에 대한 확신과 경험이 누적되면, 기업들의 운영비용은 감소될 것이다.

RFID 도입 성과는 다음과 같은 효율적인 제품관리 형태로 나타날 것이다.

- 공급망에서 상품의 이동에 따른 비용 발생으로, 소비자의 지불 가격은 원가의 10~30%의 추가된 가격을 최종적으로 지불한다. 그러나 RFID 기술 도입으로 공급업체는 소매업체와 협업을 통해 제품을 효율적으로 이동시킬 수 있게 되고, 이를 통해 고객들에게 더 저렴한 가격을 지불하게 해줄 것이다.
- 공급업체는 소비자들이 선호하는 진열대 및 제품 위치 파악을 위한 정보를 수집하기를 원한다. RFID 기술이 도입되면 공급업체는 소매업체의 매장에서 자사의 제품이 얼마나 좋은 위치에 있는지를 알 수 있게 되는 가시성을 확보하게 될 것이다.
- 진열대의 예를 확장하면, 신제품 도입 혹은 제품 홍보와 연계하여 공급업체는 RFID 기술을 이용해 홍보 기간 동안 소매업체가 제품을 잘 유지하고 있는지 알 수 있으며, 품절 상황을 줄일 수 있게 된다.

RFID 기술의 미래 모습은 디지털 정보를 전송하는 유비쿼터스 시스템이 될 것이다. 이 상황에서 중요한 사업파트너 간에 유기적인 연결은 공급에서 최종소비까지의 가시성을 확보해주며, 비즈니스 프로세스를 최적화해준다. RFID 기술은 제품 위치 및 움직임에 관한 필요한 데이터를 직접 제공하고, 무선 연결을 지원하기 때문에 잘 적용되어 운용될 것이다.

공급망 환경이 유비쿼터스 환경으로 전환되면서 마케팅과 이벤트관리가 어떻게 이루어지는지 살펴보자. [그림 3.6]을 보면 세 개의 층으로 표현된 공급망 가시성 확보 과정을 보여준다. 내부 통합은 맨 아래에서 시작하며 구매, 유통계획 및 주문관리 세 개의 시스템으로 이루어져 있다. 이 정보는 취합되어 인터넷을 통해 이벤트관리 수준으로 이동된다. 이벤트를 환경에 영향을 미치는 데이터에 접근하기 위한 데이터베이스가 생성되고, 현재 발생하고 있는 것에 관한 필요한 지식이 외부 통합을 위해 전송되고, 모든 핵심 공급망 구성요소들에 일어나고 있는 실시간 정보가 통합될 때 세 번째 수준에 도달된다.

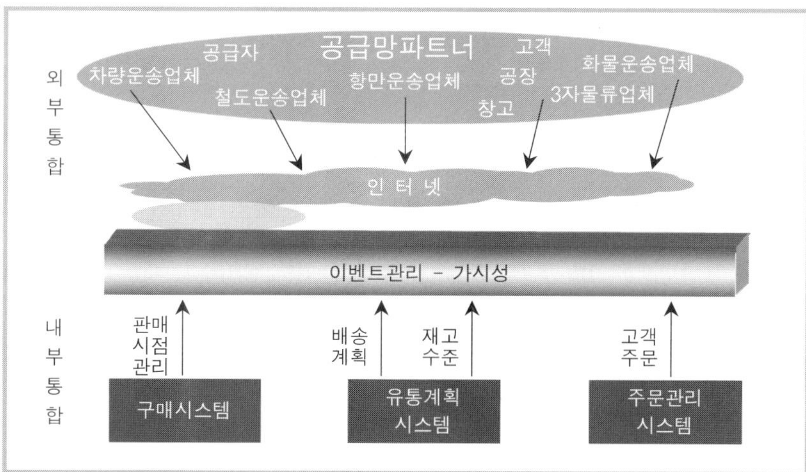

그림 3.6 공급망 가시성을 위한 3단계 구조

이러한 가시성 확보 과정을 통해 몇 가지 이점이 발생한다. 공용으로 구축된 데이터베이스는 공급망 참여자들이 향후 참조하거나 응용하기 위해 데이터를 유지하거나 개선할 수 있다. RFID 시스템을 통해 얻어지는 정보는 실시간으로 정확하게 나타난다. 중요한 경향이 관측되거나 혹은 어떤 데이터가 나타나는지에 대한 대응 방안이 구축되면서 공급망 파트너들은 지식을 공유하고, 향후 발생하는 이벤트로부터 정확한 정보를 얻기 위해 공동 플랫폼을 수립한다.

[그림 3.7]에 나타난 것처럼 협업과 통합성에 따라 공급망 실행영역의 범위가 결정된다. 소매영역에서의 RFID 기술은 7장에서 보다 상세히 다룰 것이다. 기업들은 RFID 기술의 실행범위를 기초로 움직이면서 전체 공급망에서 정보공유나 필요한 수정사항을 제공할 목적으로 협업을 수행한다. 전략 및 운영관리와 기업간 거래관리는 시스템 통합을 통해 더욱 견고히 할 수 있다.

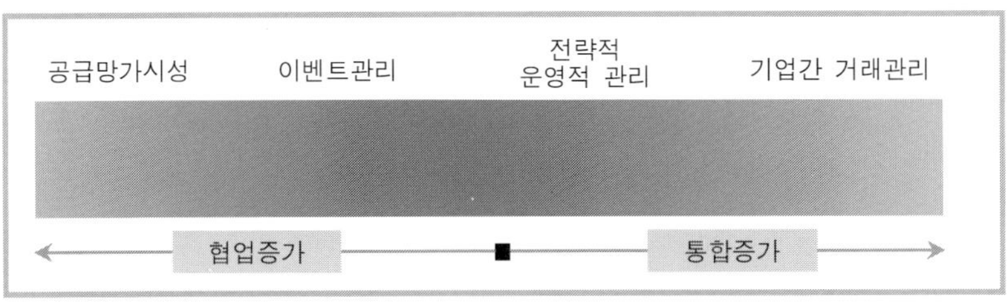

그림 3.7 공급망 실행영역의 범위

다음은 공급망에서의 협업과 통합 사례이다.

- 글로벌 삼성 비즈니스 네트워크(Global Samsung Business Network)는 세계적인 공동 포털 커뮤니케이션 시스템을 통해 한국의 삼성전자와 해외 자회사, 사업 파트너 및 핵심 고객은 구매주문, 판매, 선적 및 재고에 관한 상황을 실시간으로 확인할 수 있다.

- 라이더시스템 공급망 및 운송관리 솔루션(Ryder Systems' Supply Chain and Transportation Management Solutions) 그룹은 바카디 플로리다(Bacardi's Florida) 물류센터에서 외부로 나가는 모든 운송 업무를 처리하고 있는 회사이다. Ryder Group은 고객이 제품을 직접 다루지 않고 출고되는 제품의 혼잡으로 인해 바카디(Bacardi)의 직원과 운송업체 및 고객이 이용할 수 있는 웹기반 솔루션을 통해 디지털 정보를 이용하여 공정을 관리하고 있다.
- 맥주의 매출을 높이기 위해 편의점 업계 선두기업인 7-Eleven사는 패키지 단위의 상품에서 개별 단위의 상품에 이르기까지 고객선호도 변화를 예측하기 위해 판매 및 수요 정보를 활용하는 디지털 운영시스템을 설치하였다. 7-Eleven사는 저탄수화물 제품의 전체 공급망 라인화를 위한 프로그램을 도입하였다. 이 시도로 제품 소비에 대한 시기 적절한 정보수집이 가능해졌다.
- 9·11 테러가 발생하고 3년이 지난 후 화물 컨테이너의 보안 문제는 개선된 부분도 있지만 여전히 수입업체와 수출업체에게 중요한 문제로 남아있다. 현재 운송업체들은 운송 내용에 관한 완벽한 정보를 미국 세관자동증명시스템(Customs Automated Manifest System)에 전자매체를 통해 전송하고 있다. 웹 기반 비디오 시스템, RFID 시스템, GPS 추적 시스템과 같은 업무 지원 소프트웨어를 통해 종합적인 컨테이너 보안 관리를 추진하고 있다.

결론

새로운 환경에서 RFID 기술의 가져다주는 기회는 무엇인가? 정보기술의 발전으로 RFID 기술의 문제점이 점차 개선된다면, 향후 RFID 기술은 다양한 업무에 완벽하게 적용될 것이다. RFID 기술과 표준이 지속적으로 발전되면서 RFID 기술의 이용도는 증가할 것이며 비용 또한 감소할 것이다. 항공산업, 국방, 의약 및 건강관리, 소비재, 소매업 등 신흥시장에서의 RFID 활용에 대해서는 다음 단원에서 살펴볼 것이다. 본 단원에서 설명한 주요 사항을 살펴보면 다음과 같다.

FDA는 RFID 기술을 이용하여 의약품의 뒷거래와 암시장을 줄이고 품질보증을 이루고 있는 사례에 주목할 필요성이 있다. RFID 구축 초기 비용은 많지만 기업들은 결국 초기 투자비용을 상회할 정도의 성과를 얻을 수 있을 것이다. RFID 기술이 직면하고 있는 주요 과제는 모기업에 순응을 해야 하는 부담에 직면한 공급업체들의 문제이다. 공급업체들은 RFID 시스템의 초기 투자를 비용으로 인식하고 있으며, 이 투자를 수익 실현 가능성이 없는 일회성 투자로 여기고 있다. 이와 같이 생각하는 다수의 공급업체들이 RFID 시스템이 제시하는 개선된 상황에 동의하고 있다는 것은 큰 딜레마이다. 이 문제에 해결을 위해서는 공급업체가 RFID 기술에 대한 가치를 인식하고, 투자를 시작해야 한다. RFID 기술의 도입 시기, 도입 범위, 도입 규모는 성공적인 RFID 프로젝트 관리와 위험을 최소화하는데 중요한 고려 요소이다.

RFID 기술이 가져다주는 대표적인 공급망의 성과는 효율적 자산관리, 상품의 품절 예방 등이다. 일반적으로 제품이 항상 적재적소에 있다면 고객만족도는 증가할 것이며, 운송중인 물건이 잘못 선적되거나 잘못된 장소에 배치되어 발생하는 비용이 감소할 것이며, 소매업체에서 반품과 고객이 구입을 철회하는 비율도 감소할 것이다. RFID 기술은 업무 처리량을 감소시켜주고, 기업의 손실을 감소시켜 줄 것이며, 또한 효율적인 제품의 자동 수령 및 재주문을 가능하게 해줄 것이다. RFID 기술의 다양한 이점은 공급망에서 RFID 기술에 대한 관심을 불러일으킬 것이다.

Chapter 4

비즈니스 관점에서의 RFID 전략과 시사점

RFID Strategic Implementation and ROI

우리는 공급망에서의 RFID 기술 구현에 있어 수용과 거부에 대한 다양한 문제점들을 예견할 수 있다. 기업들은 전략적 접근에 의해서 RFID 시스템을 구축하고, 수용할 수 있도록 일정 기간의 안정화 작업을 수행한다. 비록 일부의 비판론자들은 RFID 시스템의 구현에 긴 기간이 소요된다고 하지만, 전략적 접근에 따른 RFID 시스템 구현은 시간을 단축시켜 줄 것이다. 이를 위한 가능한 전략적 대안은 정방향 접근과 역방향 접근이 존재한다.

RFID 전문가들의 도움 덕분에, 우리는 공급망에서의 가시성을 확보하고, 무선인식을 통한 업무처리를 지원하는 툴로써 RFID 기술에 대한 보다 적극적인 관심을 갖게 되었다. 또한 RFID 기술은 실시간 데이터 전송을 가능하게 해주어 공급망에서의 가시성을 증가시켜 주는 한편, 기업에서 RFID 기술이 보다 가치있는 정보를 제공해주는 기술로 자리매김하게 되었다. 더불어 RFID 기술은 무선 시스템으로 협업 네트워크에서 상호 커뮤니케이션을 가능하게 해주어 협업 경영환경 구축의 가능성을 강화시켜 주었다.

RFID 기술 도입에 있어 긍정적인 측면과 부정적인 측면이 존재하는데, 기업들이 어떻게 공급망에서 RFID 기술을 이용해야 하고, 또한 확장된 기업을 지원하는 도구로써 RFID 기술에 대한 다양한 어플리케이션을 고려를 해야 할 것인가는 매우 중요한 의사결정 문제이다. 또한 일부 기업들은 RFID 기술을 활용해 업무 혁신을 달성하려고 다양한 시나리오를 개발해 놓고 있다. 우리는 RFID 기술이 비즈니스에의 응용이 증가되고 있는 추세에서 알 수 있듯이 경영성과 개선을 위한 RFID 기술의 수용 및 거부를 결정해야 할 것이다.

공급업체, 제조업체, 유통업체, 소매업체가 RFID 기술을 수용하든 거부하든 간에 RFID 기술과 관련된 문제점 및 주요 이슈는 비즈니스 전략적 관점과 운영계획 관점에서 재조명되어야 한다. 또한 대규모 초기 투자에 있어 일부 기업들은 다양한 문제에 직면하게 되는데, 여기에서는 보다 적극적인 의사결정이 이루어져야 한다. RFID 기술의 구현은 지속적인 비즈니스 전략 차원에서 위험을 최소화하는 방향으로 구현되어야 한다.

동시에 RFID 기술은 더 이상 실험중인 기술이 아니라는 것을 인식해야 한다. RFID 시스템 구현에 있어 비용과 수익에 대한 체계적인 이해와 성공적인 구현을 위한 활동 사례가 책임자급 관리층에 의해 제안되어져야 할 것이다. 이것은 또한 실행 가능한 계획안에 근거해 마케팅 계획과도 밀접한 관련을 맺고 있어야 할 것이다. 이러한 노력은 기업에 다양한 성과를 제공해 줄 것이고, 또한 궁극적으로 합리적인 ROI를 제공해 줄 것이다. 본 단원에서는 RFID 기술 도입과 관련해 나타나는 다양한 사항을 살펴볼 것이고, 또한 일부 회사들이 어떻게 RFID 구축을 위한 적정 투자 계획을 수립하고, 전략을 개발하는가를 살펴볼 것이다.

합리적 전략 달성을 위한 계약 진행 방안

대규모 구매자의 수요를 만족시키는 것은 기업의 생존과 실패에 있어 중요한 문제이다. 이와 같은 상황에서의 위험통제의 의미는 가능한 한 비용을 최소로 유지하기 위한 전략을 수용하는 것이다. RFID 시스템 도입은 일반적으로 단기간에 이루어지고 있다. 현재 다양한 기업에서 RFID 도입 프로젝트가 지속적으로 발주되고 있다. CISCO사와 같은 대규모 사업자들은 RFID 시스템 도입을 위한 전체적인 그림을 그린 뒤에 장기간 프로젝트를 추진한다. 이는 RFID 프로젝트 추진에 있어 비용 감소에 도움을 준다. CISCO사의 한 관리자는 "RFID 시스템은 소프트웨어, 스위치, 라우터 등 RFID 시스템 내에서 다양한 장비의 조화로 장기적 전략을 통해 구현하는 것이 적합하다"고 말했다.

많은 소매업체들은 RFID 기술에 대하여 친숙해 진 후 RFID 도입을 계획하고 있다. ACE Hardware사는 RFID 기술을 테스트하고 있고, 2005년 말까지 그들의 15개 유통센터에서 RFID 기술 상용화가 가능한 계획을 입안하였다. ACE Hardware사는 그들의 공급망 비용을 개선할 필요성을 느꼈고, 또한 공급망에서 효율적인 자원관리의 필요성을 느꼈다. 이 기업은 RFID 기술이 이 문제 해결에 도움을 제공해 줄 것을 믿고 있었다. 일간 신문 기사에 의하면, 합리적인 접근을 위해서 많은 상점에서 RFID 기술 도입을 위해 현재의 비즈니스 계획에 기반해 하위 계획을 수립하기 시작하였고, 초기 단계에서부터 시작해 수익이 발생하는 시점에 이르기까지 회사들은 충분한 준비를 통해 위험을 통제하기 위한 전략을 수립하였다.

이와 같은 공급망 내에서의 RFID 전략의 개발 방향 설정에 있어 다음과 같은 중요한 사항을 고려해야 한다.

- RFID 기술의 활용은 수많은 비용 개선 효과, 배송시스템 강화 효과, 그 밖의 고객만족 효과가 나타나며 ROI는 최대 10배까지 개선된다.
- RFID 기술은 비즈니스 전략 및 운영 계획 지원, 공급망 모델 내에서의 상호 연관성을 제공하며, 현재와 미래의 비즈니스 수행에 가이드라인을 제공한다.
- RFID 기술 도입은 선택된 거래 파트너와의 RFID 구현 프로세스 혁신을 통해 다양한 수익을 제공한다.
- RFID 기술 구현에 따라 나타나는 서비스와 기능 개선 사항은 공급망 전략의 새로운 가이드라인을 제공하고, 고객 가치를 증대시켜 준다.
- RFID 기술 도입을 통한 미래의 재무성과 개선 계획안은 어떻게 RFID 기술이 기존의 수익 창출에 영향을 미치게 되는가를 보여준다.

잠재적인 비용과 수익에 대한 평가

E.&J. Gallo Winery사는 다양한 유통업체들에게 RFID 기술을 받아들이도록 주문했고, 대부분 대규모 유통업체들은 이를 수용했다. Gallo사는 캘리포니아에 기반을 두고 있으며, 세계 90여 개국에 600여개의 유통관리 및 창고관리 업체와 함께 2,000개 이상의 상품에 대한 재고유지단위(Stock Keeping Units: SKUs)를 가지고 있다. Gallo사는 RFID 기술을 이용해 공급망에서 거래되는 제품의 위조를 인식할 수 있는 시스템 구축을 계획하고 있다.

Gallo사는 2,000여개의 소매상품을 제공하는 회사로 2006년 1월까지 팔레트와 케이스에 RFID 태그를 장착해 월마트 상점으로 그들의 상품을 운송해야 했다. 이 계약은 그 뒤에 부분적으로 수정되었다. 이 계약에 의해 Gallo사는 초기 투자를 하였고, Modesto사의 창고에서부터 RFID 프로젝트를 추진하였다. 이 같은 노력을 통하여 이 회사는 보다 정확하게 이동 중인 물품에 대한 추적관리를 할 수 있게 되었다.

또 다른 측면에서, Gallo사는 그들의 비즈니스 환경 내에서 일부의 전통적인 공급망 이슈에 관심을 가지고 있었다. 그들은 비즈니스 수행에 따라 나타나는 특별한 요구사항 때문이었는데, 와인 제조업자들은 그들의 미국내 유통업자들에 대하여 Auto-ID를 통한 관리 필요성이 증대되었다. 왜냐하면, 일반적으로 주정부의 법은 주내의 유통업체에서 소매업체에 판매되는 와인을 관리하도록 규정되어 있었기 때문이다. RFID 기술 도입을 위한 유통업체의 노력이 없었다면, 아마 공급망 혁신의 실현이 불가능하였을 것이다. Gallo 사의 공급망관리 부사장인 Ernie Chachere에 의하면 "RFID 시스템 도입을 통해 혼합된 팔레트와 케이스의 인식이 가능해져 책임 소재가 명확해 지고, 이동 중인 상품에 대한 추적이 가능해졌다"고 한다(Sullivan 2005a, p.24). Gallo사는 RFID 시스템을 통한 상품의 이동추적관리를 통해 비용과 예상되는 잠재적 수익에 대한 추정이 가능해졌고, 또한 수많은 유통업체들을 통제할 수 있게 되었다.

지금까지 월마트와 유대관계를 맺고 있는 대규모 회사인 질레트와 P&G, 유니레버 등은 이미 단기 계약에 의거해 텍사스에 있는 대부분의 월마트 유통센터에 케이스와 팔레트에 RFID 기술 적용을 시작하였다. 동시에 독일의 유통업체인 Metro Group은 20개의 공급업체들에게 이동 중인 상품에 대하여 RFID 태그 장착을 명문화하였다. 불행하게도 RFID 시스템을 구현하는데 소요되는 비용정보들은 거의 제공되지 않았다. 이러한 지속적인 노력에 의하여 유통업체들은 비용 절감을 통해 수익을 올릴 수 있게 되었다.

우리가 이 책을 출판한 이유 중 하나가 RFID 시스템을 구축하는데 발생하는 비용에 대한 명확한 가이드라인을 제공하는 데 있다. RFID 구현과 관련된 비용을 살펴보면 다음과 같다.

- 패시브 RFID 태그, 패시브 915 MHz EPC GEN 1, 2 - 각각 0.20~0.45$
- RFID 레이블 프린트 (EPC Gen 1 또는 2) - 각각 5,000~8,000$
- RFID 초고속 레이블 어플리케이션 - 각각 15,000~25,000$
- EPC 컴플리언트 안테나 - 각각 250~600$
- EPC 컴플리언트 리더 - 각각 500~2,500$

만약 회사가 RFID 파일럿 프로젝트를 계획하고 있다면, 다양한 공급자들로부터 다양한 정보를 수집한 후에 RFID 태그, RFID 리더기, RFID 안테나, 파워 공급기, 데이터 수집 소프트웨어, 케이블 등을 구매해야 할 것이다. 본서에서는 최초의 RFID 시스템 구축에 들어가는 비용부터 시작해 합리적인 예산안 수립을 위한 가이드라인을 제공하였다.

RFID 시스템 도입에 따라 발생하는 데이터 관리 및 수집을 위한 미들웨어 비용에 대한 추정은 매우 어려운 일이다. 기업에서는 데이터 관리 및 수집을 지원하는 RFID 어플리케이션은 Monarch사, Oaxar사, Zebra Technology사에 의해 제공되는 소프트웨어를 이용한다. 마이크로소프트 액셀과 함께 사용되는 이 소프트웨어는 RFID 태그 정보의 저장과 수집에 매우 우수한 기능을 제공한다. 만약 기업의 RFID 수행 전략이 단기간 내에 다양한 지점에서의 리드 포인트를 제공하는 것이고, 더불어 다중의 레이블 프린트를 사용하는 것이라면, 보다 광범위한 RFID 미들웨어 패키지를 사용해야 할 것이다. 다양한 통합 기능을 제공하는 RFID 미들웨어 어플리케이션은 부가기능 제공 여부에 따라 일반적으로 15,000~100,000$의 가격대를 형성하고 있다.

RFID 미들웨어 구매를 고려할 때, 기업이 원하는 미들웨어의 성능에 대하여 신중한 고려를 해야 한다. RFID 미들웨어 어플리케이션 기능은 매우 간단한 기능에서부터 기업의 ERP 시스템과 연결할 수 있는 복합적인 기능을 제공하는 미들웨어까지 다양하게 존재한다. 또한 대부분 현재의 창고관리 시스템들은 RFID 기능을 확장할 수 있는 기능을 제공하고 있다. 기업이 가지고 있는 RFID 도입 계획안과 통합의 정도에 따라 기업 구조에 적합한 미들웨어의 형태를 결정하게 될 것이다.

RFID 전략수립 단계

RFID 도입에 따른 비용 및 예상 성과에 대한 산정을 위해 [그림 4.1]에서 제시하고 있는 내용은 기업의 개발전략 시작단계에서 활용할 수 있다. 기업은 공급망에 영향을 미치는 전략 개발의 첫 단계로 기업이 준수해야 하는 통상적인 비즈니스 요구사항을 규정하고 확인하는 작업을 수행한 후 상세한 분류작업을 거쳐야 한다는 사실을 인지하고 전략수립에 착수해야 한다. 두 번째 단계는 실현 가능한 미래의 개선상태(To-Be Process)를 나타내는 개념적인 프레임워크를 만드는 일이다.

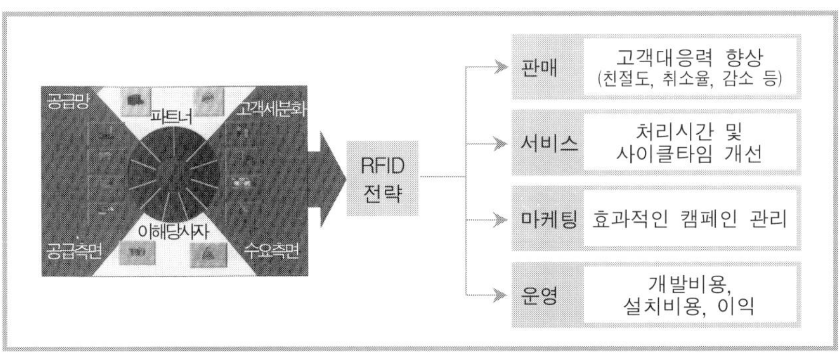

그림 4.1 이해관계자의 요구를 충족시키기 위한 RFID 전략

[그림 4.2]는 개선된 배송 시스템을 검토하고 있는 제약회사의 생산 프로

세스이다. 기업이 RFID 기술을 활용하여 공급망 전략을 수립할 때 활용할 수 있다. 물론 개선된 상태에 대해 좀 더 자세하게 설명할 수 있으나 RFID 기술 도입을 통해 상품의 흐름과 재고관리에서 긍정적인 개선상태를 확인할 수 있다.

[그림 4.1]을 살펴보면, 기업은 RFID 기술 도입으로 영향을 받을 수 있는 주요 이해당사자들을 검토하고 성공여부를 확인할 수 방법과 측정방법을 결정해야 한다. 대부분 구성요소는 과거의 바코드나 Auto-ID 시스템에서 고려되었던 요소들과 유사하다. 실수요자에서 공급자에 이르기까지 기업은 그림에 나타난 것과 같이 고려해야 할 주요 영역의 목록을 만들고, 분석을 통해 RFID 도입 전략이 기업체와 주요 이해당사자들에게 분명하고 확실한 평가를 제시해야 하며 개발 매트릭스(Developing Matrix)의 각 단계에서는 장단점을 제시해야 한다.

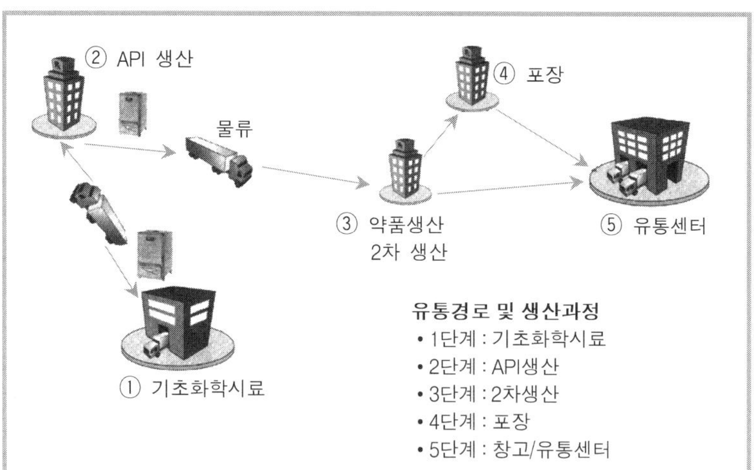

그림 4.2 제약회사의 생산 프로세스

선택된 각각의 구성요소에 관한 구체적인 분석결과를 통해 목표와 기본 실행 계획에 대한 내용이 추가되어야 한다. 특정 계획이 전체 기업전략과 사업계획의 일부가 되도록 하는 일은 RFID 기술 도입이 기존의 기업의 비즈니스 방향을 바꾸는 것이 아니라 기본 영역을 공고해 이해당사자에게 확신시키는 역할을 한다. 결과적으로 각각의 이해당사자는 이러한 노력의 대가로 추가적인 RFID 기술의 가치를 명백히 발견할 수 있다.

[그림 4.3]은 특정 RFID 전략을 수립하는데 관련이 있는 업무 프로세스를 보여준다. 이 단계에서는 현재부터 가까운 미래를 넘어서 장기적으로 예상되는 산업의 필수요소를 검토하는 시장분석 작업을 시작점으로 한다. 이 단계에서는 전략에 대한 장단점을 포함하는 분석이 이루어져야 한다. RFID 기술 도입으로 인해 나타날 것으로 예상되는 영향평가와 더불어 경쟁업체가 무엇을 하고 있고, 무엇을 계획하는지에 대한 검토가 이루어져야 하며, 세분화된 고객층에서 선택된 몇몇 주요 고객 및 샘플을 분석해서 RFID 태그, RFID 안테나, RFID 리더기 비용을 산출하고 투자에 대한 적정한 수준과 이익의 정도를 알아보기 위한 작업이 진행되어야 한다.

그림 4.3 RFID 전략프로세스

또한, 기업의 업무 프로세스에 영향을 미치는 잠재적인 정부 규정(예를 들면, 식품 및 약품의 추적성)에 대한 조사가 전략의 일환으로 이루어져야 한다. 특정 상황에 대한 다른 중요 요소들도 포함되어야 하지만 시장 분석이야 말로 비즈니스 환경에서 미래에 어떤 일이 일어나는지에 대한 명확한 평가를 보여준다.

본서에서는 RFID 기술 도입에 따르는 긍정적인 면과 부정적인 면을 비교하고 있지만, 기본 전제는 RFID 기술이 공급망 관리에 있어서 효과적인 도구라는 점이다. RFID 기술 도입에 대한 기업의 요구가 있든 없든간에 어떤 기업이라도 전체 공급망 관리 전략의 일환으로써 RFID 기술의 잠재적인 혜택과 기회 및 도전에 대한 평가를 수행해야 하는 사실이 최근의 다양한 사례에서 나타나고 있다. 사실, 현재 이용 가능한 RFID 사례 연구에 대한 검토를 통해 초기 RFID 도입 업체들이 RFID 시스템의 운용으로 실질적인 이익을 얻고 있음을 보여 주고 있으며, 거래 업체들과의 공동으로 RFID 기술 도입이 이루어질 경우 미래에 얻을 이익이 커진다는 것을 보여준다.

RFID 전략을 수립하는 기업은 전략수립 과정의 균형을 위해 아래 다섯 개의 질문을 고려해야 한다.

- RFID 기술이 비즈니스 및 시장에서 일반적으로 인정된 사업 관행이라면 비즈니스가 어떻게 지속 가능하고 얼마나 많이 그리고 어떤 분야가 위험요소로 작용하는가?
- 기존 프로세스가 개선된 프로세스를 수용하고, 예상되는 시장의 필요와 수요를 충족시킬 수 있으며, 가능자로서 RFID로 주요 고객을 만족 시킬 수 있는가?
- RFID 기술을 도입하지 않을 경우의 손실 및 혜택은 무엇인가?
- RFID 기술이 공급망 내에서 다른 프로세스를 강화하기 위해 규정을

넘어서 이용이 가능한가?

- 성공적인 최상의 전략은 무엇이며, 모든 구성원에 대한 부가가치는 무엇인가?

이 질문은 어떤 답이 제시되든 간에 의사결정 사항에 대한 뒷받침 역할을 할 것이다. 이제 RFID 전략을 수립하는 두 번째 단계로 위의 질문에 대한 답을 적용하고 기업의 위험 없이 새로운 개념을 경영 분석하는 방법을 개발하는 일을 해야 한다. 경영분석은 기업이 비용과 이익에 대해 포괄적인 윤곽을 기초로 해서 첫 단계의 결과물을 통해 도출하고, RFID 활용 역량에 따라 다르게 나타나는 기대 효과를 고려해야 한다. 그런 다음에 현재의 가치제안(Value Proposition)에 대한 고려가 이루어져야 한다. 가치제안은 RFID 전략 수립에 있어서 수정이 필요한지, 또는 어떻게 RFID 전략을 성공적으로 구현할 것인가에 대해 살펴보아야 한다.

가치제안을 고려할 때, 다양한 단계에서의 심층적인 검토는 RFID 기술의 도입 또는 거부로 나타난다. 기업은 시장에서의 RFID 기술의 입지를 파악하고 기회와 위협이 어떻게 사업에 직접적인 영향을 미치는가를 고려해야 한다. 이 단계에서는 시장에서의 RFID 기술의 입지 확보뿐만 아니라 RFID 기술 구현 노력에 상응하는 대가를 제시하고 성공을 보장하는 가치 제안을 만드는 일을 수행해야 한다. RFID 기술의 활용 가치를 가지고 기업은 사업 전반에 걸친 전략을 수립하고, 주요 공급망 네트워크 기업들과 함께 RFID 기술 활용을 위한 계획을 수립해야 한다. 이 단계에서는 RFID 기술의 가치를 증명하기 위해 위험을 줄이는 적용시험과 테스트를 수행해야 한다.

기업들은 RFID 성과에 대한 실험을 통해 나온 결과를 분석하고, 이를 토대로 수정된 사업 계획이 만든다. 또한 기업들은 RFID 전략의 실행을 이끄는 기술 로드맵과 더불어 새로운 운영모델(기존 모델의 수정안)을 제안해야 한다. RFID 기술 도입으로 조직 설계에 어떤 변화가 필요하든지 간에 이를 문서화해야 하며, 최종 사업 계획은 모든 주요 이해당사자의 지지를 받아서 실행에 착수해야 한다. 그러나 RFID 도입 초기 계획단계에서 RFID 적용 시험, RFID 개념 증명, 새로운 RFID 시장데이터, 고객의 요구사항, RFID 관련 입법 활동에서 나온 새로운 정보를 지속적으로 관리해야 한다.

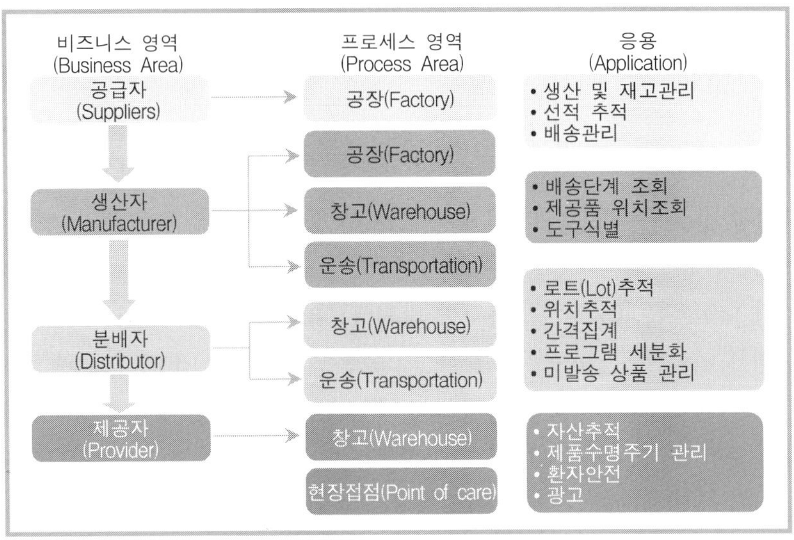

그림 4.4 실행 가능 영역에 대한 정리

이렇게 운영 모델이 정해지면 기업은 어떻게 하면 공급망을 더 효율적으로 운영할 수 있을지를 결정해야 한다. 여기에서 요구사항은 [그림 4.4]의 일반화된 RFID 실행 가능 영역에서 보여주는 바와 같이 정의되어야 한다. 따라서 기업들은 공급망의 많은 기업들에 의해 영향을 받는 프로세스 영역과 일부 RFID 기술 적용 가능 영역을 확인해야 한다. 또한 이 모델은 회사에 적합하도록 만들어져야 한다.

RFID로 인한 가치의 증가

RFID 구현을 위한 최종 업무 프로세스 도출과 전략을 개발에 있어 긍정적인 관점과 부정적인 관점에서 RFID 기술의 수용 방안이 논의되고 있다. 기업들은 RFID 기술을 이용해 사업을 발전시키고, 공급망에서 RFID 활용을 확대하기 위해 사전에 RFID 기능과 서비스에 대한 목록을 작성하고, 활용을 위한 준비를 해야 한다. 공급망 내에서 RFID 기술 구현은 포괄적 차원에서 프로세스를 설계하는 것이 바람직하다. 또한 기업들은 그들의 업무 프로세스 중, RFID 기술 지원이 필요한 프로세스에 대하여 살펴보고, 또한 잠재적으로 RFID 기술 도입으로 업무 혁신 가능성이 큰 프로세스를 살펴보아야 한다. 이를 통해 향후 어떠한 분야에 RFID 기술을 적용시키고, 지원할 것인가에 대해 선택이 사전에 이루어져야 한다.

이를 위해 다음과 같은 사항이 고려해야 한다.

- 고객 주문 관리 프로세스 : RFID 시스템을 통해 들어오는 데이터의 정확도 향상과 거래상에서 발생하는 데이터의 품질 개선이 필요하다.
- 재고 계획과 관리 : RFID 시스템 도입을 통하여 공급망 내의 모든 제품(원료, 업무 프로세스, 주요 요소와 최종 제품)에 대한 물량과 보관 장소를 빠르게 확인하는 것이 가능하며, 이를 통해 재고관리 효율성을 높일 수 있다.
- 구매, 조달과 전략적 공급 : RFID 기술 도입은 다양한 정보 제공을 통해 공급기업의 구매 비용 및 탐색 비용을 감소시켜 줄 것이다.
- 제조, 조립 및 생산 : RFID 기술은 기업들에게 제조 및 생산 비용을 절감해주고, 더불어 공급자들은 원자재 및 제품 추적과 적시 원자재 공급이 가능한 간반시스템(Kanban system)[1]의 역할을 수행해 줄

1) [역주] 간반시스템(Kanban System)은 고객이 필요한 것을, 필요한 때에, 필요한

것이다.

- 창고관리와 유통관리 : RFID 기술은 정확한 위치 선정으로 공급업체의 제품관리에 효율성을 제공해 관리비용을 절감시켜준다.
- 운송관리 : RFID 기술은 때때로 긴급출하가 발생될 때 이를 효과적으로 대처할 수 있게 해주며, 크로스도킹 및 최적의 운송경로 설정에 다양한 정보를 제공해준다.
- 고객응대 및 서비스 : RFID 기술은 제품의 문제 발견에 도움을 주고, 공급망 내에서 고객의 요구사항을 실시간 반영하는데 도움을 준다.
- 고객에 대한 정보 제공 : RFID 기술은 고객 및 지불 정보에 대한 수집 속도를 개선해주고, 현재 거래기업의 대금 결재가 원활하게 이루어지도록 다양한 정보를 제공해 준다.

한 가지 사례로 사전선적통지(ASNs)를 가능하게 하기 위하여 RFID 기술을 도입하는 것을 살펴보자. 공급망 전문가에 의하면, 소비재를 생산하는 제조업자는 소매업체의 반품으로 인하여 연 매출의 약 10%가 유실되고 있으며, 판매된 제품의 약 14%가 반품으로 회수되고 있는 실정이라고 한다. 만일 사전선적통지를 통하여 이와 같은 통계가 1/2로 감소하도록 개선된다면, 소비재 제조업자는 최저 이익의 3/4를 회복할 수 있으며, 이를 생산과 고객에 대한 서비스에 재투자하는 것이 가능할 것이다.

이 분야의 전문가 Joe MacKinney에 의하면, "RFID 기술을 선적 승인 업무에 전략적으로 사용하는 제조업체들은 소매업체의 요청으로 RFID 시스템을 도입했다. 이들은 RFID 기술로 인해 공급업체는 유통업체로부터 고객에 대한 정보를 받게 되고, 이를 토대로 대금을 소매업체에게 요

양만큼 공급하는 JIT(Just in Time)의 사상을 실현하기 위해, 인출량과 필요량에 관한 정보를 담은 매우 간편하면서도 효과적인 정보 시스템이다. 간반시스템의 원어는 적시생산방식이다.

구하게 된다. RFID 기술을 이용하는 제조업체는 유통업체로부터 받는 제품의 사전선적통지로부터 성과를 개선할 수 있었다."라고 한다(McKnney, 2005, p.29).

우리는 RFID 기술이 현재도 지속적으로 개선되고 있다는 것을 항상 인식하고 있어야 한다. RFID 기술의 수익성 창출에 대한 확신은 어려울지도 모르지만, 새로운 혁신과 아이디어를 통하여 RFID 기술 적용 분야를 지속적으로 확대해 나아갈 것이다. RFID 기술의 구현 방법이 개선될수록 다양하고, 흥미로운 적용 사례가 나타나고 있다. 미항공우주국(National Aeronautics and Space Administration: NASA)은 남부 캘리포니아 에드워드 공군기지에서 5개의 미항공우주국에서 보관하는 위험한 화학제품에 대한 모니터링을 실시하였으며, 이에 대한 실시간 네트워크를 구성하기 위한 일부 영역으로 RFID 태그 도입 실험을 완료하였다. 이 RFID 도입 실험의 목적은 화학제품의 상태를 파악하고, 화학제품의 도난과 유실에 대한 것을 파학하고, 이에 대한 반응을 측정하는 것이다(Sullivan, 2005b).

미항공우주국은 현재 보유하고 있는 화학제품 중 미국 산업안전보건청(OSHA)에 지정되어 있는 위험한 화학제품에 대해 지속적인 모니터링을 하고, 그 밖에 관리 및 보고가 필요한 사항에서는 ROI가 발생하지 않더라도 지속적으로 RFID 기술의 활용을 추진할 필요성을 느끼고 있다. 미항공우주국은 ROI 창출을 위해서 뿐만 아니라 근로자의 안전을 개선하고, 위험에 대한 책임을 줄이기 위해서도 RFID 시스템이 필요하다는 것을 인지하고 있었다. 이러한 상황을 개선하기 위해서는 미항공우주국은 RFID 시스템 개발에 많은 노력을 하였다. 미항공우주국은 RFID 기술이 강력하고 거대한 네트워크에서 다양한 기능을 제공해 주는 기능을 제공할 것으로 기대하고 있다.

미 국방부의 사례는 앞에서 서술한 바와 같이 공급망 내에서 발생하는 문제를 해결함으로써 이익을 얻기 위해 RFID 시스템 도입을 추진하고 있다. 이에 대한 내용은 제6장에서 자세히 살펴보도록 할 것이다. 미 국방부의 발표에 의하면, 국방영역에서의 RFID 시스템 도입을 통해 3~5억 달러의 비용을 절약하였고, 컨테이너 분류 작업의 약 90%를 지원하게 되었고, 또한 이라크 내에서 운영하고 있는 군수보급업무의 공급 주기를 대폭 단축시켰다고 한다. 미 연방정부는 앞으로도 바코드를 계속적으로 사용할 것이지만, RFID 기술이 미 국방부의 물류체계 변화를 이끌어갈 중요한 기술이기 때문에 RFID 기술을 통한 완벽한 공급망 체계 구축을 위해 노력할 것이라고 한다(Sarma, 2005. p.1).

일반적인 관점에서 큰 잠재 가치를 가지고 있는 RFID 기술 도입으로 얻게 될 효과는 다음과 같다.

- RFID 기술은 지속적인 수익 개선을 위해 제품이 공급망 내 어느 지점에 있든 파악할 수 있고, 중복 업무 절차나 잉여 재고를 방지하며, 고객 입장에서 어떤 유형의 물품이 배송될 지 더 이상 추측할 필요가 없게 된다. 또한 공급망 프로세스를 단절하지 않고 배송 프로세스의 가시성을 확보할 수 있는 방안 등을 수립하여 바람직한 공급망 개선 성과를 유도할 수 있다.
- 공급망 내에서 협업을 위한 노력으로 RFID 기술을 사용함으로써 기업은 보다 효과적으로 업무를 처리하고, 공급망의 혁신을 추진해 핵심 고객의 이탈을 방지할 수 있다. 제품의 구별과 대응이 가능한 RFID 시스템을 성공적으로 도입하는 것은 기업들에게 큰 도움을 가져다 줄 것이다. 그러나 이러한 RFID 시스템의 변화를 수용하지 못하는 기업 대부분은 RFID 시스템이 활동하더라도 큰 혜택을 얻지 못한다. 기업은 완벽한 RFID 시스템이 실현되기까지 많은 인내를

감수해야 한다.

- RFID 시스템의 운영 전략, 기대 효과, 위험 요소를 사전에 인식하도록 하여 상품의 운송 중에 문제점이 발생할 경우, 이에 대하여 양방향 커뮤니케이션이 가능한 의사소통 시스템을 구축한다. 이 시스템을 구축하면 배송품에 대한 특성을 인지할 수 있다.
- 기업 간의 정보 격차가 감소함으로 기업의 시장 점유율이 감소하거나 강력한 경쟁자의 출현으로 위협이 발생할 수 있다. 따라서 시장 점유율 감소나 경쟁자의 위협으로부터 벗어나기 위하여 기업은 전문가의 조언을 통해 RFID 도입 전략을 수립해야 하며, 이를 검증하는 절차를 수행하여야 한다. 이를 통하여 기업의 단점을 파악하고, 보완을 할 수 있게 되었다.
- 체계적인 RFID 기술 도입을 위해서는 RFID 로드맵을 발전시켜 RFID 기술 도입을 따른 위험을 최소화하고, RFID 도입 과정에서의 충분한 테스트를 통하여, RFID 기술 도입의 타당성을 확보하고, 이에 대한 실제 비용과 성공적인 도입을 통해 얻을 수 있는 이익을 검토하는 노력이 필요하다.

그 밖의 RFID 기술 도입 효과는 다음과 같다.

- 자산이나 자본 상에 묶여 있어 처리하기 어려운 악성 물품 또는 재고에 대한 효율적인 업무지원을 통해 재고관리 비용을 줄일 수 있다.
- 배상이 필요하거나 문제 발생 여지가 있는 제품에 대한 신속한 리콜이 가능하다.
- 서류상에는 있으나 실물을 찾을 수 없는 자산에 대하여 RFID 태그를 부착함으로 자산관리의 정확도를 높일 수 있다.
- RFID 기술을 이용해 데이터 수집을 위한 인력 및 노력을 줄일 수 있다.
- 수송 계획 및 운송 시스템의 향상으로 정확한 데이터를 실시간으로

수집하는 것이 가능하다.

- 샤베인옥슬리법(Sarbanes-Oxley: SOX)[2]의 승인을 위해 필요한 보고과정이 개선되었다.

RFID 도입을 위한 재무 계획

다음 단원에서는 투자를 통해 RFID 시스템을 개발하였을 때 투자비용과 얻을 수 있는 예상 성과에 대한 것을 설명하고자 한다. 실제 RFID 기술 도입을 위해 투자를 하였을 때 직면할 수 있는 문제점에 대한 해결을 위하여 다음과 같은 점을 살펴보아야 한다. RFID 전략을 지원하기 위한 활동은 원활하게 이루어지고 있는가? RFID 기반 솔루션이나 고객시스템을 발전시키고, 판매하고, 유통시키기 위해서는 사전 준비가 필요하다. 왜냐하면 이러한 구성요소는 RFID 시스템을 통한 승인과 얻을 수 있는 이익에 대해 확신하고 있지 못하기 때문이다. RFID 시스템은 많은 기대와 신뢰를 받고 있지만, 비용적인 측면에서 아직까지 구체적으로 평가가 진행된 것이 없다. 따라서 RFID 기술 도입을 통해 발생할 수 있는 위험요소들을 평가하고, 이를 문서화함으로써 무분별한 도입을 억제하는 것이 필요하다. 또한 RFID 적용시험과 테스트는 확실하지 않은 분야에 대한 구체적인 성과를 얻기 위한 노력의 일부이다.

RFID 기술 도입시 정확한 시스템 개발을 위해서는 기술에 초점을 두어야 하며, 업무 개선을 위해서는 프로세스에 초점을 두어야 한다. 따라서 기업에서 경영성과 개선을 위해서는 기술보다 비즈니스 프로세스 향상에 초점을 두어야 한다. RFID 기술 도입시 개념을 정립하는 과정에서

2) [역주] Sarbanes-Oxley 법은 2002년 7월 30일 미국의 상원과 하원에서 통과시킨 법안을 부시 대통령이 서명함으로써 발효된 기업개혁법으로서 법률안을 제출한 민주당 상원의원 Paul sarbanes와 공화당 하원의원 Michael Oxley의 이름을 따서 명명되었다.

기술을 채택하고, 기술에 대한 사용에 초점을 맞추어 추진하는 것보다 RFID 기술 도입을 통하여 변화하고, 개선의 여지가 있는 비즈니스 프로세스에 초점을 두고 RFID 기술을 도입하는 것이 중요하다. 기업은 일부의 업무 프로세스를 보고 RFID 기술 도입을 추진하는 것이 아니라 전체의 업무 프로세스 측면을 검토하고, RFID 기술 도입을 통하여 기업에게 위협이 될 수 있는 부분과 기회가 될 수 있는 부분을 명확히 한 후에 RFID 기술 도입 프로젝트를 추진한다.

RFID 시스템은 복잡한 비즈니스 프로세스를 개선하는데 많은 도움을 제공하고, 선도적인 역할을 수행한다. RFID 시스템에 대한 투자는 일반적인 투자에 적용되는 투자수익의 가이드라인을 충족시킨다. 그러나 단기적인 투자에 그친다면 인건비 감소, 자본 잠식 및 서비스에 대한 개선이 이루어질 수 없으므로 장기적인 안목의 투자가 이루어져야 한다. RFID 기술을 도입할 때 기업들은 기업의 요구사항을 수정하고, 내부의 특징을 개선함으로써 좀 더 나은 RFID 시스템을 구축해야 한다. 기업 내에서 직면하고 있는 문제를 해결하기 위하여 다양한 조사를 실시해 RFID 시스템이 가지고 있는 문제점의 해결책을 제시할 수 있다. 아래 사항은 RFID 기술 도입을 통한 문제 해결 효과이다.

- 선적 및 하역과 관련된 비용 및 시간 감소
- 재고관리와 관리목록들의 감소
- 공급망 내 데이터 품질 향상
- 공급망 네트워크의 범위 증가
- 재고 감소에 대한 민첩한 대응
- 주요 자료 공유와 공급망 파트너와의 잠재적 협조 강화
- 제품의 요구사항에 대한 정확한 파악으로 인한 생산품질 향상
- 제품 도난 감소

■ 제품보증과 수리비용 감소

무선 추적 기술의 적용

월마트, 미 국방부 및 많은 사업자들의 요구로 무선 재고추적시스템의 개발이 활발하게 진행되고 있다. 무선추적기술은 새로운 유비쿼터스를 통해 공급망 네트워크에 모든 참여자들이 접근하는 것을 가능하게 해준다. 무선추적기술을 통하여 공급자, 제조업자, 도매업자, 소매업자 그리고 3자 물류[3] 업체들은 모든 시스템 내에서 발생할 수 있는 사안에 대하여 정확하게 접근할 수 있게 되었다. RFID 기술을 도입하는데 제약이 될 수 있는 요소들을 살펴보면, 국가별, 기업별로 통일되지 못한 표준, 낮은 전파 대역폭, 높은 비용 등이 있다. 이러한 점을 해결하기 위하여 무선 기술은 음성과 메시지를 보내는 컴퓨터의 이용과 손바닥만한 크기의 PDA 이용, 인터넷이 가능한 설비와 장치 채택을 통하여 네트워킹에 사용하고 있다.

원거리 장소에 대한 모니터링, 데이터 수집과 접근 및 보안에 대한 제어가 유선 통신환경에서는 불가능하였으나 무선통신 환경에서는 가능하다. 현재는 휴대전화, 호출기, 라디오 회선 등을 사용하여 음성 및 메시지에 대한 서비스를 제공하는 것이 가능해졌다. 휴대전화를 통해 무선인터넷을 사용하는 것이 가능해졌고, PDA를 통한 무선인터넷 접속이 가능해졌다. 현재 이러한 새로운 통신서비스가 산업계에 일반화되고 있다. 예를 들면 무선 네트워크를 건물, 레스토랑, 소매점 또는 가정 내에 시스템을 설치하고 그에 대한 네트워크를 구성하면, 무선 네트워크 통신망 사용자는 이동하면서 서비스를 사용할 수 있다.

3) [역주] 3자물류는 기업이 물류관련 분야 전체업무를 특정 물류전문업체에 위탁하는 것을 의미하며, 동의어로 TPL, 3PL, 물류 아웃소싱(Logistics Outsourcing)이 있다.

광대역 무선통신은 음성데이터, 동영상 데이터 및 일반데이터를 동시에 전송하는 것이 가능한 기술로 소비자들이 경쟁적으로 가입하는 새로운 기술 중의 하나이다. 광대역 통신망을 통해 가입자들이 언제라도 공급망 내의 중요한 부분에 대해 검색하거나, 정보를 얻기 위하여 고속으로 접속하는 것이 가능하도록 했다. 무선통신 환경에서 빠른 접속이 가능한 통신장치는 통신서비스의 편의성과 기동성을 제공하였다.

인터넷으로 연결이 불가능한 짧은 거리(최고 10 미터 이내)의 무선 통신을 위한 기술로 블루투스 기술이 있다. 이 기술은 모바일 PC, 휴대폰 또는 다른 휴대 장치 간 무선통신을 지원한다. 블루투스 무선통신 기술은 하드웨어, 소프트웨어와 네트워크 연결 장비를 통하여 다른 네트워크와의 연결을 가능하도록 해주었다. 이러한 무선통신 기술을 개발하는 회사들은 3Com, Ericsson, IBM, Intel, Lucent, Motorola, Nokio 등이 있다. 미래의 통신 서비스는 기존의 전화선을 통하지 않고, 저렴한 이용 요금으로 무선 환경 하에서 직접 인터넷에 접속할 수 있을 것으로 예상되며, 이는 기업의 경쟁력 강화에 중요한 기능을 제공할 것이다. 또한 글로벌 로밍서비스를 통해 전세계에서 어느 곳에서든 무선통신 서비스를 이용할 수 있게 될 것이다.

무선통신 기술의 발전으로 전세계에서의 통신이 가능해졌다. 오늘날 대부분의 통신시스템에서는 자료의 기록, 실행, 변환이 가능하게 될 것을 요구한다. 무선통신 기술은 사무실 내에서 사람들이 가지고 있었던 장벽을 허물고, 무선을 통한 가상의 연결시스템을 만들어 주었다. 공급자는 제품 공급을 위한 의사결정을 얻기 위해 무선통신을 이용해 개인 컴퓨터를 통해 모든 정보를 검색할 수 있게 되었다. 그리고 이 기술을 통해 프린터, 스캐너 등 다양한 정보를 실시간으로 제공할 수 있게 되었다. 무선통신 환경 하에서 컴퓨터 사용자는 필요할 경우 무선통신을 이용하여 회의석상에서 자신이 전달하고자 하는 메시지를 프로젝터를 통하여 전달할 수 있게 되었다.

현재의 RFID 기술은 이러한 시나리오에 근접해 있다. RFID 기술은 기업의 상품과 재고 목록에 대해서 유일한 항목 수준에서 인터넷으로 접속하는 것이 가능하다. 실제 특정 이벤트가 발생하였을 때, 발생한 장소와 내용에 대한 조정을 위하여 실시간으로 정보를 얻어야 한다. 더 중요한 것은 실시간으로 정보를 얻었을 때, 이 문제에 대처할 수 있는 능력이 생긴다는 것이다. 신제품을 5개 점포에 배포하였을 때, 실시간으로 고객의 요구에 대응하기 위해서는 제품에 대한 유효성을 조절하여야 한다. 예를 들면 월마트에서는 이벤트(제품의 움직임 또는 판매)가 발생하였을 때, 공급망 내에서 움직이는 제품에 대한 RFID 리더를 통해 읽어 들인 자료를 30분마다 게시하고 있다. 소프트웨어를 통한 공급망의 움직임을 관리함으로써 제품이 판매되는 현황을 파악하고, 보충해야 할 제품을 파악하고, 관리하기 위한 정보로 활용하고 있다.

실행 계획을 통한 파일럿(pilot)과 롤아웃(rollout) 수립

보다 큰 사업전략과 운영계획에서 중요한 연결고리 역할을 하면서 이러한 모든 요소들을 고려한 후 전략을 수립하면, 해당 기업은 RFID 기술 실행을 할 준비가 되어있는 것이다. 이러한 단계를 지원하는 실행 계획은 테스트와 검증을 위한 파일럿 구성을 포함해야 한다. 이러한 기법은 10장에서 상세히 살펴보기로 한다. 하지만 이러한 파일럿은 체계적으로 정의되어야 하고, 상대적으로 신속하게 이루어질 필요가 있다. 파일럿 가정을 검증하고 RFID 시스템 배치 계획을 수행하기 위해 충분한 정보를 확보하는데 있어 일반적으로 3개월 정도 소요된다. 위험을 최소화하기 위해서 이러한 파일럿에는 또한 실제 상황을 모형화한 것을 포함할 수 있다. 이를 통해 관련된 것이 너무 많이 나오기 이전에 실제 가치를 결정할 수 있다. RFID 기술의 채택 여부는 문서화된 결과에 따른다. 실험 결과가 계속 나오면서 RFID 기술의 채택 여부는 단순한 순응 또는 추측에는 기반을 적게 두게 되며, 오히려 새로운 전략을 지원하고 적절한 ROI를 보장하는 요소에 기반을 두게 된다.

사례 설명

기업들은 RFID 기술 도입을 위해, 이 기술을 적용할 분야를 먼저 선정하고, RFID 기술의 수행을 위해 잠재성을 분석하고, 전략적으로 RFID 기술을 도입한다. 본서에서는 연간 150억 달러의 자금 회전율을 가지면서 독자적인 브랜드 제품을 판매하는 영국 소매업체인 Marks & Spencer Foods사의 RFID 도입 사례를 다루고자 한다. Marks & Spencer Foods사는 식품 분야에서 연간 70억 달러의 매출을 올리고 있다. Marks & Spencer Foods사는 200개 공급업체를 보유하고 있다. Marks & Spencer Foods사는 후방 재고를 보유할 필요 없이 하루에 두 번씩 재고를 보충하면서 400개의 점포에 서비스를 제공하는 6개의 무재고 지역 물류센터를 운영하고 있다. 중요한 제품군에 대해서 공급업체 주문으로부터 소매업체 선반에 이르는 24시간 리드타임을 가지고 운영되는 매우 신속한 공급망을 보유하고 있다. 많은 점포들은 매일 15분의 배달 간격으로 제품을 받는다.

기회(opportunity)

Marks & Spencer Foods사는 공급망을 통해 상당한 제품을 운반하기 위해 재활용 플라스틱 트레이를 활용하고 있다. Marks & Spencer Foods사는 2001년에 종이 임피리얼 판을 트레이 풀(Tray Pool)로 대체하였다. Marks & Spencer Foods사의 개선된 운반기구인 트레이에는 RFID 태그 장착이 가능했다. Marks & Spencer Foods사는 트레이가 공급망으로 운반되기 이전에 트레이 하나에 약 0.75달러 하는 RFID 태그를 모든 트레이에 부착하기로 결정하였다.

Marks & Spencer Foods사는 RFID 기술 적용으로 운영비용의 감소 및 물류 부분의 업무를 개선하였다. RFID 기술은 기업들에게 잠재적으로 낭비 감소, 가용성 증가, 판매량 증가 등 다양한 형태로 다양한 성과 개선 기회를 제공해 줄 것이다. RFID 기술을 이용해 이러한 편익을 누리는 데 의심하지는 않지만, 이를 위해서는 RFID 기술 적용 분야에 대한 견고한 분석이 뒤따라야 할 것이다.

초기 단계

기업에서 RFID 기술의 활용은 환경적인 조건의 영향을 비롯하여 판독의 정확성, 인식 속도에 관해 초점을 두면서 실제 환경에서 RFID 기술의 적용가능성을 폭넓게 테스트하였다. 예를 들면 Marks & Spencer Foods사는 잠재 이익을 극대화하기 위해서 하드웨어, 소프트웨어, 업무 프로세스를 개선하기 위해 RFID 기술을 도입하였다. Marks & Spencer Foods사에서 소매물류센터에 설치된 RFID 시스템은 인간환경공학적인 디자인 접근에 의해 개발되었다. 그러므로 기업들은 RFID 시스템 배치 방안을 수립한 후, 계획에 맞추어 RFID 도입 작업을 시작할 것이다.

해결방안

RFID 기술 실행에 앞서 Marks & Spencer Foods사는 트레이 수준의 정보를 포착하기 위해 단일 방향의 바코드 레이블을 사용하였다. 하지만 신속하게 이동하는 업무 속성 때문에 트레이를 통한 재고 확인을 할 수 있는 유일한 순간은 소매물류센터에서 제품을 받을 때이다. 이러한 특성으로 인하여 주문의 정확성에 있어 공급업체와 소매업체는 갈등이 발생하였다. 또한 Marks & Spencer Foods사는 소매물류센터로부터 점포에 이르기까지 제품을 선택하여 운반하는 과정에 대한 정확성을 보장하는 시스템이 부재했다. 그 결과로서 부정확한 시스템을 통한 재고 파악으로 공급업체의 주문 및 점포 재고의 보충이 이루어졌으며, 이는 자원 낭비를 초래했다.

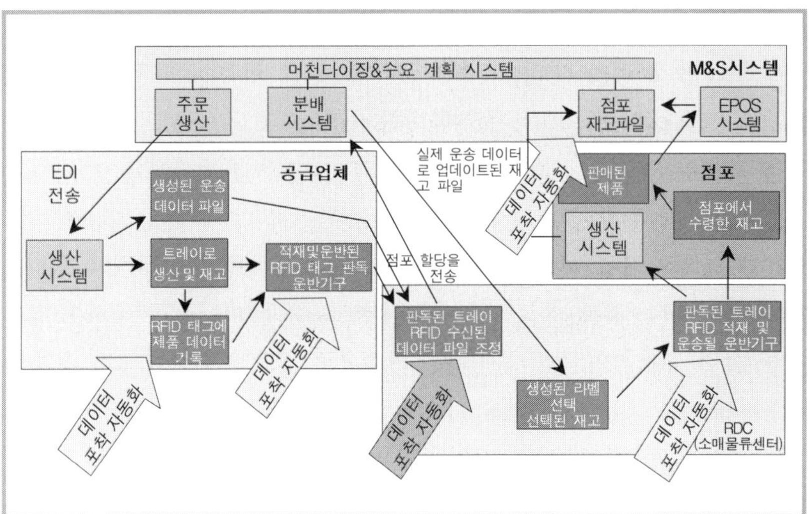

그림 4.5 Marks & Spencer Foods사의 RFID 기술 적용 모델

[그림 4.5]에 나온 것처럼 RFID 전략은 모든 공급업체와 Marks & Spencer Foods사의 소매물류센터가 RFID 리더기와 기록기를 갖추게 하는 것을 포함하였다. RFID 기술을 이용해 전송하는 데이터는 공급업체가 생산시점(기존 데이터에 겹쳐 쓰기)에서 RFID 태그에 제품 데이터를 기록하며, 운반 적시성에 악영향을 끼치지 않으면서 정확한 운반서류를

만들 수 있게 하였다. 소매물류센터 역시 점포 재고의 무결성을 보장하면서 점포 배달에 관한 운송정보를 파악할 수 있었다. 소매물류센터에서 RFID 기술을 이용해 트레이 수준의 바코드 스캔은 인건비를 크게 절감하였다.

RFID 기술을 이용한 높은 수준의 업무 통합은 공급업체와 소매업체간에 정보교류를 활발하게 해주었다. 이를 통해 공동 업무 프로세스를 개선할 수 있었다. 비록 공급업체는 정보의 판독 및 기록을 위해 RFID 기술에 자본 투자를 해야 했다. Marks & Spencer Foods사의 공급업체는 RFID 기술 도입으로 더 많은 기회를 포착할 수 있었고, 이를 통해 효율성을 제고하였고, 패널티를 감소시킬 수 있었다. 이에 따라 Marks & Spencer Foods사는 RFID 기술에 대한 투자 금액 대비 원금을 회수할 수 있었다.

[그림 4.5]에서는 재고 보충에 대한 RFID 시스템의 긍정적인 영향을 보여주고 있다. 점포 재고 파일에 정확한 운송 데이터를 제공하여 정확한 공급업체 주문이 가능해지고, 효과적으로 재고를 점포에 할당하기 위한 재고보충 시스템의 기반을 마련할 수 있게 해준다. 이러한 RFID 기술이 적용된 업무 프로세스는 부정확한 재고 위치를 보다 정확하게 인식하게 해주며, 업무혁신을 촉진시켜준다.

결론(conclusion)

공급망 환경에서 RFID 시스템을 초기에 구현한 Marks & Spencer Foods사는 다른 기업과는 달리 RFID 적용시험 단계를 훨씬 뛰어넘어 RFID 기술을 다양한 분야에 적용하고 있다. 현재 Marks & Spencer Foods사는 RFID 시스템 실행을 통해 높은 순익을 거두고 있으며, 공급망에서 RFID 기술 도입이 기업의 업무에 효율성을 가져다준다는 사항을 입증하고 있다.

요약(summary)

RFID 기술수용 여부를 둘러싼 계속된 논쟁은 RFID 기술의 장래성과 문제점 내용을 포함하고 있다. 지금까지 우리는 다양한 RFID 활용 사례 분석을 통해 다양한 상황에서 RFID 기술의 장점을 살펴보았고, 더불어 기존 전략과 사업 계획을 보완하기 위한 RFID 전략 개발 방법을 살펴보았다. RFID 기술 도입과 관련된 모든 고려사항에 대한 분석은 앞으로 기업에서 RFID 기술을 수용해야 할지 또는 거부해야 할지에 대한 의사결정에 도움을 줄 것이다.

Chapter 5

보안 어플리케이션에서의 RFID 기술

기업들은 경영성과 개선을 위하여 운영전략 차원에서 RFID 기술을 도입하고 있다. 기업의 RFID 기술 도입은 자사의 비즈니스 환경에 적합하도록 구현될 때, 기업의 요구사항을 체계적으로 지원하게 될 것이고, 이를 통해 기업의 경영목표 달성이 가능해질 것이다.

본 단원에서는 RFID 기술 구현에 대한 보안 관련 문제를 중심으로 기업의 공급망에서의 가시성 확보 과정을 살펴보고자 하며, 이를 통해 향후 RFID 기술이 지원하게 될 다양한 응용분야에서의 RFID 기술과 전략과의 상호 연계과정에 대하여 살펴보고자 한다. 특히, 본 단원에서는 RFID 기술은 과거에 주목받지 못하다가 최근에 와서 주목받고 있는 RFID 기술의 새로운 적용 분야를 살펴보고, 더불어 최근 위조 상품이 범람하고 있는데, 이러한 문제해결을 위한 RFID 기술의 적용 방안을 살펴보고자 한다.

보안문제는 공급망에서 중대한 문제

RFID 기술이 업무 혁신을 위한 촉매제로써 다양한 산업 분야에서 이용되고 있다. 우리가 알고 있는 9/11 테러는 보안 문제의 중요성을 알려주는 대표적인 사례이다. 최근 다양한 국가에서 테러에 대비하기 위해 RFID 기술을 보안 분야에 적용하려고 노력하고 있다. 더불어, 최근 다양한 상품에 대한 위조품들이 범람해 시장 매커니즘에 혼란을 가져다주고 있다. 본 단원에서는 변화하는 시장에서 발생되는 다양한 문제점을 살펴보고, RFID 기술 적용을 통해 문제점을 해결할 수 있는 방안을 탐색하고자 한다.

오늘날 기업들은 보다 안전한 경영환경의 구현을 위해 RFID 기술을 이용해 개인신분 확인을 위한 ID카드 시스템을 활용하고 있다. 이러한 RFID 시스템은 회사 내에서 개인이 접촉할 수 있는 정보나 활동 영역을 통제하는데 유용하게 이용되고 있다. 더불어 공급망에서 RFID 기술을 이용하는 상품위치추적 기술은 효율적인 상품이력관리를 가능하게 해주어 안전한 상품거래를 지원하고 있다. 이렇듯 RFID 기술은 우리의 실생활과 기업체에서 매우 중요한 역할을 하고 있다. 현재 RFID 기술 활용분야는 상품추적, 보안관리, 자산인증 등 기업에서 초보적인 활용이 이루어지고 있으며, 최근의 RFID 기술 발전에 따라 RFID 활용 영역이 갈수록 증가하고 있다.

본 단원에서는 RFID 기술이 비즈니스에서 보안 수단으로 사용되는 사례를 설명하고, RFID 기술이 가지고 있는 특수한 기능을 살펴보고자 한다. 예를 들면, Jenny Craig Inc.사는 보안유지를 위해 막대한 비용을 투자하고 있음에도 불구하고, 공급망에서 가시성이 확보되지 않아 그들의 전세계에 퍼져 있는 515개 중량통제센터의 보안 유지에 막대한 비용을 소모하고 있다. 결국 Jenny Craig Inc.사는 보안관리 문제 해결과 비용절감을 위해 RFID 기술을 도입하기로 하였다. RFID 기술 도입의 핵심은 유비쿼터스 환경 하에서 새로운 데이터웨어하우징 시스템과 웹기반 고객 프로파일 어플리케이션의 상호 조화를 이루는데 있었고, 이 시스템은 보안 요원들에게 필요한 정보를 제공하고, 더불어 기업의 운영 비용을 감소시키는데 있다.

Fortinet Inc.사는 Jenny Craig Inc.사에 인터넷을 통해 원격으로 회사의 컴퓨터에 접속해 이용할 수 있는 시스템을 구축하였다. Fortinet Inc.사는 Jenny Craig Inc.사에서 시스템을 이용함에 있어 원격 접촉에서 발생할 수 있는 보안문제가 발생하지 않도록 하는데 역점을 두고 시스템을 구축하였다. Jenny Craig Inc.사는 소매점으로부터 받는 막대한 정보를 통신망을 통해 상호교환하고 있었다. 이 때문에 심각한 정보체증 문제가 발생하고 있다. 따라서 Jenny Craig Inc.사는 새로운 시스템을 통해 정보체증 문제를 해결하고자 하였다. 이 회사는 보다 안전한 환경에서의 정보교류를 하기 위해 최신의 백신 프로그램과 보안규정을 도입하였고, 보안 사고에 실시간으로 대응할 수 있는 체제를 구축하였다.

IT 디렉터인 제프 넬슨(Jeff Nelson)은 "과거에 우리가 인식할 수 없었던 정보의 흐름을 새로운 시스템을 통해 파악할 수 있게 되었고, 각 정보센터에서 어떤 일이 발생하는지 실시간으로 알 수 있게 되었다."고 말했다(Hulme, 2005).

보안의 목표는 특별한 문제 해결에서 시작

사람과 상품을 보다 안전하게 보호하려는 노력은 끝이 없다. 상품 위조의 위협이나 단순한 실수, 그리고 테러 행위는 우리 일상의 또 다른 문제가 되었다. 우리에게 있어서 안전성 결여는 매우 중대한 문제이다. 상품의 위조 문제를 살펴보자. 미연방 수사원들의 금융시장에서 독이 되고 있는 위조 달러 문제를 해결하기 위해 위조지폐 제조 인쇄기를 추적하고자 한다. 위조행위는 수백억 달러 규모의 불법 산업이다. 이러한 범죄행위는 상품위조 분야에도 수없이 많이 존재한다. 전통적인 루이비통 지갑, 구찌 의류, 그리고 롤렉스 시계의 모조품은 제외하더라도 위조 상품의 범위는 광범위하다. 다양한 모조품의 예로 화이자(Pfizer : 미국의 의약품 제조업체)의 리피터(Lipitor : 고지혈증 치료제), 비아그라(Viagra : 발기부전 치료제), 휴렛패커드사의 잉크젯 카트리지, 유니레버사의 비누, 샴푸, 차, 디즈니사의 비디오, AC델코(AC Delco)사의 브레이크 패드, 뷰익 자동차, 크라이슬러, 미쓰비시사의 자동차 유리 등 수없이 많이 존재한다.

캘러웨이(Callaway) 골프 클럽, 쿄세라(Kyocera) 핸드폰 배터리, 야마하(Yamaha) 모터사이클, 그리고 질레트(Gillette) 면도기 및 듀라셀 건전지 등 복제 위조품들은 정품 못지 않은 완벽한 위조로 기업들에게 골칫거리로 문제로 다가서고 있다. 상하이 세관은 야마하(Yamaha)라는 상표 밑면에 「혼링(Honling-중국산)」스티커를 벗긴 위조상품을 조사하기 위해 두바이로 물품을 수송 중인 차량을 조사하였다(Balfour, 2005, p.60). 또한 맥주 제조업체인 Anheuser-Busch는 중국에서 위조 버드와이저 맥주를 발견하기도 하였다.

현재도 이러한 위조상품 문제에 대처하기 위해 기업들은 지속적으로 기술을 개발하고 있다. 위조방지 기술은 위조상품이 가지고 있는 취약점을 발견하고, 위조하기 어려운 기능을 상품에 삽입해 위조의 원천 방지를 목표로 하고 있다. 그럼에도 불구하고 위조상품은 이러한 기술을 비웃듯이 갈수록 정교해지고 있다. 기업의 브랜드와 유통망을 보호하기 위한 노력의 일례로, 기업들은 그들의 상품을 보호하기 위한 분류 작업과 추적 시스템 도입을 위해 많은 노력을 하고 있다. [그림 5.1]은 공급망에서 위조 상품의 유통을 방지하고, 정상 제품의 유통경로에 대한 추적이 가능하도록 구현해 놓은 것이다. 이것은 RFID 기술이 공급망에서 보다 안전한 상품 유통과정을 지원해 주는데 적합한 기술임을 보여주는 것이다. 예를 들면, 화이자(Pfizer)는 시중에서 판매되는 비아그라 상품이 정품임을 보증하기 위해 비아그라 위에 RFID 태그를 사용할 것을 계획 중에 있다. 중국시장에서 Anheuser-Busch사는 위조상품을 예방하기 위해 상품의 병에 차가울 때 붉은 색이 되는 온도에 반응하는 레이블을 출시하였다. 이에 따라 당분간 위조품을 만드는 사람들이 위조하기 곤란할 것으로 예상하고 있다.

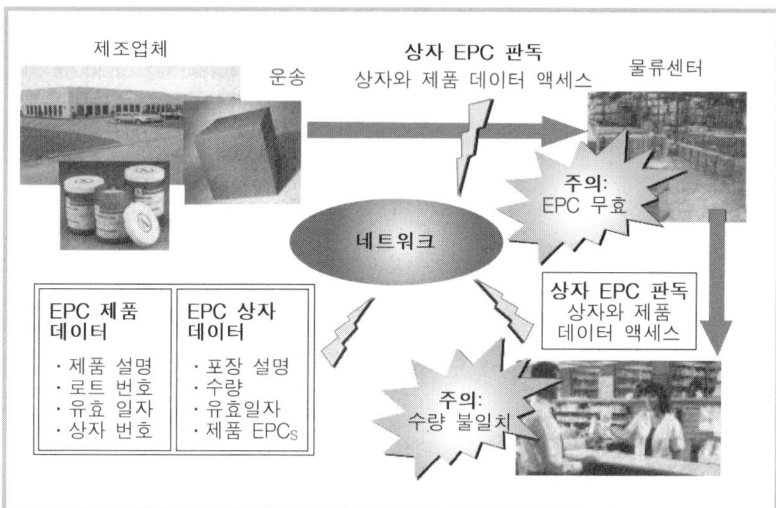

그림 5.1 공급망 보안을 위한 잠재적인 비전

외국 공급업자든 혹은 지역 제조업자든지 간에 수송 중인 컨테이너 안에 들어있는 상품에 대한 확인이 필요하다. 상거래 지원을 위해 상품 컨테이너는 지역의 물류센터로 이동한다. 기업들은 RFID에 내장된 특정 형태의 전자상품코드 정보를 분석해 컨테이너 안의 상품과 내용물에 대한 정보를 인식할 수 있을 것이다. 컨테이너의 수송 중에 적합하지 않은 상품이 추가될 경우, 이에 대한 인식 방법이 있어야 한다. 상품이 상점이나 소비자에게로 이동하는 과정에서 RFID에 기반한 보안시스템은 반드시 컨테이너, 회수된 상품, 판매된 상품을 포함한 그 내용물의 추적을 계속할 수 있어야 한다. 이동중인 상품에 대한 정보를 수집할 수 있는 전자상품코드는 정보의 수집을 용이하게 해 줄 것이다. 이러한 시스템 구축을 위해서는 기업의 적정한 예산 확보가 요구된다.

상품의 유통에 있어 보안상 위협이 발생할 수 있다. 이러한 보안 문제해결을 위해 RFID 시스템의 역할은 매우 중요하다. 그러나 실제 기업에서 RFID 시스템 구현을 위해서는 다양한 영역, 예를 들면 조제학, 의학, 명품 브랜드 상품들, 우주과학, 자동차, 통신설비, 음식, 통조림 제품 등에 따라 다양한 보안 정책 수립이 요구된다.

상품 위조는 무허가 복제와 상품 모방을 예방하고자 하는 기업들에게 거대한 경제적 손실을 가져다주는 불법행위이다. [표 5.1]은 미국세관이민국(Customs and Border Protection: CBP)에 압수된 위조 및 표절 상품의 화폐가치를 설명하고 있다. 물론 이 데이터는 단지 압류된 제품들에 제한한 것이다. 세계관세기구(World Customs Organization)는 2004년 "위조품이 세계 경제무역의 5~7%를 차지하며, 이로 인한 손실은 5,120억 달러에 버금간다."라고 평가하고 있다(Balfour, 2005, p.56). 보통의 기업들은 지적 재산권과 관련 상품 보안을 위해 연간 200~400만 달러를 지출하고 있다. 그럼에도 불구하고, 위조상품들은 계속해서 시장으로 흘러 들어오고 있는 실정이다. 국제상공회의소(International Chamber of Commerce: ICC)의 조사에 의하면 위조상품은 세계 무역의 8%를 차지하고 있다고 한다(Zebra Technologies, 2003, p.2). 또한 믿을만한 소식통에 의하면, 위조품 무역에 있어 중국으로부터 들어오는 위조 비디오 테이프의 양이 95%나 된다고 한다.

표 5.1 위조 및 무허가 제품 점유 현황

년도	점유 가치	퍼센트 변화
2000	4천 5백만 달러	-
2001	5천 7백만 달러	27
2002	9천 8백만 달러	72

출처 : U.S. Customs and Border Protection and International Anti-Counterfeiting Coalition

불법유통을 막기 위한 진보된 보안 조치는 지속적으로 안전한 거래를 위한 대안 수립, 진품임을 입증하는 특별한 마크를 사용하는 전략 등이 있다. RFID 시스템은 전자상품코드로부터 다양한 정보를 읽고, 활용하는 매우 중요한 능력을 가지고 있다. 상품 정보의 흐름에 있어 안전성이 인증된 통신망을 이용해 불법적인 정보의 흐름을 막아내려는 노력이 필요하고, 네트워크로 전송되는 보다 정확한 상품 정보를 도매업자, 유통업자, 운송업자들이 함께 이용할 수 있는 방안이 수립되어야 할 것이다.

이상적인 해결책은 상품코드를 복제 또는 위조하기 어렵게 만드는 것이다. 이러한 노력은 공급망에서 복제 시도를 예방해 주어 상품의 위조를 억제해 줄 것이다. 이를 위해 각각의 보안 단계별로 서로 상이하고 다양한 방어망 구현이 요구된다. 신중하게 선택된 부착물들은 태그에 장착되어 상품의 위조방지와 보안기능을 제공한다. 상품에 부착된 프린트로 출력된 로고, 특별한 예술 장식물, 상품에 덧칠해진 보호막들은 소비자들에게 더욱 더 보기 좋은 외관을 갖게 해주며, 더불어 상품의 안전성을 강화시켜 줄 것이다. 여기에 RFID 칩을 엔코딩함으로써 보다 다양한 정보를 제공할 수 있게 될 것이다.

그리고 다양한 가시적인 꼬리표들(Taggants)은 또한 보안기능을 강화시켜 줄 것이다. 여기에는 상품을 보다 정확하게 인식하기 위한 장치들이 이용된다. 예를 들면, 화학적인 물질이라든가 광화학 물질들이 보안 기능을 강화시켜 상품의 위조 및 복제를 예방해준다. 이들 꼬리표들(Taggants)은 표면에 코팅을 하였고 더불어 다른 물질과 융합되어 제작되었기 때문에 열에 내성을 가지고 있다. 특별히 성능이 뛰어난 부착물들은 외부에서 위조를 위한 반응을 감지할 경우 자체적으로 파괴되는 기능을 가지고 있으며, 더불어 도난품의 경우 라벨을 재사용할 수 없도록 하는 부가기능을 가지고 있다.

안전한 매체(Media)는 보안상의 장점을 제공할 뿐 아니라 상품이나 패키지의 거의 모든 형태에 사용되고 있다. 예를 들면, 브랜드화 된 물품에서부터 산업용 물품에 이르기까지 공급망의 효율성을 이끌어낸다. 이에 대한 몇 가지 예를 살펴보면 다음과 같다.

- 생산과정에 있어 부속물에 대한 인증, 중요한 공급자들과 값비싼 물품을 조달하는 공급자들에 대한 인증을 지원한다.
- 레이블을 사용하는 상품의 인증은 정보수집이 용이하다. 또한 생산과정에서부터 상품의 정보의 추적이 가능해 최종 생산품이 완료될 때까지 통제가 가능하다.
- 테스트 데이터(Test Data), 배치 코드(Batch Code), 운영정보, 태그에 부가되거나 축적된 핵심 데이터와 같은 다양한 정보의 획득이 가능하다.
- 운송과 운송 전 분실 품목에 대한 정보관리가 가능하다.
- 이동 중인 물품에 대한 항목별 정보 누락 방지, 인증되지 않은 부서의 접근방지 기능을 제공한다.
- 사전 검사를 위한 상품과 재고에 대한 유통센터의 감시 및 조사 지원, 위조상품에 대한 발 빠른 검사를 지원한다.

반품 사기는 또 다른 특수한 문제이다. 예를 들면, 미국소매점협회(National Retail Association)에 따르면 소매상들이 해마다 20억의 비용을 소요하고 있다. 제조 장비에 대하여 서비스 기간 이후에 나타나는 문제에 대하여 부적절한 유지·보수를 요구해 기업들을 괴롭히는 것은 매우 중요한 문제였다. 이에 설비업체들은 해당업체의 보증기간을 확인할 수 있는 레이블을 사용함으로써 이러한 문제를 해결했다. "제조업체들은 카트리지에 레이블을 장착해 상품정보를 코드화하였다. 카트리지에 장착된 레이블은 RFID 칩을 보유하고 있고, RFID 리더기는 RFID 칩을 통해 얻은 정보를 토대로 서비스 만료기간의 확인과 부가적인 상품정보를 확인하고, 여기에 기반해 카트리지에 대한 품질보증을 해준다."(Zebra Technologies, 2003, p.6).

또한 의료장비 제조업체들은 RFID 리더기를 장착한 지능형 시스템을 이용해 의료장비를 검사하고 있다. 여기에서 RFID 리더기는 다양한 부속물과 하위부품에 작동이 정상적으로 이루어지는가를 보증하며, 부속물과 하위 부품간 상호작용을 검수한다.

2001년 9월 11일, 보안에 중대한 충격

매우 특수한 사건으로 9/11테러 사건은 미국과 해외에서 수행되는 비즈니스 방법을 변화시킨 사건이다. 과거에 기업들은 국제무역을 위한 상품 통관에 많은 통제를 받지 않았다. 예를 들면, 컨테이너가 항구에서 배로 옮겨지는 데는 약 15%의 시간 검열을 받았을 뿐이다. 정부는 이러한 느슨한 통제로도 국제 상품거래가 완벽하게 이루어진다고 믿고 있었다. 미국 세관은 이러한 국제거래로부터 세입징수와 항구유지비용 징수 등의 관련 비용을 거두는데 관심을 가지고 있었다.

9월 11일에 발생한 테러는 미국 정부가 법집행에 있어 무엇이 중요한 것인가에 대한 재평가를 할 수 있는 중요한 기회를 만들어 주었다. 세관 또한 그들이 과거에 수행하던 활동보다는 국민을 보호하기 위한 테러를 예방하거나 통제하는 방법이 더 중요하다는 것을 인식하게 되었다. 이에 따라 미국 세관은 다양한 정부기관에 도움을 요청하게 되었고, 보다 안전한 상품거래와 테러방지를 위한 다양한 노력을 수행하게 되었다. 상품의 수송에 따른 보안 강화는 매우 중요하기 때문에 지나치게 상세한 규정을 만들 경우, 그 보안 대책이 큰 효율성을 가져다주지 못하고 비용상 부담을 가중해 줄 것이다. 그럼에도 불구하고 9/11 테러 직후 보안은 국제거래에 있어 매우 중요하게 인식되었다.

또 다른 측면에서 9/11 테러는 사람들로 하여금 미국은 천하무적이 아니라는 사실을 인식하게 해주었다. 이로 인해 미국 정부는 보다 안전한 대국민 보호를 위해 미국국토안전부(Department of Homeland Security: DHS)를 설립했다. 또한 국민의 보안을 강화하기 위한 노력으로 미국 세관은 이민귀화국(Immigration and Naturalization Service)과 결합해 미국국토안전부 산하의 국경·세관보호국(US Customs and Border Protection)을 설립하였다. 이러한 움직임은 사람들과 화물들을 동일한 기관에 의해 심사를 함으로써 보안성 강화를 하기 위한 노력이다. 또한 미국국토안전부는 C-TPAT(The Customs - Trade Partnership Against Terrorism Program: 대테러방지 민관협력프로그램)를 소개하였다. C-TPAT의 목적은 세관과 민간 무역업체들이 함께 미국 접경지역들을 통해 합법적인 사업의 왕래를 계속하면서 공급망 보안을 제공할 수 있는 새로운 접근을 설계하고자 한 것이다. 이 과정에서 세관은 회사가 스스로 보안 규정을 준수하고, 이러한 규정에 기반해 보다 안전한 거래가 이루어질 수 있도록 기업간 거래에 따른 안전한 보안시스템 체제를 구축하기 위해 노력을 하였다.

C-TPAT 프로그램을 구성하는 4단계 과정으로 구성되어 있다.

- C-TPAT 프로그램의 잠재적 참가자들은 프로그램의 보안 가이드라인 준수에 동의하는 사항에 대하여 서명을 한다.
- 회사와 관련된 수송 서비스 제공자와 해외 공급자들은 그들의 보안 수준에 대하여 서명해야 한다.
- 고객들과 국경·세관보호국(Border Protection)은 검증된 보안 계획과 요구사항에 대하여 승인하는 문서를 검토해야 한다.
- 고객들과 국경·세관보호국(Border Protection)의 감독관들은 C-TPAT 프로그램에 참여하는 정보를 웹사이트를 방문해 확인해야 한다.

현재 C-TPAT 프로그램의 참여는 자발적이다. 하지만 C-TPAT의 참여는 홈디포(Home Depot), JC페니(JC Penny) 그리고 타켓(Target)과 같은 대규모 상품을 수입하는 회사에 필수적인 비즈니스 상황 요소로 진행되고 있다. C-TPAT 참여의 중요성은 먼저 국제 상거래를 하는 공급업자들과 제조업자들에 두고 있지만, 여기에 해운업자(Ocean Carriers), 화물 운송업자(Freight Forwarders), 관세중개인(Custom Brokers), 항만관리위원회(Port Authorities) 등을 포함시키기 위한 움직임이 전세계적으로 확산될 것으로 기대하고 있다. 결국 여기에 관계되는 기업들 입장에서 볼 때, 상품이 국경을 빠르게 넘고 전보다 까다롭지 않은 검열을 거친다는 약속을 세관이 이행하기 위해서는 RFID 시스템과 같은 정보지원시스템을 이용하여 상품처리에 대한 검증과 업무 프로세스에 따른 정보추적이 가능해져야 할 것이다. 이러한 업무에 RFID 시스템을 도입하게 된다면, 세관은 전체 상품의 이동 경로에서 상품의 운반, 저장, 수취, 보관 등 다양한 업무에서 가시성을 확보할 수 있게 될 것이다.

2005년 1월에 미국연방정부는 국경관리시스템(Border Management

System)을 개선시키는 움직임 중의 하나로서 주요 입국 항만에 RFID 기술을 테스트하기 시작했다. 자국으로 들어오는 방문객들의 정보가 저장된 시리얼 코드를 안전하게 RFID 태그에 연결하여 발행하고, 이는 국경을 넘는 그들의 움직임을 추적하는데 사용될 것이다. 그 템퍼 프루프 태그(Tamper-Proof Tags: 부정한 수단을 막는 태그)는 개인적이고 생물학적 정보는 포함하지 않고 스키밍(Skimming) 또는 RFID 태그로부터 정보를 얻기 위해서 그 기록 장치의 무허가 사용을 저지할 수 있는 특징을 갖는다.

미 세관은 애리조나, 뉴욕, 워싱턴에서 2005년 7월~2006년 봄에 무역업을 하는 기업들을 상대로 RFID 시스템을 시범적으로 운용하고 있다. 세관은 배가 항구를 떠나기 24시간 전에 전자 적하목록(송장)부터 무엇이 선적되고 있는지를 비디오로 관찰하고, 컨테이너 안에 있는 물건들을 체크하는 데까지 RFID 기술을 사용하고 있다. 미국국토안전부 차관인 아사 허치슨(Asa Hutchinson)은 “무선 주파수 기술을 이용해, 미국의 보안을 개선시킬 수 있을 뿐만 아니라, 50년 안에 미국 국경에 가장 중요한 인프라 구조 향상을 이룰 수 있는 잠재성을 발견하였다. 우리는 RFID 기술의 활용이 적당한 장소에서 적당한 방법으로 행해지고 있는가를 알아볼 생각이다.”라고 말했다. 대표적인 논쟁거리로 미국 자유인권협의회 대변인인 제이 스탠리(Jay Stanley)는 “구현된 RFID 기술이 프라이버시 관련 법규를 위배하게 될 것이고, 정부는 이에 대해 결국 개인정보의 활용을 허가하게 될 것이다.”라고 말했다(Chabrow, 2005a).

이 결과들은 신중하게 구현된 RFID 어플리케이션이 기업에 매우 큰 성과를 가져다 줄 것이다. Logistic Management 편집장인 토비 구리(Toby Gooley)에 의하면, “C-TPAT 프로그램 관리자들은 회원국들의 선적 물품들이 3~5회 검열을 받는데, 6~8회 강제 검열을 받게 되는 일반 수입품(비 회원국 선적화물)보다는 덜 검열을 받는다."라고 한다. 장난감 메이커인 하스브로사(Hasbro)는 "RFID 시스템을 통해 과거 보다 문서의 사용량을 99%로 감소시켰고, 보다 빠른 업무처리를 할 수 있었다. 또한 RFID 시스템을 이용한 검열에 있어 2001년 2,800번의 통관수속(Entries) 중 211번에서 2003년 4,100번의 통관수속 중 45번으로 간략하게 관세화물수속으로 처리할 수 있었고, 더불어 강력한 상세 검열을 받는 횟수 또한 2001년 31번에서 작년에는 5번으로 감소시켰다"고 한다(Gooley, 2005, p.12). 구리(Gooley)에 따르면 RFID 기술이 다른 수입업자들이 예상하지 못한 다양한 기회를 제공해 주었다고 하였다. 왜냐하면 RFID 기술은 C-TPAT의 절차를 지원해 주고 있고, 또한 해외 공장설비에 대한 자동 검열을 지원해 주기 때문이다.

국가의 보안을 위한 RFID 기술 응용 사례로는 미국과 캐나다, 그리고 미국과 멕시코 영토에서 국경을 넘을 때 이행되는 국경·세관보호국(US Customs and Border Protection)의 FAST(Free and Secure Trade) 프로그램 수행 사례가 있다. 이 프로그램은 국경통과 프로세스를 빨리 처리하도록 지원해준다. 이 프로그램은 위험성이 낮은 상품을 수입하는 수입업자들의 사전 인증을 통합해 관리해주고, 또한 위험관리 방안과 공급망에서의 보안 수준을 관리할 수 있는 대안을 제공해준다. 그러므로 세관에서는 위험성이 높은 상품을 수입하는 수입업자들을 보다 더 철저하게 관리할 수 있도록 지원해 준다.

전적으로 안전한 환경을 만들기 위해서 기술들이 어떻게 융합되고 있는지에 대한 실례는 미국국토안전부(Department of Homeland Security)에서 나온다. 미국국토안전부는 2003년 말 즈음에 미국에 들어오는 비자 보유자들의 사진과 지문을 필수적으로 찍기 시작했다. 비자가 필요한 방문객들은 각각 스캔된 손가락 인덱스를 가지게 될 것이고, 이렇게 디지털화된 정보는 미국국토안전부의 비밀 네트워크를 통하여 현재 보유중인 테러리스트와 범죄자들의 지문과 비교·검토를 위한 비밀스런 저장소로 연결된다. 국경 관리자들은 또한 디지털로 방문객들의 사진을 찍고 그 입국 사진을 비자에 있는 사진과 대조할 것이다. 출국과정을 심사하는 것도 2004년 초기부터 시행되었다(Chabrow, 2003).

미국정부는 자국민을 보호하기 위한 또 다른 노력으로 세관에서 미래에 발생할 수 있는 테러 공격에 대비하기 위한 특별한 프로그램을 개발했다. 이 프로그램은 CSI(Container Security Initiative)라고 불린다. 이 프로그램에서 세관은 미국으로 들어오는 모든 컨테이너의 89%를 차지하는 25개 주요 항구를 확인하고, 세관원들을 거기에 배치시켰다. 이 세관원들은 위험성이 높은 화물 컨테이너들을 대상으로 그들의 거래 상대국들과 함께 위험관리 업무를 수행한다. 미국국토안전부 내부에서 수행하는 주요 업무는 세관에서 발생할 수 있는 테러를 사전에 예방함으로써 미국인들을 보다 안전하게 보호하는데 있다.

컨테이너 화물 확인의 중요성

미국에 들어오는 컨테이너 화물 안에 들어있는 상품을 확인한다는 관점에서, 세관은 체계적이고 과학적인 RFID 기술들을 사용하고 있다. 바코드는 현재 지배적인 역할을 하고 있지만, 무엇이 국경을 넘어오고 나가는지 계속 추적할 수 없다. 그렇기 때문에 이러한 문제점 극복을 위해 RFID 기술 활용이 증가되고 있다. 미국의 소매업자들의 SSCI(Secure Supply Chain Initiative)와 협력하고 있으며, 제조업자는 상품의 선적이나 소매점으로 운송을 위해 그들의 운송 컨테이너, 트레이, 팔레트(창고·공장 등의 화물 운반)에 RFID 태그를 장착해 자국으로 반입되는 상품을 통제하고 있다. 제조업자들의 관점에서 RFID 시스템은 상품의 이동에 있어 미국의 보안 요구사항에 순응하는 도구가 되고 있고, 소매점으로 운송되는 모든 경로를 추적하는 수단이 된다.

전통적인 블랙 라인 바코드는 수십 년 동안 소매상들이 사용해 왔다. RFID 태그는 단지 숫자 확인 기능 뿐만 아니라 현재 다양한 정보를 가진 스마트 태그의 기능을 제공한다. RFID 시스템은 전략적으로 특정지역에서 활용할 수 있는 칩과 리더기를 보유하고 있으며, 또한 RFID 기술은 국제 공급망 차원의 전체 공급망에서 운송 중인 상품을 추적할 수 있고, 정보의 추적뿐만 아니라 상품의 운송 환경(습도, 쇼크, 온도, 방사능 존재 등)에 대한 상세한 정보를 제공해 줄 것이다. 이러한 정보를 기반으로 RFID 시스템은 공급망에서 보다 민감하고 정확한 상품이력관리 기능을 제공한다. 그렇기 때문에 추가적인 문제의 해결을 위한 매뉴얼이나 손에 들고 다니는 바코드 스캐너는 활용할 필요성이 없다. 특정지역의 창고에서 환수된 재고품이라도 상품의 상태와 선적과정을 정확하게 파악할 수 있다.

RFID 시스템은 자동화된 재고관리를 지원하고, 안전한 국제물류조달 체제를 지원할 것이며, 더불어 국제적 상거래에 관련된 공급망 프로세스에 유연한 기능을 제공할 것이다. 예를 들어 바코드 레이블은 상품을 운반하는 선적에 설치해 상품이동을 파악하는 것은 곤란하다. 뿐만 아니라 바코드를 컨테이너에 설치해 상품을 파악하는 것도 곤란하다. 그러나 RFID 태그는 운송중인 모든 컨테이너 안에 들어있는 전 아이템에 장착할 수 있다. RFID 리더는 한 번에 많은 아이템들을 스캔할 수 있는 반면에 바코드는 한 번에 하나씩 스캔하도록 제한되어 있다.

번잡한 항구를 통해 운반되는 컨테이너 안의 컨테이너 또는 믹스된 팔레트를 접촉 없이, 단 한 번의 판독으로 모든 내용물을 확인할 수 있는 큰 편리성을 생각해 보자. RFID 시스템은 세관직원들이 적재적소에 화물이 들어있는 것을 확인할 수 있도록 도와주며, 또 다른 부수적인 RFID 어플리케이션을 통해 세관의 통관 관련 업무를 지원해주고, 더불어 보안 관리를 지원해 준다.

RFID 시스템의 국제표준의 수용은 기업의 성공적인 변화관리를 위해 중요한 요소가 될 것이다. 현재 EPC글로벌과 그 밖의 다양한 표준화 단체의 노력을 통하여 데이터 처리 과정에서 발생하는 장애를 극복하기 위해 협력하고 있다. 이들 표준화 기관들은 UID(Unique Identification)를 확정하고, 연간 800억 달러의 거래를 처리하는데 이용될 것으로 고려하고 있다. 이들이 사용하는 표준은 미국 국방부에 의해 지원되는 UID를 사용하게 될 것이다.

공급망 보호

기업들은 보다 안정적인 보안체계 구현을 위해 국제 표준에 부합하는 보안체계를 요구한다. 대부분의 공급망 관리자들 역시 업무처리 효율성을 높이고, 고객 만족도를 개선하기 위해 이러한 보안 표준화 노력에 동의하고 있다. 국제적 원칙의 보안에 대한 강한 관심과 함께, 기업들은 현재 공급망에서 취약점이 발생하지 않도록 가능한 안전하게 업무처리를 지원하기 위해 노력한다. 보다 안정적인 보안을 위해 모든 패키지나 컨테이너를 검열하는 것은 하나의 방법이 될 수 있다. 그러나 이러한 방법은 경제적인 측면에서 바람직하지 않다. 성공적인 RFID 시스템은 공급사슬에서 업무처리에 있어 경제적 효율성 달성을 지원해 줄 것이다.

[그림 5.2]는 이러한 노력을 보여준다. 초기에 언급된 독일의 소매점인 메트로의 RFID 시스템은 상점을 운영하는데 있어 중요한 부분이 되고

있다. 이 RFID 시스템은 메트로 상점 내에서 상품의 도난과 재고품 관리에 도움을 주고 있다. 메트로의 네트워크화된 RFID 태그 리더기는 쇼핑카트를 포함하여 전략적 관리가 가능하도록 상점 전반에 설치되었다. RFID 태그는 면도날, 카트리지, 의약품 등과 같은 고부가가치 단위상품에 사람들이 알아보지 못하도록 장착하였다. RFID 시스템과 연동된 단품관리시스템은 항목별로 수량을 관리하게 됨으로써 상점 내에서 발생하는 상품의 품절, 도난 등을 실시간으로 관리할 수 있도록 도와준다.

그림 5.2 스토어 운영을 위해 필수적인 Metro AG RFID

이러한 RFID 활용 전략을 테스트하기에 기업에서의 적당한 비즈니스 파트너를 선택하는 것은 중요한 활동이다. Rinehart와 공동연구자들은 이와 관련하여 좋은 논문들을 출판했는데, 그들은 공급자들을 평가하고, 차별화하는 프레임워크를 정의하였고, 이를 통해 자사와 비즈니스를 수행함에 있어 보다 강력한 보안윤리를 가지고 있는 공급자들을 결정하도록 대안을 제시하였다. 이들 연구자들은 명료하면서도 효과적으로 비즈니스를 수행하는데 도움을 주는 질문서와 평가 툴(Evaluation Tool)을 개발하였다. 이 질문서와 평가 툴을 통해 기업자들은 신뢰할 수 있는 비즈니스 파트너, 위험수준에 따른 비즈니스 파트너를 선택할 수 있게 되었다. 그들은 비즈니스 파트너 선택에 대한 심도 있는 후속연구를 지속하였다. 이 결과 비즈니스 당사자들 간의 상호 관계를 신뢰도, 상호작용에 기반해 7단계로 체계화하였다. 각각의 7단계별 유형에서 그들은 체계적인 보안 관리를 위한 가이드라인을 제공하고 있다(Rinehart et al., 2004).

Global Logistics & Supply Chain Strategies의 편집장인 Thomas Foster에 의하면, 공급망에서의 상호관계는 비즈니스 파트너간의 노력과 반응성이 중요하다고 한다. Fosters는 전 세계에 배치된 무선인식 센서 시스템을 RFID 시스템으로 정의하였고, 다른 연구자들은 RFID 기술은 「X 인터넷」이라고도 하였다. 「X 인터넷」이라는 명칭을 사용한 이유는 외부 장치로부터 실시간 네트워크에 기반한 계획과 수행을 통해 시스템이 작동되기 때문이다. Fosters는 "최근에 발표된 「X 인터넷」사례들은 화물 보안에 중점을 두고 있다."고 설명하였다(Fosters, 2004, p.40).

암묵적으로 활동하는 테러리스트들은 해외 화물운송을 이용해 불법적인 상품들을 밀수한다. 이러한 밀수에 대한 불안감에서 벗어나기 위해 많은 노력이 있었는데, X 인터넷에 기반한 SSTL(Smart and Secure Trade Lanes)과 OSC(Operation Safe Commerce)는 밀수에 대한 통제를 가능하게 해주었다. 보안 전문가 Foster에 의하면 "이러한 하나의 파일럿 프로그램은 화물의 이동 상황을 추적하고, 화물을 함부로 변경하려는 시도를 감지해 내기 위해 컨테이너 내부에 태그를 부착하는 RFID 기술을 이용한다."고 한다. 현재 휴렛패커드와 타켓 등과 같은 기업들은 모두 여기에 참여하고 있다.

통관에 따르는 보안문제들은 상당히 복잡하다. 그렇기 때문에 고도의 정보기술을 통한 체계적인 관리가 필요하다. RFID 패시브 태그와 같은 어플리케이션들은 상점에서 상품들이 출입구를 통과할 때, 쇳소리 신호를 보내는 기능을 제공한다. 또한 RFID 액티브 태그와 같은 어플리케이션의 사용 형태는 질레트사의 면도기 상품 내부에 태그를 부착해, 상품의 도난 및 분실 관리를 위해 사용된다. 이러한 RFID 시스템들은 결과적으로 상품의 도난을 감소시켜주고, 원활한 재고관리를 가능하게 해준다. 궁극적으로 기업의 판매수익을 증가시키고, 소비자 만족도를 높여준다. 제약 산업에 있어서도 RFID 기술이 이용되는데, 특히 여기에서는 처방 관련 정보가 매우 중요하기 때문에 철저한 보안이 요구된다. 제약 산업의 공급자들은 약품에 대한 처방정보가 유통센터를 통해 다른 경쟁자의 손에 들어가는 것을 원하지 않는다.

공급망에서 RFID 기술의 미래는 비즈니스 요인이 RFID 기술의 발전에 많은 영향을 미칠 것이며, 또한 사회적인 요인들도 RFID 기술의 발전에 많은 영향을 미칠 것이다. 또한 RFID 기술에 대한 긍정론자와 비판론자들의 다양한 견해들은 상호 보완을 통해 RFID 기술의 발전에 영향을 미칠 것이다. RFID 관련한 문제가 되는 몇몇 사례를 살펴보면 다음과 같다. 질레트사는 자사 상품의 도난 방지를 위해 RFID 태그를 장착하였는데, 이는 고객정보의 불법유출이라는 부가적인 문제를 유발하였다. 이 문제로 인해 미국의 시민단체인 CASPIAN(Consumer Against Supermarket Privacy Invasion and Nubering)은 질레트사의 상품에 대한 상품 불매운동(Boycotte)을 하였다(www.boycottgillette.com). 또한 유통업체인 Metro Group은 RFID 기술을 이용해 고객의 쇼핑카드에 대한 정보를 알아냄으로써 고객들로부터 프라이버시 침해에 대한 논란을 유발하였다.

RFID 시스템을 활용하는 공급망 영역에서 보안과 관련해 발생하는 일들을 알아보기 위해서는 RFID 시스템 활용 구조에 대한 분석이 필요하다.

■ 프라이버시를 중시하는 사람들은 단기간 승리를 할 것이지만, 공급

망에서의 RFID의 상업적 활용을 지연시키지는 못할 것이다. 질레트와 메트로에 의해 발생된 사생활 침해와 관련된 문제에도 불구하고, 기업에서는 이를 통해 얻는 것이 많이 있다. 기업에서는 소비자 교육과 적극적인 프라이버시 정책을 제안해 시민단체들을 만족시킬 수 있는 보다 신중한 접근이 이루어져야 한다.

- 5센트의 칩 가격은 무너질 것이다. 그 때까지 다른 RFID 시스템 구성요소들의 가격(태그, 리더기, 훈련, 시험, 소프트웨어, 미들웨어)들도 측정해야 하고, 수년이 넘게 적용되어 발전해 온 것에 대한 자본회수도 뒤따라야 한다.
- 상업 공급망과 군사 공급망은 전자상품코드(EPC)와 UID 기준에 의해 이끌릴 것이다.
- Class 1 Gen 2 UHF 태그와 관련해 텍사스 인스트루먼트(Texas Instruments), 필립스 등 다양한 기업들은 공동의 연구와 개발을 통해 RFID 시스템의 기능을 개선하기 위해 노력할 것이고, 비용을 감소시키기 위해 노력할 것이다.
- 리더기와 안테나를 포함한 향후 RFID 시스템에서는 데이터 마이닝과 데이터웨어하우징 소프트웨어 적용이 가능해지면서, 향후 1년 안에 이러한 고성능 소프트웨어의 사용은 필수요소가 될 것이다. 또한 시스코 같은 회사들은 RFID 시스템에 장착될 라우터(데이터 전송 시 최적 경로를 선택하는 장치) 역할을 수행하는 지능적인 리더기를 개발하고 있다.
- 향후의 기술 발전으로 RFID 태그와 리더기는 보다 작고, 가볍고, 눈에 보이지 않는 형태로 나타날 것이다. 대부분의 리더기들은 공통된 표준으로 개발될 것이다. 향후에는 특정 상점이나 쇼핑몰에서 도난이나 분실된 상품에 대한 인식정보를 제공해 줄 것이다.
- RFID 태그는 상품에 대한 정보를 가지고 있기 때문에 외부에 노출될 경우 매우 민감한 문제가 발생할 수 있다. 그러므로 RFID 기술은

문제 발생시 민법상 엄격한 책임이 요구된다.

- RFID 기술은 스마트카드, 비디오 행동 분석, 전통적인 물리적 보안 시스템 등에 적용될 수 있을 것이다. RFID 액티브 태그는 이러한 기능을 통해 기업에서의 신분 확인 및 종업원에 대한 정보 인식에 이용될 것이다.

요약

우리 생활에서 보안 문제는 매우 중요한 이슈이다. 9/11 테러는 느슨한 보안 시스템이 유발한 심각한 사회적 사건이다. 또한 상품의 유통에 있어서 위조가 급증하고 있는데, 위조 상품 관련 문제를 해결하기 위해서는 보안에 보다 많은 관심을 기울여야 할 것이다. 5장에서 우리는 RFID 기술의 적용 필요성에 대해 설명했다. 다음 6장에서는 공급망 네트워크에서 RFID 시스템의 장점에 대하여 살펴볼 것이다.

Chapter 6

국방 영역에서의 RFID 활용

전세계적으로 군방 분야에서 업무 혁신이 진행 중에 있다. 이 혁신은 군사작전 수행 중에 발생하는 업무를 효율적으로 처리하는데 초점을 맞추고 있다. 혁신의 핵심은 과거의 실수를 되풀이하지 않기 위해 최고의 사례에서 나타난 장점을 활용하는데 있다. 군사 작전을 수행중인 군부는 혁신을 통해 적군에 비해 우위를 점할 수 있다. 이 단계에서 중요한 점은 적군의 공급망 시스템에 비해 월등히 강화된 공급망 시스템을 구성하여 진행되는 전쟁에 대한 네트워크 중심의 입장을 취할 필요성을 인식하는 것이며, 서로의 연결이 얼마나 확대되었는가는 크게 중요한 문제가 아니다. 향후 군에서의 요구사항은 중요한 동맹을 포함한 군대가 무선 통신 환경을 이용하여 공급망의 가시화를 확보함으로써 군수품의 위치를 인식하고, 동원하는 것이다.

현대전은 국제적인 연합군이 참여하는 경우가 많다. 이런 확장된 군대 형태에서 무리한 군사작전, 필수 보급품의 부족, 구성품의 부족 현상의 발생은 매우 중대한 문제이다. 어떤 물품이 창고의 어느 곳에 비축되는지, 어떤 물품이 수송 중이고, 사용 중인지, 응급 시에 어떤 물품에 대한 접근이 가능한지를 알 수 있도록 병참물류시스템이 적재적소에 위치해야 한다. 민간 공급망 네트워크와 같이 이런 시스템은 미미한 연계 형태로 구성되어 있어서 공급자에서 소비자에 이르는 모든 절차에 있어 정확하고 효율적인 협력이 필요하다.

본 단원에서는 공급망에 있어 고유식별코드(Unique Identification)와 RFID 기술을 최대한 빨리 도입하기 위한 미 국방부와 국방관련 업계의 요구사항은 물론 그 밖의 필요사항이 무엇인지 상세히 분석하였다. 앞서 살펴본 것처럼, 미 국방부가 세계에서 가장 복잡한 공급망 구조를 갖고 있다는 사실을 명심할 필요가 있다. 미 국방부는 43,000 공급업체와 신발과 양말에서 장갑차의 부품, 혈장, 탄압에 이르는 400만 개의 상품유지단위를 관리한다. 육·해·공군에 물품을 공급하는 미 국방병참국[1]은 미국 내에 18개의 대형 배급기지를 운영한다. 군대 내에서 유지 보수를 위해 운영되는 시설로써 부품 저장실과 전 세계에 퍼져있는 이동기지를 추가하면 군수품의 관리 상황은 복잡해져 공급망 업무 프로세스 최적화에 장애가 된다.

또한 본 단원에서 RFID 도입을 통한 산업계와 군부대의 업무처리 과정과 더불어 항공산업에서 RFID 도입이 가져다주는 업무변화와 효과를 설명할 것이다. RFID 기술에 많은 예산을 지출하고 있는 미국 정부는 2009년까지 RFID 관련 예산을 120%로 예산을 급격히 늘릴 계획을 수립하였다(Jacques, 2005). 무선 주파수 통신을 이용한 물품의 식별의 수단으로 RFID 기술은 간과할 수 없이 매우 중요하다. 그렇기 때문에 현재 막대한 양의 정보를 처리할 수 있는 RFID 시스템 구축을 준비 중에 있다.

1) [역주] 국방병참국은 미 국방부에 군수물자를 조달하는 기관으로 국방부 산하 26개 국방병참국은 2007년 1월부터 모든 공급업체에 RFID 부착할 것을 의무화하고 있다.

국방 RFID 발전 역사

항공산업 및 군수산업과 관련이 있는 조직은 전략적 우위를 차지하기 위해 기술에 있어서 주도권을 확보하기 위한 경쟁을 하고 있다. 인터넷 기술의 도입과 중금속을 더욱 강력한 합성물질로 대체하고, 지침을 제시하고, 새로운 시스템을 도입하고, ERP 시스템을 개발하려는 노력에서부터 RFID 기술 도입, 시험, 확산에 적극적인 자세를 취하고 있다. 성공적인 RFID 도입의 선두업체는 엄청난 경쟁우위를 확보할 수 있는 것으로 간주되어 왔으며, 비용이 많이 드는 새로운 시도는 운영상의 효율을 극대화하는 대가로 인식되고 있다. 기술의 가치를 증명하면 일반적으로 도입의 속도가 가속화되며, 가장 최근의 진보된 사례로 인정된다.

미 국방부는 공급업체에게 RFID 기술 도입을 요구하는 방침을 발표했다. 이는 아직 신생 개념인 RFID 기술에 대하여 공급업체의 투자를 촉진시켰다. 이 요구사항을 받아들인 기업들은 RFID 기술 도입으로 공급망 전체의 업무가 개선되는 효과를 거둘 수 있다는 사실을 발견하였다. RFID 도입 효과는 과거에 비해 적은 노동시간으로 재고관리가 가능해졌고, 비용이 감소되었고, 자산의 가시성이 개선되었고, 공급자에서 최종소비자까지의 공급망에서 혁신적인 업무처리가 가능해졌다. 기업들은 RFID 기술 도입에 대하여 "RFID 기술의 도입 말고는 다른 대안이 없다고 생각한다." 또는 "업무 혁신을 위한 모든 방법이 RFID 기술에 존재한다."라는 태도를 취하였다.

미 국방부는 기본적으로 능동형 RFID 태그와 초기에 선호된 방식인 수동형 RFID 태그를 모두 사용한다는 방침을 정하였다. 또한 이 방침은 기업들의 RFID 기술 도입을 촉진하는 비즈니스 관행을 만들어 주었다. 미 국방부가 발표한 RFID 지침에 의하면, "군 당국과 관련 부서는 공급업체와의 계약에 있어 RFID 태그 부착을 요구하고, 공급업체는 팩에 든 군 비상식량, 의복, 도구, 개인물품, 무기수리 등에 필요한 각종 부품을 캘리포니아주와 펜실베이나주에 위치한 국방병참국 두 곳으로 보내야 한다."고 제시하고 있다(Violino, 2005, p.33). 초기에 수동형 RFID 태그를 통해 얻고자 했던 성과는 다양한 노력으로 달성하였다. 일부 공급업체가 바코드 시스템에서 RFID 시스템으로 전환을 시도하는 동안 두 시스템 모두 얼마 동안은 함께 사용해야 한다는 점을 발견했다. RFID 시스템은 문자 그대로 상품 간의 통신이 가능하다는 점을 보여주면서 RFID 기술의 장점이 기대된다. 이런 장점은 실시간으로 가시성을 확보하고 통제가 가능한 상황에서 물품, 컨테이너, 수송차량에 대한 빈번하고 효율적인 추적이 가능하게 한다.

사막의 폭풍작전2)에서 얻은 교훈

[그림 6.1]과 같이 걸프전이나 사막의 폭풍 작전에서의 상황은 병참3) 술상에 특별 문제를 유발해서 결국 군의 요구사항이 받아들여지는데 일조했다는 사실을 알 수 있다. 이러한 전투에서는 작전을 수행하는 주둔지 근처에 이용 가능한 무기 저장고가 없었으며 사막이라는 개방공간은 결코 호의적이지 않았다. 이 작전에서 미군은 기존의 병참에 관행에 비판을 받았다. 반면, 적군에게 압도적으로 유리한 환경에도 불구하고, 전쟁은 미국의 승리로 끝났다. 그 이유는 군수품 공급업체가 군사 작전을 신속하게 지원했기 때문이다.

2) [역주] 사막의 폭풍(Desert Storm) 작전은 1991년 걸프전 당시 미군을 중심으로 한 연합군의 바그다드에 대한 공습 작전명으로 이라크의 쿠웨이트 침공이 계기가 되어 1991년 1월 17일부터 1991년 2월 28일까지 33개 다국적군이 이라크를 상대로 벌인 전쟁이다.

3) [역주] 병참[兵站]은 작전부대에 대해서 군사작전에 필요한 인원과 군수물자를 충원 또는 보급 지원하는 군의 기구이다.

그림 6.1 사막의 폭풍작전에서의 크로스도킹(Cross-Docking)

한편, 미군은 28,000개 이상의 선적 컨테이너의 내용물을 확인할 수 없었다. 그래서 미군 지원을 위해 동원된 군사 인력의 60%를 다시 재배치해야 했다(Macmillan-Davies, 2003, p.8). 군사임무가 완수되었을 때, 군수품을 통합관리 할 수 있는 시스템 및 추적 시스템이 없었다. 또한 군수품의 잉여분에 대한 위치를 확인하는 것이 불가능하여, 보급을 요청하는 부대에 잉여 보급품을 공급할 수 없었던 것이다. 결과적으로 잉여 군수제품의 일부는 재고추적조차 할 수 없었다.

팔레트에서 포장상자 및 개인 물품에 이르기까지 공급품의 위치를 파악하는 것은 군수물자 보급을 위해 필요하다. 그러나 미 국방부는 전투준비를 완료한 군인들을 만족시키는데 어려움을 경험했다. 미 의회는 미 국방부가 민간 기관을 모방하여 몇몇 임무에 RFID 기술을 성공적으로 구현한 전력이 있음에도 불구하고, 미 국방부가 보다 성공적인 모범 사례를 학습하고, 이를 적용해야 한다는 의견을 제시했다. 결과적으로 국방부분의 다양한 분야에 걸쳐 많은 개선 노력이 수행되었다.

2005년 2월, 군 관계자 및 계약 공급자 대표 천여명이 워싱턴에 모여 국방산업 활성화를 위한 미 국방부의 RFID 활용 전략 3차 총회를 열었다. 군사 목적에 적합한 RFID 기술 이용에 대한 공약과 요구사항을 강조한 후, 미 국방부 대표는 군수물품의 4개의 카테고리에서의 공급자 주도 수송을 펜실베니아주 서스퀘한나(Pennsylvania, Susquehanna)와 캘리포니아주 샌와킨(California, San Joacquin)의 물류센터에서 시작해야 한다고 주장했다. 군인, 민간대표, 공급업체 대표자가 참여한 이틀간의 회의는 향후에 발생할 수 있는 문제점과 이에 대한 해결책 탐색에 초점을 맞추어 진행되었다. 미 국방부의 RFID 기술 도입 노력은 전투에 참여하는 육군, 해군, 공군을 지원하기 위해서이다. 2006년 1월까지 버지니아주 노퍽(Virginia, Norfolk)[4]의 병참부와 해군 비행기지의 항공터미널을 포함한 32개 기지와 병참부에서 RFID 태그를 도입하였다. 미 국방부는 2007년까지 모든 군사지역으로 군수품을 납품하는 공급업체는 RFID 태그 사용을 의무화했고(Connolly, 2005), 2010년까지 국방병참국이 운영하는 대규모 병참부로 선적되는 팔레트와 케이스에 수동형 RFID 태그 부착을 의무화했다.

Northrop Grumman사의 ALT센터장인 Peter Langworthy의 말에 의하면, "미 국방부는 군인들에게 군수품이 정시에 도착한다는 확신과 가시성을 제공해서 임무를 수행할 시점을 결정할 수 있도록 하기를 원하고 있다."고 언급하고 있다. 미 공군에 군수품을 납품하는 Northrop Grumman사는 그들이 처한 가장 중요한 문제를 어떻게 RFID 기술을 이용해 미 공군의 요구사항을 충족시키고, 더불어 이익을 창출하는가 이었다(Purdum, 2004). 이 문제에 대한 긍정적인 해답은 미 공군과 이 회사의 상호 수익성을 창출해 줄 것이다. 이 회사는 2004년 버지니아주 윌리엄즈버그(Virginia, Williamsburg)에서 미군에 RFID 장비를 공급하는 600

4) [역주] 미국 버지니아주의 동부에 있는 항만도시로 물류산업이 발전한 전략적 요충지이다.

만 달러의 계약을 했다고 Peter Langworthy가 밝혔다.

미 국방부가 주도하는 변화의 중심은 세계적인 공급망 관리시스템과 결합하여 국방물류 및 글로벌 공급망시스템(Defense Logistics and Global Supply Chain Management System)을 만드는데 있다. 미 국방성의 구매, 기술 및 병참담당 차관은 국방부 병참 사령관으로 지명되었다. 이 국방부 병참 사령관은 군수물품 공급업무의 책임자로써 미국 수송사령부(U.S. Transportation Command: USTRANSCOM)의 총괄적인 지휘를 책임진다. 이 프로젝트는 군대의 공급망을 강화하고 보급품의 도착 예정 상태를 전투 지휘관에게 사전에 알려 주려는 의도에서 시작하였다.

군대의 병참기술의 현대화를 위해 수행되었던 많은 테스트와 시도를 통해 RFID 기술이 1차 걸프전에서 낭비의 발생과 대규모의 자산의 손실을 추적해서 재발을 방지하는데 효과가 있다는 사실을 증명했다. 마침내 국방병참국은 2003년까지 모든 군대 자산에 RFID 태그를 부착해 추적을 가능하게 해야 한다는 내용을 발표했다. [그림 6.2]에서 기존의 다양한 기술이 묘사된 것처럼, 이 과정은 UID(Unique Identification)를 도입하기 위한 병참국 입장의 일부였다. 이 과정의 기대효과는 재고의존도를 낮추고 군사작전과 특수임무에 장비를 신속히 동원하기 위한 민첩성을 확보하는 것이었다. 이 정책을 수행하는 과정에서 많은 업무의 변화가 이루어졌지만, 기본 목표는 변하지 않았다. RFID 정책은 공급자가 2005년 2월부터 수동형 RFID 태그를 가장 낮은 단위의 포장 즉, 부품, 케이스, 팔레트에 부착해야 하는 사항을 포함하고 있다.

미 국방부는 초기에 공급업체가 납품한 고가의 품목에 초점을 맞추었고 공급업체가 RFID 태그 비용을 부담하도록 요청하지 않았기 때문에 RFID 태그 비용은 조달 계약에 포함되었다. 물론, 공급업체도 RFID 리더기를 구입하고, RFID 인프라를 구축하기 위해 투자를 해야 한다(Violino, 2005, p.32). 전체 공급망에서 자산을 추적하는 일은 더욱 효율적인 공급망에서 자산관리를 가능하게 해줄 것이다. 물품정보가 정보시스템에 입력되는 순간부터 물품에 대한 가시성이 확보되기 때문에 안전재고관리의 필요성은 줄어들고 재고부족 현상도 없어질 것이다. 무선 통신망으로 보급품 정보에 대해 원거리 접근이 가능한 RFID 기술로 공급품, 기계, 장비의 위치와 상태를 모니터링하고 분석한다. 미국, 영국, 캐나다의 군대 공급망은 RFID 기술을 기반으로 하는 시스템을 도입했다.

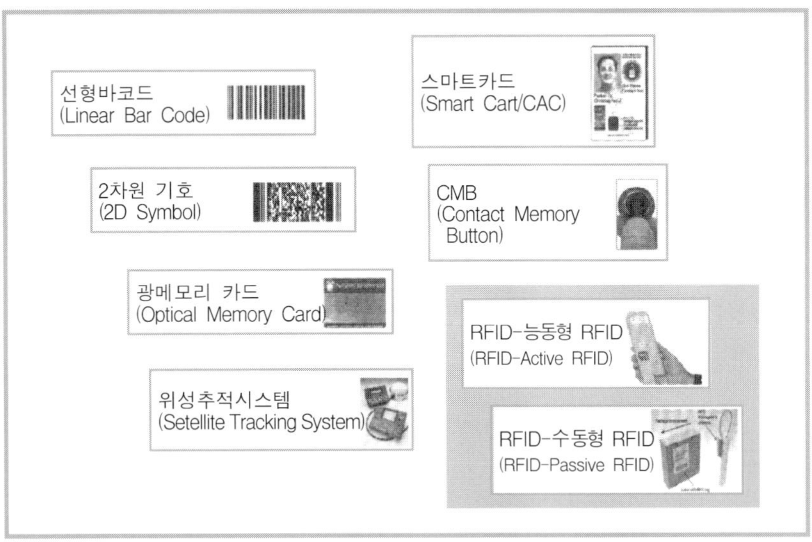

그림 6.2 미국방부의 자동추적 기술

(출처 : www.dodait.com)

RFID 기술을 이용한 자산의 가시성 확보 및 라이프 사이클 관리 기능이 새롭게 등장함에 따라, 미국은 아프가니스탄에서 항구적 자유 작전에서 유리한 상황으로 전쟁을 이끌었다. 이러한 노력이 결실을 맺는 과정에서, 전쟁지휘관은 전쟁터로 반입되는 군수품을 상자에서 꺼내지 않고 확인 가능한 가시성이 필요하다는 사실을 발견했다. 2차 걸프전(이라크 자유 작전)에서 미 국방부는 많은 데이터가 수록된 능동형 RFID 태그를 전쟁터로 반입되는 모든 군수품에 부착하도록 요구했기 때문에 군수품 공급업체는 기술의 발전으로 얻은 혜택을 확인하기 시작했다. [그림 6.3]의 메모에 발표된 요구사항은 RFID 기술 도입을 추진하는데 도움이 되었다. 이 노력은 수송중인 물품의 가시성을 포함하는 전체 자산의 가시성 확보 방안으로 재빠르게 확대되었다. RFID 기술을 활용해서 공급담당자는 컨테이너를 개봉할 필요도 없이 수백 개의 컨테이너를 조사해서 특수한 혈액형의 혈장이나 사이즈 11-D[5] 신발과 같은 특정 품목의 위치를 확인할 수 있게 되었다.

Ultimately, the warfighter requires visibility in order to exercise directive authority. We must expand active RFID across the log chain, linking the islands to create seamless visibility. At the same time, we must drive RFID as a transactional medium, bringing it into the business and transaction process, rather than continuing to treat it as a parallel universe. We need to develop total asset visibility (TAV), not just in-transit visibility, and include in TAV tactical logistics visibility, extending to the warfighter.

Propent(s)	Office of Primary Responsibility (OPR)
OSD	ADUSD (SCI)

그림 6.3 RFID 기술의 현실화 : 이라크 자유 작전

병참 분야의 현대화 노력을 통해 얻을 수 있는 비전은 자산이 수송중이거나 사용중이거나 또는 처리중인 것과 상관없이 전군의 재고전반에 걸친 군(軍) 자산의 가시성을 확보하는 방향으로 나아가고 있다. 또한 병참 담당 장교는 보급품의 위치 및 제품의 이용가능성을 모니터해서 전투

5) [역주] 미국신발사이즈 11-D는 한국 사이즈로 285mm에 볼이 최대로 큰 신발이다.

병에 대한 지원을 계획하고 실행할 수 있다. 2004년 2월 20일에 국방부 차관은 RFID 정책의 개정을 발표했다. 이 개정안은 2004년 10월 1일 이후부터 모든 보급품에 대한 케이스, 팔레트, UID 품목 포장 단위에 수동형 RFID 태그 사용을 의무화하고, 2005년 1월 1일 이후부터는 전제품으로 확대 적용될 계획이었으나, 이 계획은 2005년 2월로 연장되었다.

군(軍) 환경내의 RFID

[그림 6.2]에 나타난 것처럼, 우리는 미 국방부가 다양한 RFID 추적 기술을 이용했다는 사실을 알 수 있다. 바코드는 오랜 역사를 갖고 있지만, 스캐너와 바코드 사이의 직접적인 접촉해야 하는 문제점이 있다. 반면에 RFID 기술은 물품의 상세한 수준의 정보를 제공하지만, 바코드 라인이 인식을 위한 스캐닝 과정이 없는 장점이 있다. RFID 정보가 무선전파를 통해 송신되기 때문에 많은 수의 RFID 태그를 동시에 원거리에서도 읽는 것이 가능하다. 이러한 장점 때문에 RFID 기술을 군에 적용 시 군사 작전지의 환경(먼지, 온도, 습도, 기름 등의 악조건)에 상관없이, 수천 개의 RFID 태그를 실시간 읽을 수 있다. 대부분의 바코드는 다양한 상품을 인식하지만, 제한된 내용의 정보를 수록하고 각각의 특정 품목에 대한 유일한 확인인자를 갖고 있지는 않다. 반면, RFID 기술은 보급품이 필요한 군사작전지로 이동하는 과정에서 RFID 태그에 추가정보를 입력할 수 있다.

민간 기업은 다양한 RFID 기술 활용을 위해 고민하고 있다. 미 해군은 인명구조를 위해 RFID 기술을 활용하고 있다. 미 해군은 전문의료협력시스템(Tactical Medical Coordination System: TacMedCS)을 활용하여 진료가 어려운 상황에서도 병원의 행정 업무를 간소화하고, 실수를 줄임으로써 향상된 의료서비스를 제공하고 있다 이라크의 해군3함대병원에 입원한 환자는 치료를 받는 동안 각자에게 유일한 ID번호를 담은 RFID

팔찌를 착용한다. 의사와 간호사는 팔찌를 스캔하여 환자정보, 병명, 치료사항과 상태를 기록하고 이 정보는 중앙 데이터 시스템으로 전송된다.

RFID 기술을 활용하는 전문의료협력시스템은 남북전쟁 때부터 이용해왔던 노동력이 많이 들고 결함이 잦은 수동기록시스템을 대체했다. 의사들은 부상병이 병원으로 이송되기 전에 부상병의 신원을 확인하기 위해 전쟁터에서 RFID 태그를 활용할 수 있고, 데이터베이스에 대한 접근이 가능하기 때문에 막 도착한 병사에 대한 치료에 앞서 준비를 하는데 의사에게 많은 도움을 준다. 또한 미국에서 의사는 병사가 부상을 당했는지를 판단하기 위해 정밀한 데이터를 살펴볼 수 있고, 그런 다음 질병의 악화를 막기 위한 방법을 모색할 수 있다. 또한 연구원들이 걸프전 증후군과 같은 의학적인 현상을 이해하기 위해 방대한 의료 데이터베이스에 확보할 수 있는 길을 제공한다(Ewlt, 2003, p.57).

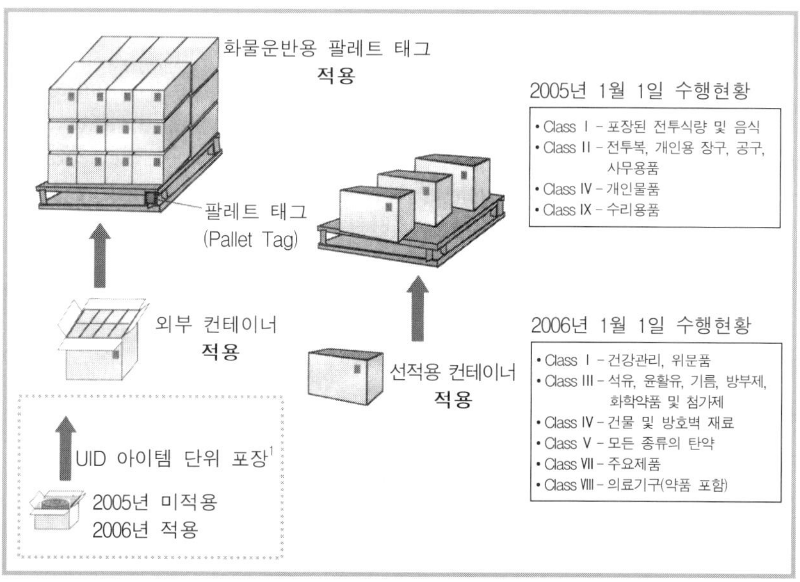

그림 6.4 미 국방부의 RFID 도입을 위한 요건

[그림 6.4]는 클래스 코드에 따른 활용내역을 상세히 설명하고 있으며, 미 국방부의 팔레트에 담긴 선적단위로 RFID 태그를 부착하라는 행동요구사항을 보여준다. 컨테이너 외부에도 RFID 태그를 부착해야 하고, UID 단위품목은 2005년 2월까지 RFID 태그를 부착해야 한다. 모든 UID 포장은 2006년까지 수동형 RFID 태그의 부착을 의무화 하고 있다. 이런 요구사항이 어떻게 이행되는지 보여주는 한 예로써, [그림 6.5]는 식료품 박스 상단에 보호물질이 감싸고 있는 EPC 태그를 보여준다. 그림 오른쪽에, Type3 돌출형 RFID 태그가 비상식량 보급품 팔레트에 부착되어 있다.

Type 1 전자상품코드(EPC)가 각각의 식료품 상자모서리에 부착되어 있다.

Type 3 돌출형 태그가 비상식량 보급품팔레트에 부착되어 있다.

그림 6.5 미 국방부의 RFID활용

미 국방부가 공급망 내의 모든 군수품을 개별 확인하려는 의도와 UID 생성 절차가 [그림 6.6]에 나타나 있다. 제조나 상품인도를 통한 제품명세의 획득 및 배치에서 군대나 군사작전지의 도착에 이르기까지, 데이터는 상품의 흐름과 함께 갱신된다. 유일한 인식인자는 모두 태그에 담겨서 실시간으로 정확한 추적이 가능하게 되면서 손실물품이 없어지게 된다. 시스템 구현을 위해 다양한 자동인식기술(Automatic Identification Technology: AIT) 장비를 활용된다. [그림 6.7]은 바코드, RFID 태그, 접촉식 기능칩, 광메모리 카드, 스마트카드를 포함한 여러 장치를 보여주고 있다.

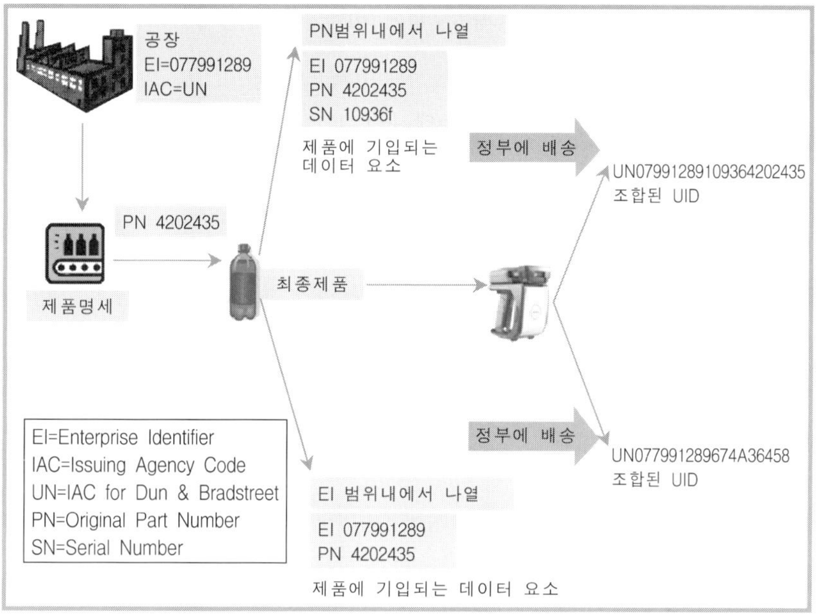

그림 6.6 UID 생성절차(자료: 미 국방부의 상품 유일식별방법, Ver 1.3, 2003. 11.25)

미 국방부의 RFID 기술 도입을 통해 얻고자 하는 기대효과는 폭넓게 정의된 목표범위에서 찾아볼 수 있다. 군대는 컨테이너 내용물에 대한 접근이 가능해 짐으로 인해 궁극적으로는 컨테이너 내부의 가시성 확보를 기대한다. 수송 과정에서의 가시성은 교점, 터미널, 물류기지의 출발점에서 최종도착지까지 계속 유지된다. 고유번호(Serial Number)는 공급과정 전반에 걸쳐 추적이 가능해지면서 무기, 전투 시에 최우선으로 필요한 물품, 특히 중요하게 취급해야 하는 물품에 대한 접근이 이루어진다. 물품수령(Receipt), 방출(Issue), 저장(Storage), 포장(Packing), 적재(Loading), 하역(Unloading), 재고(Inventory)는 명확해지고 시스템 내에서 지속적으로 기록된다. 부대이동, 장병추적, 필요한 장비 및 보급품은 항상 시스템 접속을 통해 확인할 수 있다. 장비의 상태에 대한 보고와 유지보수 기능이 이용 가능하게 되고, 수송부대의 재배치, 품질관리감시, 전자의료기술, 환자추적관리가 가능해 지는 것을 기대하고 있다.

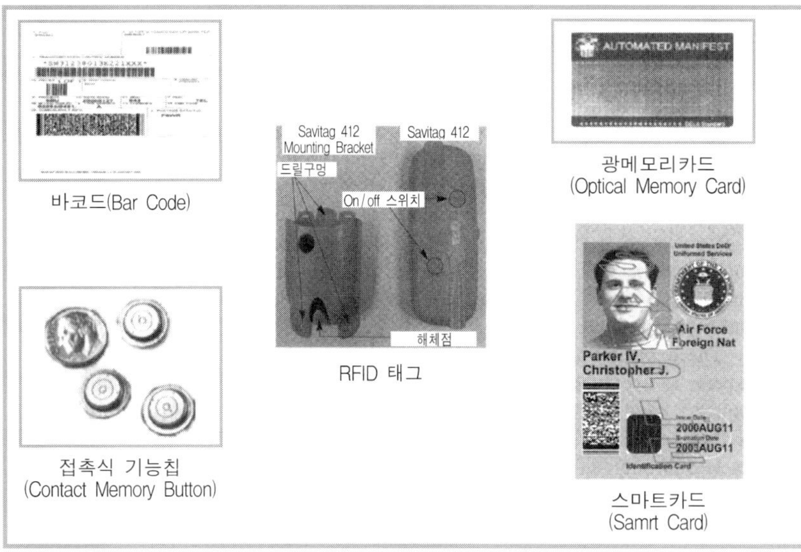

그림 6.7 자동인식 장치

가시성 확보와 협업

미 국방부 차관 Michael S. Wynne은 『대서양 협력을 위한 사례: 미국의 입장에서』라는 연설에서 RFID 기술이 미 국방부에게 매우 중요한 이유를 설명했다. 그는 "세계 최대의 유통업체인 월마트가 물류부분에서 혁신을 달성하였다. 이는 미 국방부가 RFID 시스템을 도입할 필요가 있다는 사실을 확인해 주었다. 따라서 우리는 RFID 기술 도입을 위해 월마트와 제휴관계를 맺었다. 이를 통해 수년 내에 업무 혁신이 이루어 질 것으로 기대되지는 않지만, RFID 기술 도입으로 향후에 개선할 수 있는 부분에 대하여 우리는 RFID 기술 도입을 위한 준비를 할 것이다. 우리는

UID와 RFID 기술적용에 있어 여러분의 혁신적인 아이디어를 기대하고 있다. 여러분의 노력들은 국제화에 있어서 우리에게 큰 도움을 줄 것이다."라고 하였다.

위 연설을 통해 Michael S. Wynne은 향후 군사작전에 대한 다음과 같은 견해를 내놓았다. 국제 정보망은 확장된 군공급망의 범위를 넘어서 전개될 것이다. 연구와 개발, 구입, 저장, 작전지로 이동에 대한 테스트와 평가에서 전술적 이동과 배분에 이르기까지의 협력전투조건은 최첨단의 통신 및 추적 기술과 조우할 것이다. 광범위한 분야에 걸친 협력을 통해 군의 RFID 기술 도입을 위한 공급업체들은 RFID 기술을 도입하고 시스템 상에서 취약하거나 빠진 부분이 없도록 유지할 것을 요구받게 될 것이다.

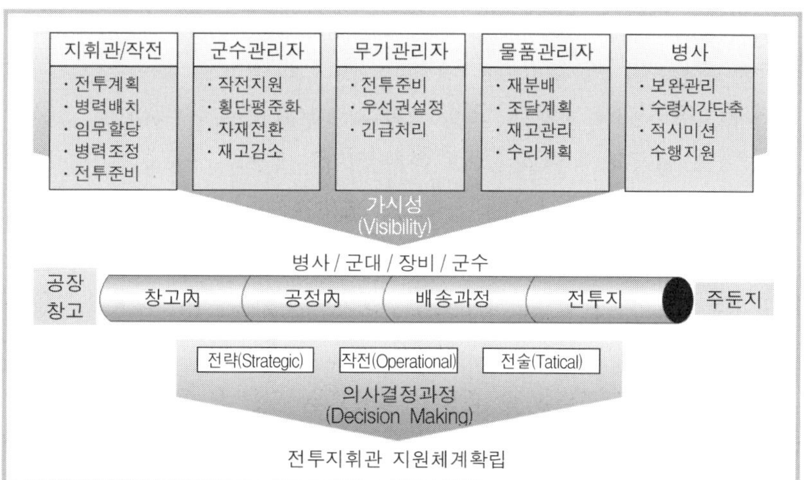

그림 6.8 종합적인 군(軍)자산관리 가시화

이 시스템이 완벽하게 기능을 발휘하면, [그림 6.8]에서 묘사된 상황이 보편화되고, 전투지휘자는 새로운 군대의 핵심 목표인 종합자산관리 가시화를 통해 지원을 받을 수 있게 될 것이다. 가시화를 통해 군사작전은 즉흥적으로 계획을 결정할 수 있다. 이를 통해 병력배치, 임무 할당, 병력의 준비성을 향상시킬 수 있다. 병참 담당자는 군사작전 시 지원 문제를 보다 정확히 파악해서 가장 필요한 지역으로 군수품을 보냄으로써 공급품의 크로스-레이블링(Cross-Leveling)의 효율성을 개선할 수 있다. 무기관리자는 철저한 준비를 통해 공급의 우선순위를 결정하고 적재적소에 무기를 보낼 수 있다. 물품관리자는 재분배 업무를 효과적으로 수행해서 조달, 재고 관리, 보수결정과 같은 사항을 보다 효율적으로 관리한다. 마지막으로, 전투병은 그들을 지원하는 병참시스템을 더 신뢰할 수 있고, 일반적으로 줄어든 주문에서 배송까지의 사이클 타임과 적기의 임무지원시스템을 믿고 의지하게 될 것이다. 공장이나 보급기지에서 개인 참호까지 병사, 부대, 장비, 공급품은 정확하게 배치되고 추적이 가능하게 된다.

미래의 비전을 수립하는 과정에서 중요한 구성요소는 수송 중인 물품에 대한 가시성의 확보이다. 수송 과정의 가시성은 RFID 기술과 자동인식기술을 이용해서 모든 종류의 공급품의 이동에 대한 최대의 가시성과 실시간 이동 상태를 파악하여 제품의 최종 이용자에게 정확하게 제공하는 능력을 보유하게 된다. 가시성은 공급의 시작에서 최종 사용자의 소비 단계까지 모든 공급품의 이동을 위치를 확인하고 추적한다. 군 조직을 위한 ITV 구조는 [그림 6.9]와 같이 구성된다. [그림 6.9]를 살펴보면, RFID 태그, 서버, 호출기, 중간 구성요소가 적절한 위치에 놓여 있다. 케이블 연결의 결합, 무선 주파수 데이터 교환, 운영용 모뎀을 이용하는 시스템은 종합자산관리 가시화를 가능하게 하는 수송과정의 제품 추적 방법을 제공할 것이다.

RFID 태그에 정보를 기록할 수 있는 소프트웨어를 이용해서, 데이터는 손에 쥐는 형태의 호출기나 포털스테이션(Portal Station)[6]을 통해 RFID 태그에 기록된다. RFID 태그에 저장되는 데이터는 TC-AIMS II, TC_ACCIS, SARSS, SAAS-MOD 등과 같은 자동정보시스템에서 나오는 정보를 기록한다. 자동정보시스템은 일반적으로 RFID 태그 정보기록 소프트웨어와 같은 컴퓨터에 다운로드 된다. RFID 태그 정보기록 소프트웨어는 지역 ITV 서버로 RFID 태그 데이터의 복사본을 전송한다. 이 단계에서는 지역 ITV 서버에 질의하고 보고하는 과정을 통해 장비와 공급품의 추적이 가능해진다. [그림 6.9]에서 지역 서버에 보낸 데이터는 선적되는 화물과 장비의 입력단계(Point of Entry: PoE)와 배송단계(Point of Delivery: PoD)에 기초해서 다른 지역 ITV 서버로 복사된다.

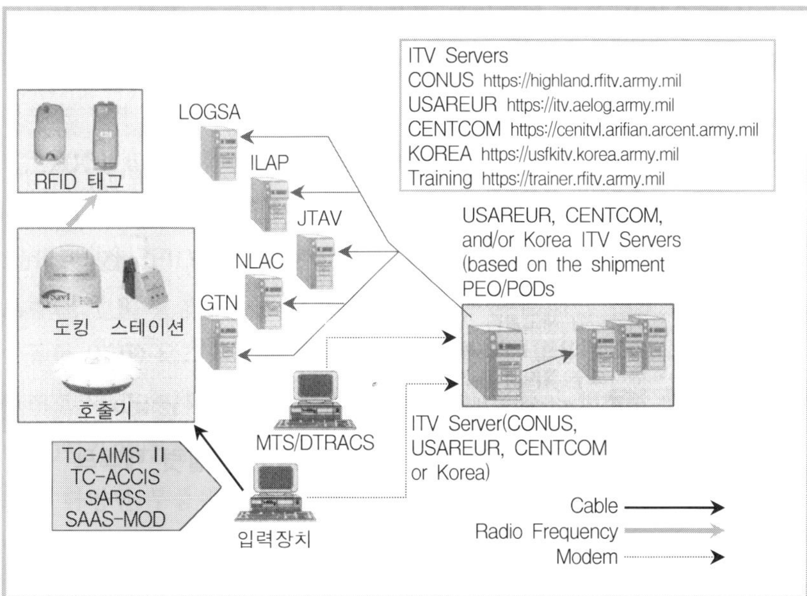

그림 6.9 ITV 구조

6) [역주] 포털스테이션은 공항의 보안 검색대와 같이 관문형태의 게이트를 의미한다.

업체에 RFID 기술을 도입하는데 최선을 다하고 있다.

미 국방부의 요구사항은 RFID 기술 도입을 통해 업무를 개선하려는 것이지만 민간 유통 및 소매분야와는 달리, 군수물품 조달에 참여하는 공급업체가 투자에 대한 이익을 얻도록 하는데도 관심을 가져야 한다. RFID 기술 도입을 위한 노력은 2005년의 기존 목표를 넘어 공급업체의 수가 단계적으로 확대되고 있다. 이는 RFID 기술이 가치가 있음을 증명하는 것이다. 이에 따라 RFID 기술 수용 사례가 증가할 것으로 기대된다. 항공업체와 방위산업체는 RFID 기술을 도입하는 선봉에서 길잡이 역할을 수행할 것이다. 현재 많은 산업계에서 RFID 기술을 도입하고 있는 가운데, 항공업체와 방위산업체 전역에 걸쳐 RFID 기술에 대한 지속적인 도입이 기대된다.

Chapter 7

소매영역에서의 RFID 기술 활용

미래의 공급망에서는 커피 한 캔, 면도날 한 통, 신발 한 켤레, 탄약 한 상자 등 수출로 들어오는 상품에 아주 미세한 칩을 내장시켜 센서를 통해 상품 관련 정보를 수집할 수 있게 될 것이다. 소매업체에게 이러한 시나리오는 무슨 의미를 제공해 줄까? 이 질문에 대한 해답은 RFID 기술을 통해 소매업체들은 관리상 발생할 수 있는 문제점을 해결할 수 있게 되고, 필요한 상품을 적재적소에 배치함으로써 품절이 일어날 가능성을 줄이며, 인건비 절감 및 단품관리를 통한 내부 직원의 상품 절도행위를 줄이는 것이 가능해 진다. 소매업체가 RFID 기술을 도입함으로 얻을 수 있는 잠재적 이익은 인건비 감소와 상품의 절도 감소를 통한 비용감소이다. 즉, 소매업체는 RFID 기술 도입으로 비용 감소를 통한 이윤 증가를 예상할 수 있으며, 이로 인하여 상품의 가격을 낮춤으로써 소비자에게 그 이익의 일부를 환원할 수 있게 된다.

RFID 기술의 도입이 기업에게 예상하지 않은 수익을 제공하는 가운데 소매업체에 납품하는 상향식 협력업체[1]는 RFID 도입을 강요받아 소매업체의 RFID 도입에 반하는 견해를 취할 가능성이 있다. 소매업체에게 제품을 납품하는 공급업체는 일반적으로 소매업체와의 협력을 위해 RFID 시스템을 도입하지만 RFID 도입으로 실질적인 이윤을 얻지 못했다. 그렇기 때문에 공급업체는 지금까지 RFID 기술 도입을 강력히 반대하고 있다. 이러한 소매업체와 공급업체의 줄다리기식 힘 싸움은 RFID 기술 도입 과정에서 극복해야 하는 중요한 문제로 부각되고 있다. RFID 기술을 도입하는 소매업체와 그들에게 제품을 납품하는 공급업체는 RFID 기술 도입에 더 많은 투자를 해야 한다. 공급업체와 소매업체는 RFID 기술을 도입함으로써 경영성과가 개선된다는 사실을 명확히 하기 위해서 다양한 적용시험(Pilot Test)[2]을 수행해야 한다. 현재의 상황에서 중요하게 고려해야 할 부분은 공급업체와 소매업체가 한정된 인프라에 신중히 투자를 고려해 RFID 기술이 공급망 전체에 적용되었을 때 실제 투자되는 비용과 이에 따른 이윤이 어느 정도 증가할 것인가를 명확히 하는 것이다.

본 단원에서는 소매업계의 RFID 도입 현황을 분석하고 RFID 기술 도입을 통해 얻을 수 있는 가장 큰 장점인 인건비와 도난률 감소에 대해 설명하고자 한다. RFID 기술 도입을 통해 얻게 되는 이 두 가지 성과는 수세기 동안 소매업체에게 중요한 부분으로 인식되어 왔다. 소매업체는 RFID 기술 도입으로 효율적인 재고관리와 품절관리를 통해 인건비를 절감할 수 있다. 소매업체가 현재 RFID 기술을 도입하지 않는다면, 매장에서 발생하는 인건비와 도난에 따른 손실을 소비자에게 전가하는 것이 된다. 소매업체가 현재의 상황에서 RFID 도입에 있어 문제점이 무엇인지를 정확히 파악한다면, RFID 기술 도입에 강력히 반대하는 공급업체의

---

1) [역주] 상향식 협력업체(Upstream Supplier)는 모기업에게 원자재와 부품을 납품하는 업체로 하향식 협력업체(Downstream Supplier)와 상반된다. 하향식 협력업체는 모기업의 제품을 판매하거나 서비스를 제공하는 업체를 의미한다.

2) [역주] 적용시험(Pilot Test)은 새롭게 개발된 기술을 실제적으로 적용하기 이전에 문제점이나 활용성 등을 알아보기 위해 수행하는 시험이다.

움직임을 완화시킬 수 있는 방법을 찾을 수 있을 것이다. 본 단원에서는 위와 같은 문제점을 살펴보고, 이외에 새로운 RFID 기술을 소매업체의 공급망에 도입하도록 유도할 수 있는 다른 요소들도 살펴보고자 한다.

심각한 관리 문제에 직면한 소매업체

소매업체는 매일 매일 심각한 경쟁 상황에 직면하고 있다. 최근 몇 년간 소매업계는 효율적인 재고관리를 위한 통제 시스템 구축과 보안기술 도입에도 불구하고, 상품의 절도로 인하여 매년 4~5% 정도의 손실이 발생하고 있으며, 이에 따른 재고관리 문제를 경험하고 있다. 미국의 전체 소매업체들의 사기, 절도, 재고손실로 인해 발생하는 손실 비용은 약 300억 달러로 추정되지만, 실제 정확한 비용을 계산할 수 없기 때문에 더 많은 손실 비용이 발생하는 것으로 추정되고 있다.

손실이 발생하는 상황을 살펴보면, 상점에 근무하는 직원이 필요한 상품을 돈을 지불하지 않고 가져가는 일이 빈번하게 발생한다. 또한 상품을 선적하거나 하역하는 업무를 담당하는 직원이나 계산대 직원, 그리고 상점 운영자와 친분이 있는 사람들은 비용을 지불하지 않고 상품을 가져간다. 재고손실의 약 50%는 직원들이 저지른 절도에 의한 것이다. 소매업체의 손실 중 상품 절도에 의한 손실액이 약 30%를 차지하고 있으며, 행정상의 실수로 인해 손실이 15%, 물품 공급자가 부당한 요금청구 등의 사기로 인한 손실이 나머지 5%를 차지하고 있다. 소매업체는 이 손실을 만회하기 위해 상품의 판매 가격을 올리게 되고, 실질적으로 소비자가 소매업체의 모든 손실의 대가를 지불하게 된다. 이것은 소매업계가 풀어야 할 중요한 문제이다.

소매업체는 다양한 방법으로 선진화된 기술 도입을 통해 이러한 문제를 해결하고자 노력해왔다. 구체적으로 상점 주인은 디지털 기록기술의 발전에 힘입어 기존의 아날로그 테이프를 디지털 테이프로 교체해 모든 거래 상황을 비디오로 녹화하는 것이 가능해졌고, 또한 새로운 소프트웨어를 이용해 POS[3] 데이터를 메인 컴퓨터와 연결시킴으로써 의심이 가는 거래에 대해 실시간 확인이 가능해졌다. 이를 통해 상점 주인은 거래 내용의 상세 내용 검색에 소요되는 시간과 노력을 줄일 수 있었다. 현재까지 실용화 단계는 아니지만 RFID 기술은 스마트카드를 이용한 생체보안 분야에서의 활용방안이 긍정적으로 논의되고 있다. 또한 기업에서는 RFID 기술 활성화를 위해 상품이나 포장지 안에 미세한 수동 마이크로칩(Passive Microchips)을 내장시켜 이동을 추적관리하거나, Auto-ID 카드 이용을 확대하기 위해 노력하고 있다.

현재 소매업체는 제품의 생산에서 판매에 이르는 모든 경로를 추적할 수 있는 수준에 도달해 있다. 제품이 공급자로부터 저장창고를 거쳐 최종적으로 상점에 진열되는 과정에서 RFID 기술을 이용하면 소매업체는 영업시간에도 수 시간 내에 상점의 재고를 파악할 수 있게 된다. 정보를 읽을 수 있는 RFID 리더기는 눈에 보이지 않는 작은 스캐너로 형태로 대체되다. 이 작은 스캐너는 상점에서 나가는 모든 제품을 기록하고, POS 시스템과 연결해서 어떠한 상품이 판매되고 도난당했는지에 대한 정보를 신속하게 제공한다.

RFID 칩에는 많은 데이터를 저장할 수 있기 때문에 스캔을 통하여 제품이 어디에서, 얼마에 판매되었는지 그리고 그 제품의 값이 어떤 형태로 지불되었는지 즉시 확인할 수 있다. RFID 칩을 통해 제공되는 정보는

---

3) [역주] 판매시점관리시스템(Point-Of-Sale) : POS는 대형할인점이나 편의점 등과 같이 소매업체 금전출납계에 설치된 시스템으로 판매결과를 기록하는 시스템이다.

소매업체에게 또 다른 이점을 제공한다. 예를 들어 도난카드나 불법카드로 상품을 구매하려는 사람이나 훔친 물건을 환불하려는 사람을 사전에 파악할 수 있게 해준다. 한 비디오 렌탈 회사는 RFID 시스템을 도입하여 스캐너와 비디오의 반납 시간을 기록하는 반납상자를 하나의 컴퓨터를 통해 연결하여 업무 효율성을 개선한 활용사례가 있다. 이 회사는 RFID 시스템을 통해서 어떠한 비디오가 대여된 적이 없고 대여가 중단되었는지 쉽게 알 수 있으며, 우연히 그 회사 직원이 개인적으로 친구에게 비디오를 빌려주는 것을 발견하여 조치할 수 있었다.

소매업체는 범죄와의 전쟁을 위해 포장지에서 RFID 태그를 떼어내면 삐 소리를 내는 새로운 품질 표시표(Hang Tag) 도입을 위해 실험 중에 있고, 상점에서 일어나는 실시간 정보를 면밀히 중계하는 고해상도 디지털 비디오 와 상세한 객체 식별방식과 같은 기술을 도입하기 위해 실험 중에 있다. 무게와 부피가 거의 없고 눈으로 식별하기 어려운 RFID 태그는 매장의 천장에 달려있는 RFID 리더기를 통해 인식되어 물건이 도난당했을 경우 물건이 진열 되었던 상점에서 뿐만 아니라 쇼핑몰의 어떠한 상점에서라도 공통적으로 인지할 수 있게 해준다. 또한 RFID 태그가 손상되는 시점에 어느 직원이 근무했는지 확인 가능해지면서 상품도난에 대한 해결 단서를 더 쉽게 찾을 수 있다.

월마트의 RFID 기술 도입 배경

RFID 기술의 도입과 확산의 중심에는 세계 최대의 소매업체인 월마트가 있다. 월마트는 상품식별을 위해 RFID 기술을 도입한 최초의 기업이다. 월마트는 2003년 11월 알칸소주 벤톤빌(Bentonville, Arkansas)에서 상위 100대 주요 납품업체를 대상으로 이틀간의 회의를 소집하여 RFID 기술도입을 선도하기 위한 기업의 행동방침을 발표했다. 월마트는 이 회의에 참석한 100개의 납품업체에게 2005년 1월부터 용기와 팔레트에 RFID 태그를 의무적으로 부착할 것을 요구했다. 그 밖의 납품업체에 대해서도 2006년 1월 1일부터는 RFID 태그가 붙은 용기와 팔레트에 물품을 담아 공급할 것을 지시했다. 진열대에 진열된 개별상품에 RFID 태그를 붙이는 일은 인식률, RFID 태그 비용, 사생활 침해 문제가 완전히 해결되지 않아 현재까지 완벽히 RFID 도입을 추진하지 못하고 있는 상태이다. 월마트가 RFID 기술 도입을 추진할 때 하드웨어, 소프트웨어, 통합기술 제공업체는 이 획기적인 변화에 참여하여 각각의 역할을 수행하였다.

시범적용 과정에서 나타난 비용 문제와 개인정보 침해 문제로 인하여 월마트는 기존의 RFID 도입 계획을 수정했지만 지속적으로 RFID 도입 계획을 추진하고 있다. 월마트는 RFID 기술도입 초기에 텍사스(Texas)에 있는 연구소와 유통센터와 같은 제한적인 환경에서 RFID 기술을 적용하면서 지속적으로 계획을 진행했다. 무엇이 이처럼 강력한 RFID 활용 욕구를 이끌어 내고 있는 것인가? 무엇이 RFID 기술을 도입하는데 있어서 월마트를 선두주자로 만드는가? 아니면 RFID 기술을 도입한 실질적인 이유가 따로 존재하는가? 소매업체 분석 전문가인 Bernstein은 월마트가 RFID 기술도입을 통해 연간 83.5억 달러를 절감할 수 있다는 타당성 분석결과를 제시했다. 이 비용 절감의 대부분은 입고되는 상품의 바코드를 수작업으로 스캔할 필요가 없어지면서 나타난 인건비 절감의 결과이다(Boyle, 2003, p.46).

연매출 3000억 달러와 순이익이 110억 달러인 월마트에게 RFID 기술 도입은 잠재적인 수익창출 기회를 제공해 주었다. 월마트가 어떠한 요인 때문에 공급업체들에게 RFID 기술도입을 유도했는가는 매우 중요한 사안이다. 먼저 [그림 7.1]은 품절로 인해 발생하는 소매업체의 손실을 추정한 것이다. 이 수치는 적게는 2~3%에서 많게는 8%이상에 이른다. 다른 업체가 품절로 인해 매출에서 약 4%의 손실을 보고 월마트가 최고의 수준으로 개선된다고 하면, 월마트의 추가 이익은 120억 달러에 달할 수 있다. 이 이익의 5% 정도가 순이익이라면, 월마트의 이윤은 연간 6억 달러가 증가한다. 물론 대형업체에서나 가능한 수준의 이익이지만, 여기에서 언급한 문제를 경험하는 다른 업체도 유사한 정도의 성과 개선을 이룰 수 있을 것이다.

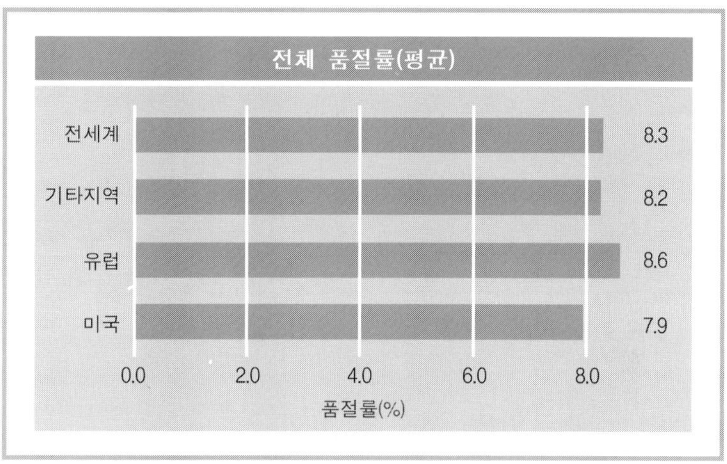

* 소매업계의 품절로 인해 발생하는 손실은 약 4%이다
* 자료 : Greon, Corsten, Bharadway, "Retail Out-of-Stocks Study", 2002

그림 7.1 소매업계의 품절로 인한 손실

월마트의 또 다른 잠재 이익은 [그림 7.2]에 나타나있다. [그림 7.2]를 살펴보면 도난률이 감소되는 것을 볼 수 있는데, 이는 품절률을 감소시켜 얻는 이익과 비슷한 수준이다. 창고에 있는 상품에 대한 물품추적성은 제품의 도난률을 감소시켜 추가적으로 3억 달러의 이익을 얻을 수 있었고, 재고관리 능력의 향상을 통해 1억 8천만 달러의 이익을 얻을 수 있었다. 이러한 모든 이익이 소매업체에게 쟁점이 되고 있는 RFID 기술도입을 유도하고 있다. 또한 RFID 기술 도입을 통해 절감할 수 있는 잠재

인건비는 약 67억 달러에 이른다. 이 수치는 대단히 매력적인 수치이다. 월마트가 RFID 도입을 통해 얻은 성과는 Bernstein이 추정한 수치와 비슷해서 월마트와 같은 소매업체가 왜 RFID 기술도입을 강력하게 추진하고 있는지 그 이유를 알 수 있다.

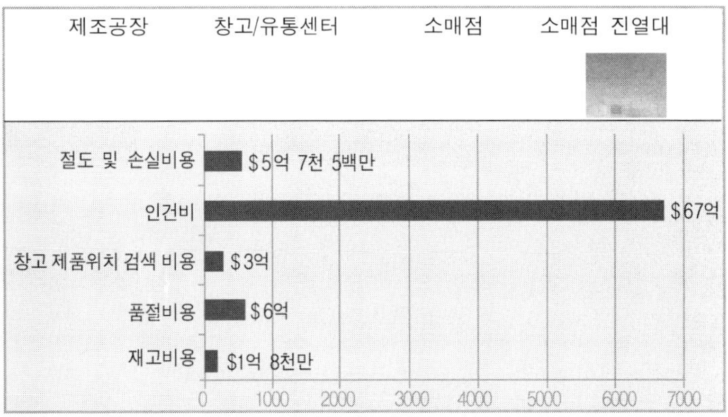

그림 7.2 RFID 기술 도입을 통한 월마트의 기대수익

소매업계 공급망의 새로운 기회

월마트가 두 가지 커다란 성과 이외에도 공급자에서 최종소비자까지의 공급망 전반에 걸쳐 RFID 기술을 도입한 또 다른 이유가 있다. [그림 7.3]에 나타난 공급업체에서 소매업체까지의 공급망을 살펴보면 각 공정 과정 또는 상품의 이동 시점에서 RFID 기술을 활용할 수 있는 다양한 위치가 있다. 공급업체의 공장이나 유통센터에서 RFID 태그를 부착함으로서 어떤 상품이 포장되었는지 식별이 가능해지고, 상품의 손실을 줄일 수 있게 된다. 또한 상품의 선별작업과 포장작업을 수행하는 동안에도 상품의 관리 및 확인 작업은 계속된다. 구매자에게 보낼 맞춤형 팔레트가 쌓여있는 시점이나 상품이 이동하는 동안 모든 사업장에서 상품에 대한 감시 및 확인이 가능하고, 발생하는 손실뿐만 아니라 상품 거래내

역도 기록에 남는다. 또한 추가적으로 상품의 운송 송장을 미리 준비할 수 있도록 하여 업무 프로세스의 일부 과정을 예측하고 계획하는데 도움을 준다. 식품이 반입되는 과정을 살펴보면 해당 제품이 RFID 리더기가 설치된 출입구를 통과할 때 관련된 정보와 추가되는 정보가 RFID 칩에 정확히 기록되어 저장된다. 이러한 과정은 일일이 사람이 관리하지 않아도 되는 능동적 기록, 보고 및 관리과정이 꿈이 아니라 현실로 나타난다. 능동적인 작업환경에서 반송이나 재가공 과정은 RFID 시스템이 추적과 기록 작업을 수행함으로써 처리해야하는 많은 문제 중에서 공급업체와 소매업체 사이의 중요한 문제인 대규모 금액조정을 피할 수 있게 된다.

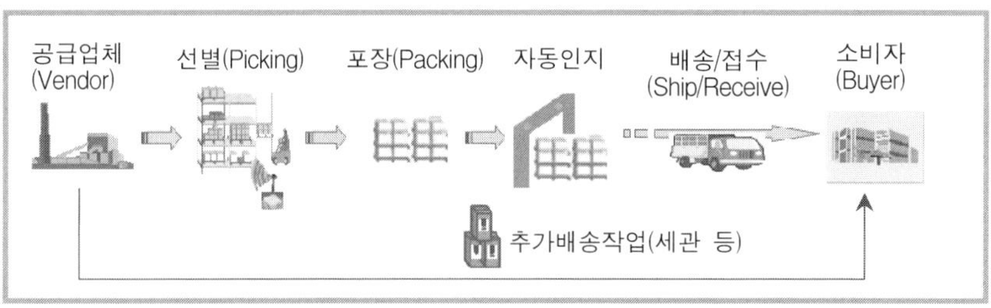

그림 7.3 공급자에서 최종소비자까지의 공급망 흐름

발전된 공급망 네트워크에서 협업시스템에 관여하는 기업들은 업무처리 과정을 어떻게 개선시키고 상호이익을 실현시킬 것인가를 결정하기 위해 이행 기준을 수립하고 함께 협력해야 한다. 협업의 최종단계에서는 공급망의 효율성과 총이익이 증가할 것이며, 다음과 같은 운영상의 효과를 얻게 될 것이다.

- 필요한 물품을 적시에 필요한 지점으로 이동시킴으로써 총 유통비용을 줄일 수 있다.
- 진열장의 상품 배열시 오래된 제품은 제거하고 새로운 제품으로 배치하여 효율적으로 재고를 관리할 수 있다.

- 혁신적인 RFID 기술의 이용은 개인정보 침해와 정보손실을 줄일 수 있다.
- 일정한 주기로 관리되는 기존의 재고관리 업무방식과 달리, RFID 기술을 이용하면 적시에 적합한 상품을 진열대에 보충하는 일이 가능해 지고, 재고부족으로 인한 품절률을 감소시켜 고객의 만족도를 증가시킬 수 있다.
- 중요한 데이터의 손실을 줄이고 업무의 아웃소싱을 용이하게 할 수 있다.
- 상품의 자체관리가 용이해 진다.
- 공급자 주도형 재고관리[4]가 가능해진다.

[그림7.4]를 살펴보면, 상품화과정(Merchandising Cycle)에서 발생하는 프로세스 개선은 기업의 수익창출과 직결된다. 공급업체와 소매업체는 RFID 기술이 가지고 있는 잠재력을 개발하기 위해 협업을 수행한다. 공급업체와 소매업체는 RFID 기술을 이용해 인건비 절감과 도난율 감소라는 명확한 효과를 얻을 수 있고, 매출을 증가시킬 수 있었다. 또한 RFID 기술 활용은 공급자로부터 상품의 구매계획을 체계적으로 수립할 수 있도록 지원해 준다. 더불어, RFID 기술은 상품화 계획 수립을 위한 정보 공유, 판매 촉진을 위한 이벤트정보공유를 가능하게 해줌으로써 공급망 참여기업들의 운영비용을 줄일 수 있게 되고, 결과적으로 상품 판매가격 인하를 유발해 최종 소비자의 고객만족도를 개선시키는데 도움을 준다. RFID 기술은 과거보다 정확한 유통정보를 기업들에게 제공함으로써 공급망 참여기업의 업무 개선에 지속적으로 도움을 준다.

---

4) [역주] 공급자 주도형 재고관리(Vendor Managed Inventory: VMI): 공급자가 상품보충시스템을 관리하는 경우로 상품보충시스템이 실행될 때 마다 판매, 재고정보가 유통업체에서 제조업체로 전송되고 이러한 정보는 제조업체의 상품보충시스템에서 미래의 상품수요량 예측을 위한 데이터로 활용되며 또한 제조업체의 생산공정에서는 생산량 조절에도 사용한다.

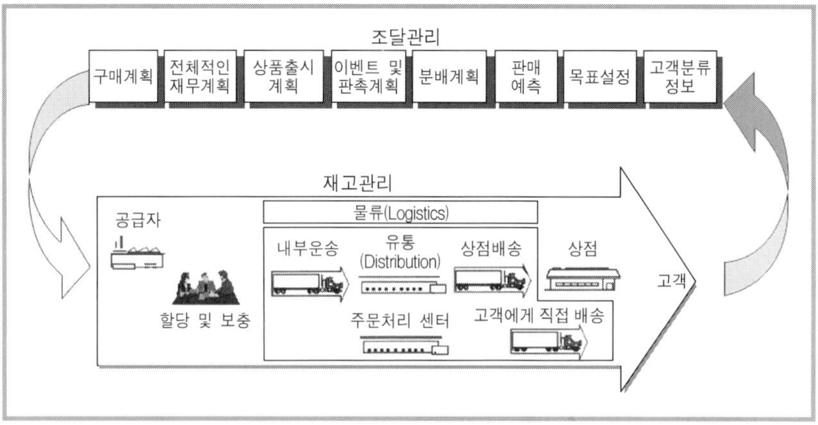

그림 7.4 상품화 과정에서의 개선된 절차 및 시스템

이러한 상황에서 명확한 사실은 RFID 기술 구현을 위해 공급망 참여기업들은 상호신뢰하고 협력해야 한다는 것이다. 기업들이 RFID 기술을 도입하는 데 한발 다가가기 위해서는 우선 업무프로세스 향상을 통해 기술 적용을 용이하도록 해야 한다. 그리고 공급망 파트너 기업은 RFID 적용을 위해 업무 전체영역에 대한 포괄적인 관점에서 어떻게 하면 RFID 기술을 업무프로세스에 적용해 최상의 성과를 얻어낼 수 있을지 고려해야 한다.

기업들은 RFID 기술 도입을 통해 오래된 재고와 손실률을 감소시키고, 수익 창출을 위해 노력해야 한다. 또한 RFID 기술이 어떠한 방법으로 상품의 추적을 용이하게 하고, 비용을 절감시켜 주는가를 상세히 분석해야 한다. 기업들은 RFID 기술 도입에 따른 투자비용을 절약하는 것보다는 RFID 기술 도입을 통해 업무 싸이클 개선, 저작권 침해 방지, 무단복제 방지, 지연시간 감소, 상품 배송시간 절감, 유통경로 개선 등 다양한 업무를 통해 성과를 얻도록 노력해야 한다.

소매업계에서 RFID 기술 도입을 통해 얻을 수 있는 획기적인 이익은 몇몇 대기업이 제시하는 의무사항을 이행함으로써 발생하지는 않는다. 이러한 이익은 상품의 납품에 영향을 주는 공급망 여러 분야의 가시성을 확보함으로써 실현할 수 있다. [그림 7.5]에서 나타난 사업가치 철학[5]은 RFID 도입을 통한 성과개선을 위한 다양한 노력을 보여준다. RFID 기술이 소매업체에 긍정적인 영향을 가져다주는 기술이라면, 이는 소매업체의 가치철학도 개선시켜 줄 것이다.

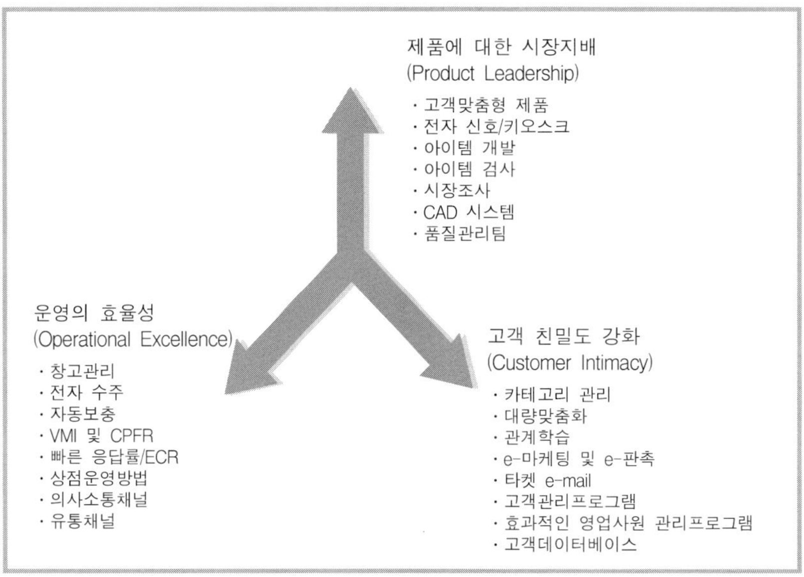

그림 7.5 사업가치 향상 전략

만약 월마트와 같이 운영의 효율성을 기반으로 기업들이 RFID 기술을 도입한다면, 기업들은 창고관리의 효율성이 증대될 것이고, 부정확한 매출 예측에 의존하지 않고 자동재고 보충을 통한 업무 개선 효과를 얻게 될 것이다. 이것은 RFID 기술을 이용해 VMI와 CPFR[6] 시스템을 직접적

5) [역주] 가치철학(Value Disciplines)은 절대적인 가치창출을 위해 가치제안을 위한 운영모델(Operation Model)로 조화롭게 결합시킨 것으로 시장지배기업의 위치확보에 필요한 경영철학이다.

으로 개선할 수 있다는 것을 보여준다. 기업들은 RFID 기술 도입으로 운영 효율성에 초점을 맞추면 신속하고 효율적으로 고객의 요구에 대응할 수 있다. 또한 소매업체들은 RFID 기술 도입을 통해 얻을 수 있는 가장 중요한 이점으로 고객이 원하는 상품을 언제든지 비치할 수 있게 되어, 고객만족도 개선과 매장의 운영 효율성을 개선시킬 수 있게 되었다.

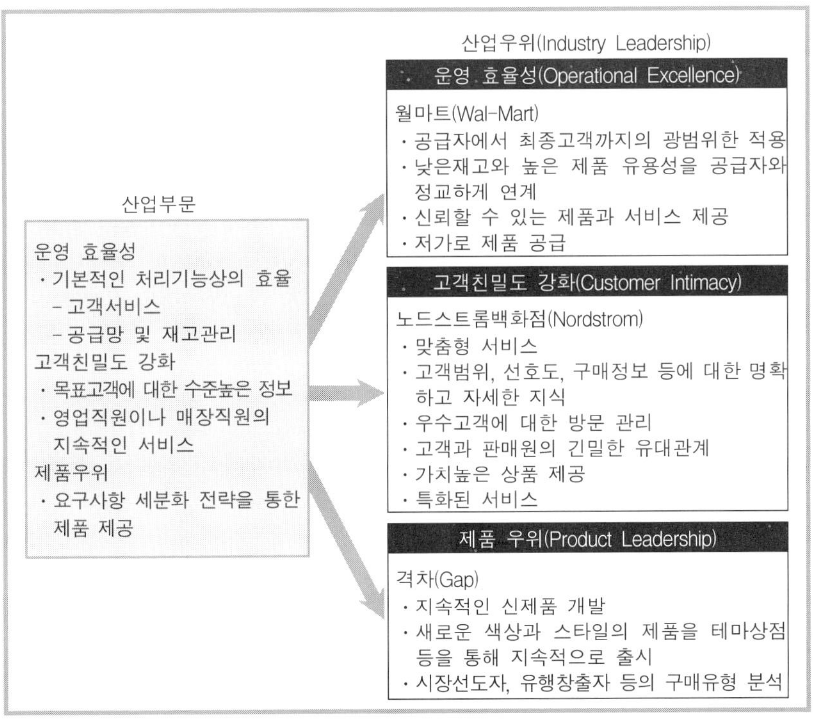

그림 7.6 소매업계의 가치철학

[그림 7.6]에서 나타난 것처럼, 기업들이 가치철학을 정확히 파악하기

---

6) [역주] 공동수요예측 및 보충발주(Collaborative Planning Forecasting and Replenishment: CPFR)는 제조업체와 유통업체가 사업계획을 공유하고 공동으로 수요를 예측, 대응해 상호 효율과 고객만족도를 높이는 방식이다

위해서 지속적으로 업무분석을 수행해야 한다. 기업들이 Nordstrom 백화점이나 Bloomingdales 백화점만큼 CRM에 많은 관심을 기울인다면 또 다른 성과를 얻게 될 것이다. 현재 기업들의 공급망 파트너들은 세분화된 고객관리를 통해 고객이 실망하지 않도록 필요한 상품이나 서비스 제공을 위해 개인화된 서비스를 제공하고 있다. 기업들의 고객구매기록 활용은 주요 소비자와 관계를 유지하는데 도움이 되고, 더불어 e-마케팅과 e-판촉 수행 효과를 향상시킬 수 있게 된다.

기업들이 특정고객의 선호상품에 대한 정보를 가지고 전자메일을 통해 마케팅을 실시할 때 고객의 방대한 정보를 RFID 칩에 저장하고, 이를 통해 마케팅을 수행할 경우, 기업들은 보다 체계적인 CRM을 추진할 수 있게 되고, 더불어 기업의 경영성과 개선에도 큰 기여를 할 수 있다. 즉, 기업들이 고객 데이터베이스를 이용해 CRM을 추진할 경우 기업의 영업효율성을 개선할 수 있다.

이 시나리오를 한 단계 더 발전시켜서 소비자가 상점에 들어갈 때 RFID 태그를 장착한 스마트카드를 사용한다고 가정하고, 고객을 상대로 직접 마케팅을 수행하는 것을 살펴보자. 일단, 기업들은 RFID 태그로부터 고객의 신원을 확인하는 것을 시작으로 고객의 과거 구매 기록을 조회하고, 현재의 판촉 상품을 검색해서 이 고객이 매장 내에서 원활히 쇼핑할 수 있도록 상품을 진열할 수 있다. 이 시나리오는 능동형 LCD 태그의 출현으로 현실화되었다. 이 능동형 LCD 태그는 802.11b 무선통신 기술을 이용하고 있으며, 고가의 상품이나 진열대의 가격표에 붙여 사용할 수 있다. 이 시나리오는 개인을 대상으로 기업에서 마케팅을 수행하는 새로운 패러다임을 보여준다.

이러한 시나리오와 유사한 사례는 핸드폰 제조업체의 최종 생산품 개발과 R&D 사례에서 찾아볼 수 있다. Nokia사는 이미 신용카드처럼 활용할 수 있는 RFID 리더기를 장착한 핸드폰을 출시했다. 노키아, 소니, 필립스 등이 주최한 근거리통신 규격에 관한 포럼에서 Nokia사는 핸드폰과 같이 지능화된 장비와 또 다른 지능화된 장비(예를 들면 자동차, 컴퓨터, 판매정보시스템인 키오스크)와 통신하는 방법들을 선보였다. 현재 산업계에서는 RFID 기술의 적용과 개발을 위해 다양한 목표를 제시하고 있다.

기업들이 여성속옷 전문회사인 Victoria's Secret사의 제품 경쟁우위를 창출하기 위한 가치철학에 따를 경우, 기업들은 RFID 기술을 적극적으로 활용해야 할 것이다. 기업들은 경쟁우위 확보를 위해 RFID 기술을 이용해 신뢰성 있는 데이터 확보해야 할 것이고, 제품의 계획에서 상품화까지 걸리는 사이클 타임을 단축시키기 위해 노력해야 할 것이고, 또한 협업가치 창출을 위해 마케팅 정보 분석과 품질 테스트를 수행할 것이다.

더 나은 기회포착을 위해 고려해야 할 사항

공급망 전체의 성과개선을 위해 협력적인 관계를 유지할 때, 기업들은 RFID 기술 도입으로 잠재적인 이익을 실현할 수 있다는 것을 확인하였다. 지금까지 기업들은 RFID 기술 도입을 통해 효율적인 데이터 수집, 인건비 감소, 지원 업무 감소 등의 성과가 나타날 것이라고 판단했다. 또한 공급망 참여기업들에게 정확한 실시간 데이터를 제공함으로써 업무계획과 실행에 있어 수익률 개선과 업무개선 효과가 나타날 수 있다는 것을 확인하였다. RFID 기술 도입은 기업들에게 고객 서비스를 개선시켜 줄 것이고, 이와 더불어 다양한 영역에서 성과를 개선해 줄 것이다. 다음은 RFID 시스템을 통해 개선 가능한 업무 영역이다.

- 품절을 방지하고 불필요한 재고 및 안전재고 비율을 감소시킨다.

- 요구정보의 정확한 분석을 통해 크로스도킹[7] 비율을 증가시킨다.
- RFID 기술을 통해 자동으로 문제점과 부적절한 손해배상 요구를 파악함으로써 유지보수 비용과 보증비용을 낮출 수 있다.
- 긴급한 배송이나 높은 비용을 지불해야 하는 익일 배송물건, 항공운송 등의 비율을 낮출 수 있다.
- 절도 및 손실률을 감소시킨다.
- 유통센터의 직접적인 인건비를 현저히 감소시킬 수 있다.
- RFID 기술을 통해 불법복제품에 대한 유통을 추적할 수 있다.
- 상품의 도난을 예방해 준다.
- 주문의 정확성과 충족률을 증가시킨다.
- RFID 기술을 통해 확보한 데이터를 근간으로 하여 계절성 계획과 실행을 보다 정확하게 수행할 수 있다.
- 생산과정에서의 에러 발생 비율을 감소시킨다.

하드웨어 기술 : 물리적인 사항을 간과하지 말 것

앞에서 서술한 시나리오를 기업들이 현실화시키기 위해서는 다양한 영역에서의 업무개선이 요구된다. 이러한 업무 개선이 현재에는 이루어지지 않았지만, 가까운 미래에 현실화될 것으로 예측된다. IBM, SUN, SAP, Philips, Texas Instruments사와 같은 글로벌 기업들은 다양한 분야의 RFID 기술 개발에 참여하고 있다. 현재 다양한 RFID 어플리케이션이 존재하고 있으며 이들 RFID 장비들이 표준화되지 않아 물리적인 충돌이 발생하는 경우가 종종 있다. 이는 RFID 기술을 도입하는 기업들에게 RFID 도입을 어렵게 하는 이유 중 하나이다.

---

7) [역주] 크로스도킹(Cross-Docking): 창고나 물류센터에서 수령한 상품을 창고에서 재고로 보관하는 것이 아니라 즉시 발주처로 배송하는 것으로 중간단계가 매우 짧은 특징을 가지고 있다. 크로스도킹 시스템은 발주에 따른 배송시간을 현저히 단축시키고 안정적으로 상품을 공급 할 수 있는 시스템이다.

RFID 시스템은 기업의 업무 처리에 있어 일률적인 형태의 도입이 이루어지는 것이 아니라 상품에 장착하는 RFID 태그의 종류, 방법, 붙이는 시기에 따라 성능차이가 발생한다. 10장에서 성공적인 RFID 기술 구현을 위한 다양한 요소와 물리적인 요소를 상세히 다루고, 본 단원에서는 중요하게 고려해야 하는 몇몇 문제를 소개하고자 한다.

- RFID 기술을 도입하고자 하는 기업은 인식간격, 인식률, 최적의 RFID 태그 배치 등과 같은 관련된 기능적 특성을 감지하고 검사할 수 있는 실험방법을 개발해야 한다.
- 도입하고자 하는 기업의 제품 중 어느 RFID 태그가 최상의 성능을 가졌는지 결정하기 위해 다양한 종류의 RFID 태그에 대한 실험이 필요하다. 기업의 전체 제품에 필요한 성능이 어느 한 RFID 태그에도 없을 수 있기 때문이다.
- 최적의 RFID 태그 위치를 결정하기 위해서 일반적인 이치에서 현실적으로 상품을 선적하는 사람들에게 "RFID 레이블을 팔레트 앞부분에서 4.5인치, 위로부터는 2.75인치 떨어지게 조심해서 실으세요." 라고 지시할 수는 없다.
- 모든 RFID 하드웨어 공급업체들은 동일한 물리적인 법칙의 영향을 받는다. RFID 엔지니어링의 핵심 원리들을 이해한다면 제품의 과장된 부분과 실제 성능을 구별할 수 있게 될 것이다. 일례로 안테나가 클수록(RFID 태그 안테나나 수신 안테나) 판독 거리 및 판독률이 향상된다는 것은 당연히 받아들여 질 것이다. 그 이유는 RFID 태그를 읽기 위해서는 휴대용 판독기(소형 내부 안테나)가 보통 도크도어(Dock-Door)에 위치하는 고정 안테나에 비해 RFID 태그에 더 가까워야 하기 때문이다.

RFID 저널과 RFID 공동연구소(미국 캔사스 대학의 정보통신기술 연구소와 캔사스주(Kansas)의 Rush Tracing Systems 연구소)는 최근에 상업적으로 이용가능한 RFID 태그에 대한 독자적인 실험 계획을 발표했다. 이는 RFID 개념 증명에 필요한 구성요소를 도출하는데 사용되는 중요한 자료이다.

RFID 기술을 통해 데이터가 수집되는 다양한 과정이 [그림 7.7]에 나타나 있다. 상품이 소매업체의 진열대로 올라가기 이전의 중간단계에서 고객 주문에서부터 생산자까지 각 단계의 정보를 모아 모든 상품의 이동과 거래 내용을 갱신할 필요가 있다. 소매업체와 다른 공급망 업체에서 나타나는 RFID 기술의 활용 가능성이 너무 긍정적으로 그려지지 않도록 네트워크 상에서 나타나는 물리적인 복잡한 문제를 검토하여야 한다. 예를 들어 물은 무선주파수를 흡수하거나 주파수 흐름을 약하게 하고 금속은 무선 주파수를 흡수 또는 반사한다. 앞에서 설명한 성공적인 RFID 적용이 점점 더 많은 소매업체로 확장할 때 물리적인 요소를 적극 고려해야 한다.

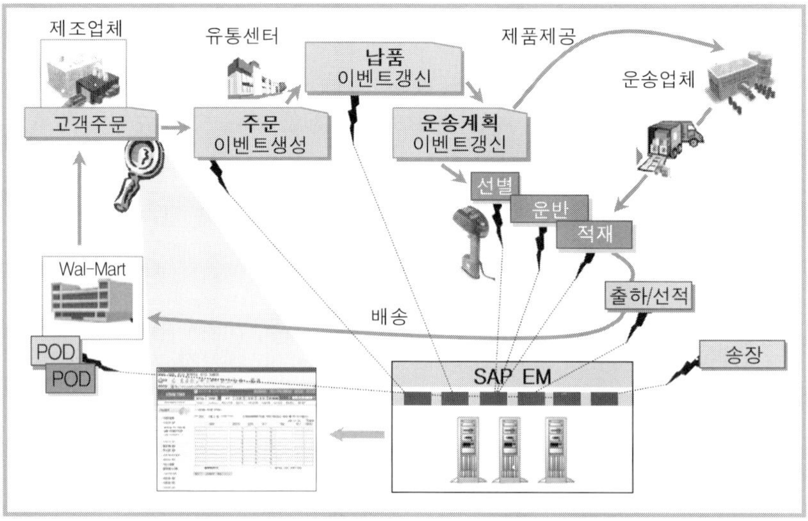

그림 7.7 공급망 상에서 화물운송 추적

RFID 태그 기술은 칩과 실리콘의 특성이나 다른 대안이 되는 물체의 이용가능성에도 관심을 기울여야 한다. RFID 기술의 효율적 활용을 위해서는 주파수, 안테나 요구사항 등 많은 조건을 고려되어야 한다. 어떤 환경요소가 RFID 시스템에서 나오는 무선 주파수 신호에 영향을 주는지 확인하기 위해 하드웨어 구조설계의 일환으로써 현장 평가를 실시해야 한다. 이런 평가는 RFID 시스템 설치 문제(예를 들어 도크도어 안테나가 성능에는 무리를 주지 않고 손상으로부터 보호를 되는지 여부) 뿐만 아니라 도크도어 근처의 전기 팬의 유무, 전력과 네트워크 공급의 가능성 여부, 사용된 건설자재의 종류를 고려해야 한다.

현재의 RFID 기술이 좀 더 발전하면 이러한 번거로운 문제는 해결될 것으로 기대된다. 성공적인 RFID 적용 사례에서 보는 것과 같이 RFID 시스템이 다양한 환경에서 어떠한 성과를 가져오는지 알기를 원했던 주요 소매업체들은 RFID 기술을 기업 환경의 특정 범위에 도입하는 시험운영을 실시하였다. 시험운영에서는 물류센터에서 지정된 소매업체까지의 유통활동을 선택했으며 그 시험의 범주는 고급보석에서 디지털 카메라, 캠코더와 같은 고급 가전제품에 적용시켰다. 이 시험에서 각각의 업무현장은 RFID 실험실로 계획되어 대상 업무목표에 맞는 RFID 태그, RFID 리더기, RFID 안테나 등에 대해 폭넓은 범위의 제품을 평가하는 방식으로 진행되었으며, 각 단계의 비즈니스 과정에 대한 RFID 실험계획을 수립했다. 여기에 Avery Denison, Tyco, Alien, Symbol, Intermec 사 등이 하드웨어 공급업체로 참가했으며, RFID 기술 도입의 최종 목표는 재고의 가시성 향상, 재고손실 감소, 불필요한 업무제거, 자산관리에 대한 가시성 확보, 자산관리 방법 개선이었다.

RFID 테스트 최종결과는 긍정적이었으며, 이 테스트는 RFID 기술이 소매업체에 상당한 이익을 가져다 줄 수 있다는 점을 증명해 주었다. 비용절감은 물류센터에서 세탁기, 건조기, 냉장고와 같이 큰 가전제품에 대해 RFID 기술을 이용하여 잘못된 취급으로 인해 발행하는 피해를 포착하고 제거하는 과정에서 나타났다. 귀금속 분야에서는 재고감소와 배송 효율성의 증가하였다. RFID 시스템을 이용하기 이전에는 순환시간이 2시간정도 걸렸으나 상품화 단계에서 RFID 시스템을 이용한 후에는 순환시간이 필요하지 않게 되었다. 또한 RFID 기술을 이용을 통해 판매 지원 시간이 감소되었고, 고객 서비스에 대한 반응시간도 향상되었다. 또한 고가의 전자제품 판매부문에서는 재고의 가시성이 개선되었고, 도난률 감소와 고객 서비스 향상이 이루어졌다.

이 기술검증절차(Proof of Concept)는 RFID 기술 도입을 통해 업무 혁신이 가능해진 새로운 업무절차를 실험했을 뿐만 아니라 어떠한 RFID 하드웨어(RFID 태그, RFID 안테나, RFID 리더기)가 최상의 성능을 가졌는지 알아보기 위해 계획되었다. 이 실험 결과가 RFID 기술 도입은 처음에 세운 목표와 같은 성능을 보여줄 것이라는 사실을 확인하였다. 기술검증절차가 완료되고 RFID 성과분석이 이루어지고 난 후, 어떻게 하면 RFID 기술을 통해 현재의 업무 프로세스가 개선되도록 지원하는 하드웨어 설치 방안에 대해 실험을 하였다. 이 실험은 제한된 분야에서 RFID 기술을 적용하는데 이용될 것이다. 이 계획은 1천만 달러의 비용절감이 가능한 가전제품 회사의 공급망에 RFID 추적시스템을 설치하는 것이다.

공급망 가시화와 이벤트관리

소매업체에서 판매되는 상품 중 거의 40%가 어떤 형태로든 할인된 형태로 판매되기 때문에 특판 및 판촉 행사는 소매업체에서 자주 볼 수 있는 이벤트로 자리를 잡았다. 이 부분에서 RFID 기술은 또 다른 역할을 수행한다. RFID 기술은 행사관리 팩키지(일반상품 vs 판촉행사상품)를 구별하는데 도움을 준다. 공급망 가시화는 전체 공급망에서 상품이 저장 시설에 보관되어 있거나 다양한 거래의 형태로 한 장소에서 다른 장소로 이동하는 것 등의 상품 위치와 상태에 대한 정보를 알려준다. 그러나 여기서 상품이 실제 누구의 소유인지는 중요하게 여기지 않는다. 공급망이벤트관리[8]는 변화하는 상황에 대응하기 위해 가시성 있는 정보를 이용한다. RFID 시스템은 특별판매 행사를 지원하거나 재고수위가 재주문 시점에 도달한 사실을 알려 주는 간단한 기능일 수도 있고, 긴급하게 제품이 필요한 고객을 위해 운송중인 상품의 방향을 변경하는 정보를 알려주는 복잡한 기능일 수도 있다.

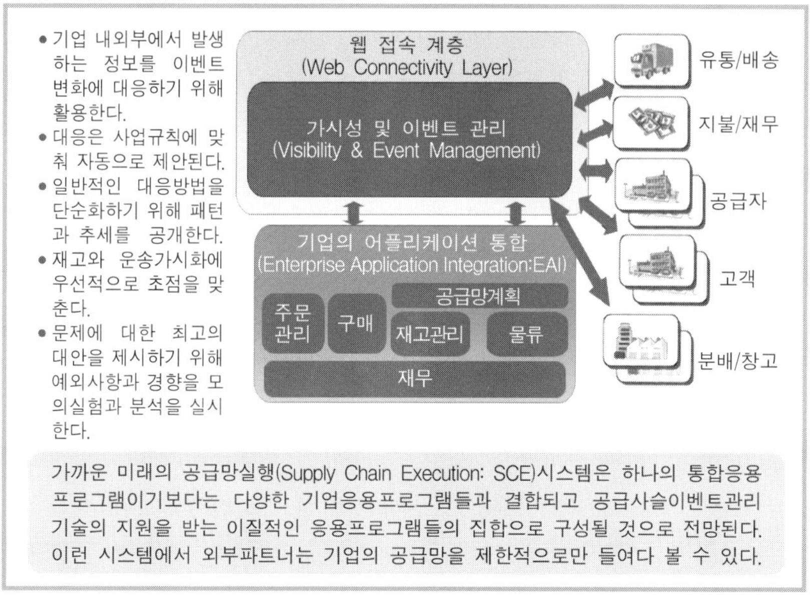

그림 7.8 공급망 이벤트 관리(Supply Chain Event Management: SCEM)

---

8) [역주] 공급망이벤트관리(Supply Chain Event Management: SCEM) SCM상에서 발생하는 특별한 문제점들을 관리하는 시스템이다. 즉, SCEM은 재고가 적정 수준 이상이 쌓이면 자동 경고를 전달해 제품 출하를 멈추게 하는 등 정보교류의 향상으로 활동적인 경영관리체제를 지원한다.

[그림 7.8]에 나타난 것처럼, 공급망이벤트관리는 복잡한 프로세스이지만 관련 솔루션은 명령과 제어를 통해 전체 공급망에서 나타난 복잡한 사항을 관리해서 더 큰 운영 수익을 달성할 수 있도록 도움을 준다. 이벤트관리계층(Event Management Layer)은 조직이 변화관리를 효율적으로 수행하고 대응할 수 있도록 내부와 외부의 정보를 수집한다. 또한 공급망을 통해 현재 이동되고 있는 재고를 확인할 수 있게 함으로써 고객만족도 유지와 재고 및 자산의 활용을 관리하고, 더 나은 구매 결정을 내리도록 지원해주는 역학과 확장 공급망을 통해 상품의 흐름을 관리하는 일을 더욱 용이하게 할 수 있도록 지원한다. 정보의 활용은 비즈니스 절차를 효율적으로 개선하거나 예외적인 상황이 발생했을 경우에만 사람이 개입하는 것을 원칙으로 하는 시스템 사이의 활동을 통해 이루어진다. 이렇게 명확하고 정확한 자동 확인시스템의 지원과 더욱 강력해진 내부 인프라의 활용을 통해 한 층 높은 수준의 협력을 수행할 수 있다.

위와 같은 사항을 적용한 개인용 컴퓨터 제조업체의 사례는 다음과 같다. 기업운영과 판매활동을 동시에 관리하기 위해 판매, 관리, 계획, 제조, 고객 서비스 기능에 걸쳐 현재의 재고위치와 예상효용을 가시화하는 것이 이 회사의 RFID 기술 도입 목표였다. RFID 기술 도입을 위한 접근법은 특정 사용자 그룹에 의해 예상되는 기능적 요구사항(Functionality Requirements)을 유지하면서 비즈니스 전반에 걸쳐 나타나는 프로세스, 기술, 조직, 적용 시 유의사항을 확인하는 방식으로 진행되었다. 이 기업은 기존의 레거시 시스템과의 통합, 예상 업그레이드 경로 및 통합 IT 지침과 융합할 수 있는 응용 프로그래밍 솔루션을 개발하고, 교안을 만들어서 사용자를 교육시키는 것은 물론 IT와 비즈니스 프로세스 및 솔루션의 운영과 유지보수 규칙을 만들기 위한 팀을 구성했다.

그 결과 웹을 통해 관리할 수 있는 재고관리 툴이 등장했다. 이 툴은 많은 데이터 소스를 통합하고, 필수 재고량, 가격, 라이프 사이클, 거래사항을 제공했으며, 현재는 비즈니스 전반에 필요한 정보를 예측하고 있다. 이렇게 강화된 지식정보는 주요매출, 경영, 목표설정을 지원하는데 사용되었다. 처음에는 오래된 재고와 잔여주문이 12%에서 3%로 실질적으로 감소가 있었고, 전체 재고가 6주에서 4주로 절감되는 효과가 나타났다. 재고에 초점을 맞춘 판매 전략덕분에 주문 사이클 타임도 26일에서 11일로 단축되었다.

유럽의 현황

Supply Chain Management Review는 2005년 1/2월호에서 유럽 소매업체의 35%가 RFID 기술을 시험하고 있으며 거의 절반에 달하는 소매업체가 2006년에 RFID 시험운영을 실시할 계획이라고 예상했다. 이는 2006년까지 RFID 기술을 어떤 형태로든 이용할 계획이 있는 소매업체가 89%에 달한다는 것을 의미한다. 미국 기업보다 고객 만족에 초점을 맞추는 유럽 기업들은 DHL Solution, ASK, NBG-ID사가 개발한 시스템을 이용하여 창고에서 소매업체로 출고된 의류 수백만 벌을 추적하기 위한 초기 작업을 준비하고 있다. 예를 들면, DHL Solution사의 Stephanie Dardanne에 의하면 "Veronique Delachaux사의 모든 상점은 지침서에 따라 고객이 반송한 물품목록을 작성하고 창고로 보내기 위해 상품(옷)에 RFID 태그를 붙여서 프랑스의 마르 나 빌레(Marne La Vallee)에 위치한 물류창고에 상품(옷)을 보낸다."라고 언급하고 있다.

유럽의 3대 주요 소매점은 RFID 기술이 제공하는 기회를 잡으려 노력하고 있다. 예를 들면 Marks & Spencer Food사는 영국 전체에 400개 매장을 가지고 있고 연매출이 159억 달러에 달하는 소매업체이다. Marks & Spencer Food사는 9개의 매장에서 고객들이 RFID 태그가 부착된 옷을 입어보고 있으며, 향후 53개 매장에서 여성용 란제리와 의류에 RFID 태그의 사용을 확대 적용할 계획이다. Marks & Spencer Food사의 RFID 책임자인 James Stafford에 의하면 "상품에 RFID 태그를 붙여 목록을 확인할 수 있는 RFID 기술은 매장에서 고객서비스에 대한 신속한 개선을 가능하게 해준다."라고 제시했으며, Information Week의 Laurie Sullivan은 "우리 회사에 RFID 기술을 이용한 상품추적시스템이 없다면 68가지의 다양한 사이즈의 브래지어를 취급하면서 상품에 대한 100% 정확한 정보를 지속적으로 유지하는 것은 거의 불가능하다. 우리 회사에서 옷을 구매하기 위해 온 고객이 자신의 치수를 찾지 못한다면 우리 고객들은 불만감을 갖게 될 것이다."라고 설명하고 있다(Sullivan, 2005g).

RFID 기술의 이용은 유럽 전역으로 확산되고 있고 소매업체는 큰 관심을 가지고 RFID 기술을 도입하고 있다. 소매업체는 매출증대를 도모하는 동시에 고객을 돕는데 초점을 맞추고 매장 단계에서 최고의 성과를 얻기 위해 RFID 기술을 용기와 팔레트에 적용하고 있다. Tesco사는 진열대에 부착된 RFID 리더기를 통해 RFID 태그를 부착한 DVD 수백개를 추적하는 시험매장을 영국 레스터(Leicester, England)에서 운영하고 있다. 앞에서 언급했던 사례처럼 독일의 Metro Group은 Kaufhof 백화점 두 곳에서 RFID 체크아웃 시스템의 시험을 마쳤다. RFID 태그가 부착된 디자이너 Gerry Weber의 옷이 판매되면 RFID 시스템은 상점 직원에게 매장에 상품을 재진열하도록 신호를 보내는 역할을 수행한다.

위에서 소개한 소매업체 3곳은 팔레트, 용기, 컨테이너에 부착된 수동형 RFID 태그를 이용하는 일련의 계획을 수립하고 있다. 소매업체는 상품이 제조공장을 떠날 때부터 상점의 하역장, 진열장을 거쳐 고객의 손으로 건너갈 때까지 제품을 추적하는 시스템을 개발하고 있다. 월마트는 팔레트나 포장용기에 RFID 태그 부착하는 부분에서는 선두에 있다. 반면 유럽업체들은 개별상품의 RFID 태그를 부착에서 부분에서는 월마트를 앞서 있다. Forrester Research의 Christine Overby는 “RFID에 관한한 월마트는 대부분의 유럽 할인점 보다 비용에 신경을 쓰고 당장의 순이익에 따라 좌지우지되는 조직이다.”라고 언급하고 있으며, Sullivan은 “월마트는 Metro Group의 혁신센터에 필적할 만한 정보센터를 보유하고 있지 않다. 혁신센터는 RFID 기술을 이용한 의류점처럼 앞선 어플리케이션을 시험하는 곳이다.”라고 그의 저서를 통해 언급하고 있다(Sullivan, 2005g). 혁신센터는 누이스(Neuss)에 위치한 물류본부에 있다. 또한 Metro Group은 고객이 입어보는 의류에 부착한 RFID 태그를 통해 수집되는 정보를 분석해서 다른 치수, 색상, 어울리는 액세서리를 검색한 후 탈의실의 화면에 보여주기 위해 탈의실 내에 설치한 RFID 리더기를 시험 중에 있다.

Marks & Spencer Food사는 상품화단계[9]에서의 추적이 가능하도록 하는 RFID 도입 계획을 발표했으며, 레이블 시스템과 관련된 상품을 공급하는 Paxer사와 협력하여 새로운 RFID 기술을 개발하고 있다. 이 RFID 기술 개발은 기존의 레이블에서 RFID 칩과 바코드를 통합하는 5인치의 종이 레이블을 개발하고 있으며, 각각의 상품에 고유의 시리얼 번호를 저장하는 칩은 EM Microelectronics-Marin SA사의 제품을 사용하였다. 상점의 점원은 손바닥 크기의 868-MHz 대역의 RFID 리더기를 들고 매장에 남아 있는 상품에 부착된 RFID 칩을 스캔함으로써 매일 매일 영업이 끝났을 때 남은 재고량을 파악할 수 있다(Sullivan, 2005g). 상점의 점원은 고객에게 상점에서 제거한 RFID 태그를 가질 수 있는 선택권을 주도록 하였다.

---

9) [역주] 상품화단계(Item-Level) RFID 적용: 현재 RFID 적용은 팔레트 포장상자에 태그를 부착하여 게이트를 통과할 때 정보를 갱신하는 형태로 적용되고 있다. 그러나 RFID 태그의 가격문제 등이 해결되면 개별상품에 RFID 태그를 부착하여 다양한 정보를 습득하기 위한 채널로 활용할 계획이다.

Tesco사는 화장품과 DVD와 같은 작은 품목에 RFID 기술을 적용하기 위해 공급업체와 협력해왔다. 초기의 결과에서 Tesco사는 RFID 기술 도입을 통해 DVD 판매액이 4%의 증가할 것으로 예측했다. Tesco사는 RFID 시스템 구축에 들어간 투자를 일 년 내에 회수할 수 있을 것으로 내다보았다.

결론

운송중인 제품이 어디에 있는가? 얼마나 많은 수의 상품이 진열대 위에 있는가? 유통센터는 운송에 있어서 어떤 장점을 가지고 있는가? 이런 질문은 소매업체가 공급망에서 상품의 가시성 향상을 위해 새로운 방법을 개발하기 전에 던지는 질문 중 일부에 불과하다. 본 단원에서 소개한 사례연구는 RFID 기술이 수요 변화에 대한 대응 능력 향상과 수익성을 향상시켰다는 점을 보여주었다. 기업의 거래 관계자간 업무처리 절차 개선, 시스템 성능 개선, 소프트웨어 성능 개선은 지난 10년에 걸쳐 지속적으로 이루어졌다. 그러나 실시간으로 제공되는 정확한 상품정보의 활용 여부는 공급망의 비효율 문제의 핵심으로 작용해 왔다. 최근 RFID 기술 도입을 찬성하는 많은 사람은 과거의 이와 같은 문제에 대한 해결책을 RFID 시스템이 제안해 줄 것으로 생각한다. RFID 기술이 제품, 용기, 팔레트 등 어느 단계든 상관없이 기업들에게 유용한 업무처리가 이루어질 수 있도록 지원해 줄 것이다.

기업들이 수요에 맞추어 상품을 공급하고 고객들이 찾는 물건을 원하는 장소에 배치할 수 있고, 상품의 위치를 파악하기 위한 노력을 줄이며, 상품의 배송 오류가 발생하지 않고, 상품의 파손도 상품 손실도 발생하지 않는다고 생각해 보자. 이는 공급망의 가시성 향상을 위해 RFID 기술이 적용되었을 때 소매업계에 가져오는 혜택일 것이다.

Chapter 8

다양한 분야에서의 RFID 활용

RFID 기술 적용은 보안 및 군사적 목적에서부터 소매업계, 의료서비스 제공자에 이르기까지 다양한 분야에서 적용이 이루어지고 있다. 예를 들어 RFID 기술은 고속도로 요금소에서 요금 정산에 이용되고 있고, 고객이 휘발유나 햄버거를 구매하는 데도 스마트카드에 활용되며, 접촉식 RFID 기술은 어린이들이 놀이공원에 입해 놀이기구를 타는데 필요한 소액결재를 위해 이용된다. 또한 비접촉식 RFID 기술은 선불 전자화폐 분야에서 이용되고 있는데, 예를 들면 유로화와 엔화결재에 이용되고 있으며, 소매업체와 인터넷 쇼핑몰에서도 신용카드나 현금을 대신한 지불 수단으로 활용되고 있다.

BP(British Petroleum)[1)]사는 대형 유조선에서 RFID 시스템이 제공하는 식별 및 위치정보 서비스를 적용해서 음식과 농산물 용기의 온도를

1) [역주] BP(British Petroleum) : 1909년 4월 14일 앵글로페르시아석유회사로 법인체를 등록한 영국석유는 1935년 앵글로이란석유회사로 사명을 변경하고 1954년에는 브리티시석유유한책임회사로 개명했다. 1982년에 기업을 공개하면서 현재의 명칭인 영국석유주식회사로 최종 사명을 변경했다 채택했다. BP사는 영국에 본사를 두고 있으며 연매출 179조 달러 규모의 세계 굴지의 석유회사이다.

RFID 센서를 통해 확인하고 있다. 또한 BP사는 직원의 추적에도 RFID 기술을 활용하고 있고, 더불어 원유가 이동되는 송유관 펌프의 이상 발생 부분이나 에어컨 고장 부위 등을 찾는데도 RFID 기술을 이용하고 있다. RFID 기술은 장기간 항해를 해야 하는 선박에서는 개선된 생활 여건을 제공할 뿐만 아니라 시설물의 유지관리 비용을 감소시켜주는 효과를 제공하고 있다.

Octopus Card사는 1997년 9월부터 홍콩에서 사용되기 시작하여 지하철, 여객선, 버스, 경전철 등의 요금지불을 위해 사용되는 스마트카드 서비스를 제공하는 회사이다. 홍콩 정부의 목표는 교통카드 이외의 결재수단으로 사용되고 있는 스마트카드의 이용비율을 현재 10%에서 50%로 확대하는 것이다. 현재 홍콩에서는 무선통신 기술을 이용하여 유사한 결재 방식으로 접근제어카드(Access Control Card)의 사용이 점차 증가하고 있다. 이 카드는 놀이공원 입장료의 결재, 자격확인, 표 구매, 스포츠 또는 언론행사에서 자동 회전문을 통과하기 위한 자격확인 등에 사용된다. 미국의 Texas Instruments사는 이런 종류의 카드를 제조하는 선두업체로 잘 알려져 있다.

팔레트와 컨테이너 관리서비스를 제공하는 분야에서 세계적인 선도기업인 Chep사는 RFID 시스템을 이용해 업무혁신을 준비하고 있다. Chep사는 고객이 RFID 시스템을 이용하여 팔레트나 컨테이너와 같은 유형 자산 추적을 가능하게 함으로써 고객가치 창출전략을 수립하기로 결정하고 맞춤형 RFID 팔레트 태그를 고안하였다. 이 태그는 장거리에서 팔레트와 컨테이너의 위치인식에 사용이 가능하며 민감한 지게차에 장착한 RFID 리더기와 입구 리더거(Portal Readers), 컨베이어 시스템과 연결하여 사용할 수 있다. Chep사는 RFID 추적시스템을 통해 제품의 파손과 고객손실을 줄이는 한편, 팔레트와 컨테이너의 사용에서 반납까지 걸리는 소요시간 단축을 기대하고 있다. 다른 측면에서 살펴보면, RFID 기술은 우리들을 때때로 통제의 세상인 오웰적 세계(Orwellian World)[2]로 빠져들게 할 수 있다.

RFID 리더기는 RFID 태그에 내장된 모든 정보를 읽는다. 이스라엘에서는 RFID 기술을 이용한 나노태그를 이용해 이중 신원확인을 한다. 나노태그는 장거리에서의 정보를 인식할 수 있는 화학물질로 만들어진 태그로 생물이나 무생물을 비롯해 어떤 물질이라도 주입이 가능하다. 사람은 나노태그를 볼 수 없지만 나노태그를 가지고 있는 사람들은 전파를 통해 인식된다.

Inkode사에서 포장지 속에 사람의 육안으로는 보이지 않는 RFID 나노태그 부착을 실험하고 있다. 또한 일부의 나노태그는 쌀알보다 조금 더 큰 세라믹으로 만들어져 장기간 사용이 가능하며 피부 속에 삽입할 수 있다. 또 다른 RFID 태그 활용 사례로 병원의 의사가 신생아의 발에 작은 RFID 태그를 이식해서 평생 동안 사람의 위치를 추적하는 것을 고려하기도 했다. 스키광인 한 의사가 눈사태가 일어나 눈 폭풍이 심하게 몰아칠 때 길을 잃거나 행방불명이 되지 않도록 자신의 어깨에 RFID 태그를 삽입해서 추적이 가능하도록 한 사례도 보고되고 있다. 멕시코의 한 병원에서는 신생아에게 RFID 칩을 삽입해 아동유괴 문제에 대처하려고 시도한 사례도 있었다.

미래에는 RFID 기술이 정기권, 선불 스마트카드, 소액결재시스템을 활용하여 은행이나 기타 금융기관의 역할을 수행하게 될 것이다. 아시아에

---

2) [역주] 오웰적 세계(Orwellian world) : 영국의 작가 조지오웰(George Orwell) 이 쓴 『Nineteen Eight-Four』에 나오는 세계로 개인생활의 감시되는 세계를 의미한다.

서는 비접촉식 RFID 또는 비접촉식 스마트카드를 사용해 교통시설 이외의 장소에서 지불수단으로 사용하려는 시도를 하고 있다. 본 단원에서는 제약 및 의료 서비스, 타이어, 금속가공, 자동차 시스템에 이르는 다양한 분야에서의 RFID 기술 활용 방법을 살펴보면서, RFID 기술이 어느 정도까지 진화하는지 알아볼 것이다. 또한 이러한 RFID 기술이 다양한 분야에 적용되는 것에 대한 옹호론자와 반대론자들의 입장을 살펴볼 것이다.

내부와 외부 통합가능성

RFID 기술에 대한 실험이 다양한 산업 영역에서 이루어지고 있다. 5장에서는 RFID 태그가 다양한 분야에서 공급망 혁신에 이용되고 있는 사례를 설명했다. 남부 캘리포니아의 에드워드 공군기지(Edwards Air Force Base)와 같은 군사시설에서는 군인들이 창고에 저장하고 있는 위험한 화학물질을 감시하는데 RFID 기술을 활용하고 있다. 또한 2005년부터 NASA는 네트워크 시스템에 대한 침입, 화학물질 도난, 위험 물질의 누수 탐지에 대응하기 위해 RFID 기술을 활용하고 있다. NASA의 캠시큐어(ChemSecur)라고 불리는 RFID 기술을 활용한 네트워크 시스템은 데이터베이스로부터 정보를 처리하는데 문제점을 가지고 있던 과거의 노화된 시스템을 대체하고 있다(Sullivan, 2005b, p.21).

RFID 기술은 다양한 분야에서 성과를 보여주고 있다. 예를 들면, EAI 시스템[3]과의 연계를 통해 다양한 소스에서 나온 정보를 통합 정보로 변환하는 기능을 제공하기도 한다. RFID 기술은 자료수집 기능을 강화시켜 보다 정확한 정보를 활용할 수 있도록 지원해 주는 수단으로도 활용되고 있다.

---

3) [역주] 기업어플리케이션통합(Enterprise Application Integration: EAI): EAI는 기업 내의 정보화 시스템들을 통합하고 조정하여 현대화된 시스템으로 교체하여 각각의 시스템을 연결시켜는 시스템이다.

기업들은 RFID 기술을 통해 수집된 정보의 바람직하게 이용하는데 초점을 맞추고 있다. 기업은 진보된 공급망관리[4]시스템을 구현하기 위해 정확한 자료를 내부 프로세스에 제공하고, 더불어 외부 공급망 네트워크 시스템에 제공하는 시스템을 구축해야 한다.

실례로 Coca-Cola사가 직면한 상황을 살펴보자. RFID 기술을 이용하는 Coca-Cola사는 자판기에서 기초 데이터를 수집한다. Coca-Cola사는 RFID 기술을 이용해 콜라 제품별 매출액과 매장 상품에 대한 품절정보를 알 수 있게 되었다. RFID 시스템은 관리자들에게 경고 메시지를 전송하고, 성과 보고서 작성을 위한 정보를 지원한다. Coca-Cola사는 RFID 기술 도입을 통해 순이익을 18~23%로 개선했다. 이는 재고관리의 향상, 품절 제품 수의 감소, 신속한 자판기 수리, 배달경로의 효율화를 통해 달성한 것이다. 그 밖에 RFID 기술은 공급사슬 응용 구조(Supply Chain Application Architecture) 지원, 기업의 어플리케이션 통합(Enterprise Application Integration) 지원, 체계적인 비즈니스 절차 개발(Business Process Development), 조직의 인프라 개발(Organizational Infrastructure Development)을 지원한다.

공급망에서는 다양한 파트너들이 상호 업무 데이터를 제공하고 활용한다. 그렇기 때문에 RFID 시스템은 다양하고 포괄적인 데이터를 실시간으로 처리할 수 있는 능력을 가지고 있어야 한다. 공급망에서 주요 연결고리를 확인하고 RFID 기술을 이용해 관련업체와의 관계를 발전시킴으로서 상품의 주문과 선적이 실시간으로 이루어져 수익이 나타나게 된

---

4) [역주] 공급망관리(Supply Chain management: SCM): SCM은 생산에서 최종 판매에 이르기까지 상품과 관련된 정보, 자금의 흐름을 실시간으로 공유하여 불필요한 시간과 경비를 제거하는데 주요 목적을 두고 있으며, 소비자의 실제 수요에 유연하게 대처할 수 있는 유통망을 만들기 위한 기업간 BPR(Business Process Reengineering)의 일종이다

다. 주요 자동차 회사들은 RFID 기술을 적용해 타이어의 위치를 추적하고 있다. 예를 들면, Ford사는 RFID 시스템을 이용해 타이어의 생산시점에 타이어 대한 정보를 기록하고 있다. 이 시스템은 차량의 고유번호(Vehicle Identification Number: VIN)가 부여된 자동차에 대해 조립과정에서부터 타이어를 추적하는 임무를 수행한다. 타이어가 자동차에 장착된 후 RFID 시스템은 차량의 고유번호와 타이어의 데이터를 조회할 수 있는 정보를 제공한다. RFID 시스템은 타이어의 제조일자를 특정 자동차 회사와 소유주를 연결해 관리함으로써 더 적은 비용으로 타이어를 회수할 수 있도록 해준다.

공급망 파트너와의 협력 관계를 발전시키는 일은 즉각적인 성과를 창출하지는 않지만 RFID 시스템 구축을 통해 경쟁자들 보다 개선된 성과를 얻을 수 있도록 지원해준다. 기업들의 RFID 기술 활용 분야는 다음과 같다.

- PDL(Partnering Diagnostic Lab) : 공급망 파트너의 역량을 결정하거나 새롭게 등장하는 RFID 기술 추세에 맞춰 성공적으로 협력하는 방법을 모색할 필요성이 있다. 시장이나 고객 세분화에 관련 있는 솔루션을 규정하기 위해 [부록]에서 추가 설명하고 있는 PDL은 프로세스 맵(Process Map)을 학습하고, 비즈니스 네트워크 전반에 걸친 RFID 전문 기술을 이용한 알기 쉬운 이틀간의 집중적인 교육을 제공한다. PDL을 통해 잠재 파트너는 그들의 공동목표를 지원할 수 있는 새로운 능력개발을 우선사항으로 정한다.
- 공급자 관계 관리(Supplier Relationship Management: SRM) : 이 방법은 주요 공급자와 긴밀한 협력관계를 만들고 RFID 어플리케이션을 통해 시장의 우위를 점하기 위한 관리방법이다. 공급자 관계 관리를 통한 지속적인 성과 창출을 위해서는 파트너의 장단점을 정

확히 파악하고, 지속적으로 협력함으로써 다른 경쟁업체보다 우위를 선점할 수 있게 된다.

- E3과 같은 확장 구조 : 신속한 통합과 앞선 능력으로 어플리케이션과 비즈니스 파트너 사이와 정보의 흐름을 원활하게 하기 위해 기업을 포괄할 수 있는 프레임워크를 구축한다.

초기의 RFID 어플리케이션은 적재적소에 위치한 물건의 정보를 식별하여 RFID 리더기로 보내는 것이었다. 이후 발전 단계는 읽기 쉬운 RFID 태그에 많은 정보를 담고 무선통신 환경을 통해 제품 사이에서 효율적으로 통신하는 방향으로 발전되고 있다. RFID 기술을 이용한 진보된 업무 프로세스는 제품의 입고, 이동, 출고, 소비 과정에서 양방향성 데이터 처리를 지원하는 방향으로 발전하고 있다. 이러한 변화는 선적과정에서 발생하는 문제, 잘못된 위치로 배송되는 상품처리 문제, 상품의 도난 문제, 상품의 부정매수 문제, 이동 중 상품의 손실 문제 등을 감소시켜 줄 것이다. 하드웨어와 소프트웨어 기술이 발전함에 따라 매체, 사용자, 최종 고객 사이를 무선 토신 기술로 연결해 업무를 처리하는 새로운 시대가 열리게 될 것이다.

이에 대해 UCLA의 교수이자 WINMEC(Wireless Internet for Mobile Enterprise Collaboration)의 회장인 Rajit Gadh는 『사물의 인터넷화』라고 지칭했다. Rajit Gadh는 물건이 통신을 하고 서로 간의 식별을 통해 정보를 교환함으로 무선 네트워크를 형성할 것이라고 전망했으며, 라디오 주파수를 통해 산업 확장형 RFID 솔루션을 구축하여 무선접속 시스템을 형성하는 방향으로 기술이 발전할 것으로 예측했다. 현재 RFID 기술은 다양한 분야에서 활용이 이루어지고 있다. 본 단원에서는 현재 시험 중이거나 실행되고 있는 중요한 RFID 활용 사례를 몇 가지 더 살펴볼 것이다.

RFID 기술 도입의 확산

RFID 기술의 확산 방향을 이해하기 위해 우리는 "RFID 기술은 어디를 향하고 있는가?"라는 질문에 대한 해답을 생각해 보아야 한다. 이 질문에 대한 해답은 RFID 기술이 우리가 상상하는 유비쿼터스 세상으로 발전하고 있다는 것이다. 기업은 공급망 전체에서 상품의 이동과 관련한 다양한 문제에 직면한다. 대표적인 분야 중 항공업계는 상품의 이동에 있어 심각한 문제에 노출되어 있다. 항공업계는 수화물 배송오류와 같은 만성적인 문제점에 노출되어 있고, 테러의 위협을 예방하기 위한 안보문제에 많은 신경을 쓰고 있다. 항공업계는 분실 수하물이 발생하지 않도록 하고, 더불어 불법 테러 활동에 사용되는 물건을 운반되지 않도록 미래 비전을 수립하고 있다. 항공업계는 고객의 안전을 확보하기 위한 다양한 노력을 하고 있다. 미국 라스베가스의 맥카란(McCarran) 국제공항은 모든 수화물이 공항의 폭발물 감지기와 검색장치를 통과하도록 하기 위해 1억 달러를 투자하여 RFID 태그를 도입하였다. RFID 태그는 비행기표 구매하는 곳에서 인쇄되며 공항의 매표구에서 여행자의 가방에 부착된다. 이 RFID 태그에는 여행자의 정보뿐만 아니라 여행자 고유번호도 담고 있다(Bacheldor 200.b, p.32). 현재 항공업계는 공항 이용자의 안전성을 중시하기 때문에 특정 문제가 발생할 경우 즉각적인 대응조치를 취할 수 있는 RFID 시스템을 구현하고 있다.

Beaver Street Fisheries사는 수익향상을 위해 RFID 기술을 적극적으로 도입하였다. 최고정보관리자인 Howard Stockdale은 생선, 악어, 거북이 등을 포함한 다양한 해산물을 담는 용기와 팔레트를 추적하기 위해 2004년 초에 RFID 기술 도입을 결정했다. 이러한 요구사항은 2005년 1월에 있었던 100대 공급업체에 대한 월마트의 RFID 시스템 도입 요구와 동일한 맥락에서 시작하였다(Sullivan, 2004a, p.49). Beaver Street

Fisheries사의 RFID 도입 성과는 매우 높게 나타났다. 월마트의 공급업체 대부분이 2006년 1월까지 RFID 도입 규정을 따라야 했지만, Beaver Street Fisheries사는 이미 RFID 기술 도입을 통해 충분한 자격을 갖추고 있었다. Beaver Street Fisheries사는 현 단계를 더 발전시켜 비즈니스 프로세스 혁신을 위해 이미 도입한 RFID 시스템과 새로운 RFID 기술 응용 어플리케이션 시스템 구축 프로젝트를 수행하고 있다. 또한 실험실에서의 테스트를 위해 손바닥만한 장치를 포함한 RFID 리더기를 설치할 계획이며, IT부서는 RFID 기술 이용으로 발생하는 많은 데이터의 관리를 위해 ERP시스템[5] 재구축을 계획하고 있다.

공급업체는 RFID 도입과 관련해 발생하는 수익과 비용에 대한 많은 연구를 하고 있다. 현재 공급업체는 RFID 시스템 개발 비용의 상당 부분을 지불하고 있다. 공급망 전체를 볼 때 RFID 기술에 대한 이용을 확대하기 위해서는 소매업체와 공급업체의 공동 작업이 필요하다. 궁극적으로 기업의 RFID 구축비용은 최종 소비자에게 전가될 것이다. RFID 기술 도입에 있어 미비한 구성요소, 서류, 실제 비용, 이익을 확인하기 위해서 RFID 시스템 시험운영 계획을 적극적으로 실시해야 한다. 뒤에서 상세히 다루고 있는 랜드 시스템(Land Systems) 사례는 시험운영의 중요성을 알려준다. RFID 기술은 경영혁신 역할자로서 큰 역할을 수행하면서 실시간으로 공급자로부터 최종소비자까지의 공급망 전반에 걸쳐 가시성을 창출해주는 도구로 자리매김 할 것이다.

지금까지의 RFID 기술 도입을 통한 이익개선 효과는 다양한 어플리케이션 활용을 통해 얻을 수 있었다. 예를 들어 광우병 공포에 대한 책임

5) [역주] 전사적자원관리(Enterprise Resource Planning): ERP 시스템은 기업 활동을 위해 이용되는 통합자원관리 시스템으로, 기업 내의 모든 인적, 물적 자원을 효율적으로 관리하여 궁극적으로 기업의 경쟁력을 강화시켜 주는 역할을 제공한다.

소재를 추적하는 사례를 살펴보자. 미국 미시건주(Michigan)에서는 소의 귀에 RFID 태그를 부착해서 몇 시간 내에 감염된 소의 신원확인이 가능했으며, 48시간 만에 1억 마리 소의 신원 확인이 가능했다. 과거 미국 연방정부는 소의 DNA 테스트를 통해, 2003년 12월 23일생 캐나다 앨버타주(Alberta)에서 태어나고 워싱턴주(Washington)의 농장에서 사육되고 있던 소 한마리가 광우병에 걸린 것을 확인하기까지는 2주라는 시간이 소요된 사례가 있다. 미국농림부(U.S. Department of Agriculture: USDA)는 감염된 소의 조직에 외부로 노출되었을지 모른다는 전제하에 도축되어 유통되는 소고기를 추적하고 회수하기 위해 사육업체와 육류 포장업체가 보유한 많은 양의 서류와 자료를 다 조사해야만 했다. 이 결과 광우병 조사 결과 발표가 있던 주에 소 한 마리의 가격이 15% 정도까지 하락하는 현상이 발생했다. 또한 광우병에 감염된 것으로 추측되는 송아지 가운데 홀스타인(Holstein)종 450마리를 도살해야 하는 문제점도 나타났다.

농장에서부터 가공공장에까지 살아있는 동물에 대한 이력관리는 많은 조직이 관심을 갖고 있는 중요한 분야이다. 이에 대한 향후 발전의 방향은 미국 국토안보부(U.S. Department of Homeland Security)의 손에 달려 있다. 미국 국토안보부는 가까운 미래에 농림부에서 수행하고 있는 업무 중 수입되는 동식물 포장제품을 검사하는 업무를 수행 하게 될 것이다. 이와 관련된 보완 조치로써 동식물 포장제품에 원산지를 표시하는 제도는 일본에서 도입되었다. 미국은 광우병 사건이 소고기의 원산지인 캐나다의 농장과 관련이 있다는 사실이 발표되자 소고기 불매운동과 수입금지 조치를 발동했다. 또한 미국은 원산지표시 프로그램을 이용하여 광우병의 원인을 철저히 조사했다. 향후 미국은 RFID 기술 도입으로 수년 내에 가공업체에서 슈퍼마켓까지 유통되는 동식물 포장제품에 대하여 모든 유통 과정을 추적할 수 있게 될 것이다.

RFID 리더기는 다양한 요구를 충족시키기 위해 여러 형태로 활용이 가능하다. 산업적 측면에서 IPC(International Paper Company)[6]사는 자동화된 RFID 추적시스템을 이용하는 대표적인 기업이다. EPC[7]를 기초로 IPC사는 기존의 바코드 시스템을 종이 두루마리의 중심에 부착한 RFID 태그 시스템으로 대체했다. RFID 리더기는 6피트 이상의 종이를 통과해서 RFID 태그를 쉽게 읽을 수 있다. IPC사는 개선된 RFID 시스템으로부터 자사의 운송망을 통해 생산 시점에서부터 최종소비자까지 종이의 이동을 추적할 수 있었다[8].

IPC사는 업무혁신을 여기에서 멈추지 않고 RFID 시스템을 통해 유통센터 내부에서 지게차의 통한 상품의 이동 부분까지 응용할 수 있도록 RFID 시스템을 확장시켰다. IPC사는 유통센터의 상품 선적장 및 출입문에 RFID 리더기 설치 숫자를 줄이기 위해 2003년 『스마트 패키징』 사업을 통해 RFID 리더기가 장착된 지게차를 개발하였다. 이 지게차는 재고관리의 정확성을 향상시키고 누락된 선적건수를 줄이기 위해 특별히 고안되었다. 팔레트가 창고를 통해 운반될 때, 이 지게차는 제품코드와 팔레트에 장착된 RFID 태그를 읽어 트럭의 이동을 파악할 수 있다. RFID 시스템을 갖춘 다른 산업용품 제조회사는 고객의 인프라와 RFID 기술이 적용된 지게차를 통합관리 할 수 있게 되었다고 IPC사는 전하고 있다.

---

6) [역주] IPC(International Paper Company): 미국의 주요 제지회사인 IPC는 펄프 및 인쇄용지, 포장용지, 특수 용지 등을 생산하는 업체로 50개국에 12만명의 임직원이 근무하고 있으며 300억 달러의 연매출을 달성하고 있다. IPC의 사업관련 데이터는 25TB(1 Tera Byte는 1,000 Mega Byte)로 종이로 출력한다면 2,500대의 트럭에 실어야 하는 엄청난 양이다.

7) [역주] ECP(Electronic Product Code): EPC 글로벌에서 보급하는 RFID 태그 입력용 코드체계로 총 96비트의 정형화 된 데이터를 입력할 수 있다. EPC 코드는 헤더(Header), EPC 관리자(EPC Manager), 객체 분류번호(Object Class),일련번호(Serial Number)로 구성되어 있다.

8) [역주] 여기에서 최종소비자는 종이 골판지 상자, 인쇄용지, 종이 겹쳐 만든 봉투, 잡화점 봉투와 같이 산업용품제조업체이다.

그러나 지게차를 활용하는 방법에는 중요한 문제가 있다. 우선 무선 네트워크가 상점 내 RFID 리더기와 충돌할 수 있기 때문에 기술적 보완이 필요하다. 때로는 RFID 리더기가 고속 주입라인과 같이 특정한 부분에 대해 너무 느린 반응을 보여 경험이 부족한 작업자의 경우 피해를 입을 수 있다. 이와 관련된 사항으로 미국국방부는 특정 RFID 기술에 대해 활용을 허가하지 않고 있으며, 캘리포니아 주와 유타 주에서 보류중인 법안은 소매업체가 RFID 기술을 이용하는데 제한사항으로 두고 있다. RFID 기술개발 과정에서의 제약사항은 주목받는 문제는 아니지만 고려해야 하는 장애물 중 하나이다.

RFID 기술은 공급업체와 소매업체가 공동 작업을 할 수 있는 기반을 제공하기 때문에 공급망에서 또 다른 성과를 제공해준다. 시스템의 통합은 RFID 솔루션을 도입하는데 있어서 중요한 통제요소로 작용한다. 이미 대부분의 기업이 공급망을 개선할 수 있는 솔루션을 이미 활용하고 있지만, RFID 기술을 도입할 수 있는 준비가 안 된 기업도 많다. 월마트와 같은 기업이 공급 기업들에게 포장용기와 팔레트 단계에서 태그를 부착할 것을 갑자기 요구할 수 있기 때문에 이에 대해 대비하여야 한다. RFID 데이터 흐름이 시작단계에서 기업은 그 결과를 이용하여 주문처리 시간, 재고의 양, 비축기간 등에서 RFID 태그가 부착된 컨테이너 당 물류비용을 개선할 수 있다. RFID 기술을 도입한 거래 파트너 중 최소 두 곳에서 RFID 태그가 붙은 상품의 거래가 50%밖에 되지 않는다면, 기업간 가시성과 추적에 있어서의 비효율성 분명해진다. 다음 단원에서는 특정 영역에서의 RFID 기술 활용 방법에 대해 자세하게 살펴볼 것이다.

제약업계의 RFID 기술 활용

FDA는 2004년 12월 바이오 테러 법령을 통해 식품의 추적성을 유지하라는 최종 규칙을 발표했다. 이 규칙에 의하면 식품을 가공하고 유통하는 모든 업체는 이전 단계의 식자재 및 음식의 조리방법을 확인할 수 있도록 기록을 보관해야 한다. 의약품과 혈액과 같은 생물 제품에 레이블을 부착해야 하고 최소한 바코드를 이용하여 의약품에 대한 국가의약품 코드, 선적일, 만료일을 표시해야 한다.

FDA가 이 프로젝트를 추진한 초기에는 포장용기와 팔레트 단계의 추적에 초점을 맞추었지만, 2007년 하반기까지 제약회사는 제품단계까지 RFID 태그를 부착해야 할 것으로 예측된다. 미국 시장에는 120억개 이상의 제품이 있기 때문에 RFID 기술의 확산 가능성은 매우 높다. 상품 추적성은 이제 모든 의약품 제조업체에게 중요한 부분이며, 특히 제품의 제조과정을 추적하거나 제품을 쉽게 회수하기 위해 상품의 유통경로를 추적해야 하는 경우 RFID 기술의 중요성은 더욱 부각될 것이다. RFID 기술은 복제와 FDA가 권고한 문제를 해결하는데 적합하며, 내용물 보호 및 안전한 형태로 제품을 검사하는데도 적합하게 이용되고 있다.

RFID 기술은 이미 제약업계에서 약병, 밀폐용 투명 플라스틱 포장, 에어졸 제품에 적용하여 활용되고 있으며, 수혈용 혈액제품을 제조하는 많은 업체들이 RFID 기술을 이용하고 있다. 수혈용 혈액제품에는 선모양의 바코드에 일반적으로 혈액 체취 시설의 이름, 기증자의 혈액형, 제품번호가 상세히 기록되어 있다. 병원에서 의사는 이 데이터와 처방한 의약품의 제품번호를 컴퓨터에 입력한다. 의약품을 취급하는 간호사는 소형 휴대용 컴퓨터를 활용하여 실수를 미연에 방지하기 위해 제조된 제품의 코드와 바코드가 새겨진 환자 팔찌의 정보를 비교해 보는 과정을 거친다. Institute of Medicine Report에 의하면 "미국에서 매년 7천 건의 사망 의료사고가 발생하며, 이 중에는 사전에 예방할 수 있는 사고가 대부분이다."라고 보고하고 있다. 또한 Archive of Internal Medicine에 의하면 "병원에서 숙련된 간호사들은 의약품을 환자에게 투여하는데 약 다섯 번 중 한 번은 실수를 한다."라고 보고하고 있다(Zebra Technologies, 2004, p.2). 더불어 다수의 연구보고서에서 RFID 기술을 이용한다면 의료계에서 나타나는 실수 중 80% 이상을 감소시킬 수 있다고 예상하고 있다.

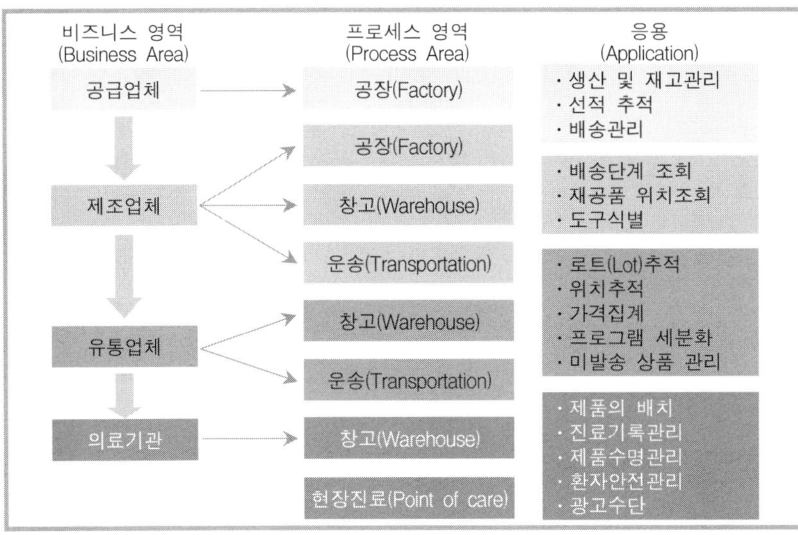

그림 8.1 생명과학 분야의 공급망상에서 RFID의 활용

[그림 8.1]은 생명과학분야의 공급망에서 RFID 활용 효과를 시험하거나 적용하는 프로세스에 대한 일반적인 사항을 제시하고 있다. 비즈니스 영역에서 공급업체, 제조업체, 유통업체, 의료업체는 RFID 기술의 활용을 활성화시키기 위해 다양한 일을 수행하고 있다. 업무 프로세스 영역에서는 공장 안에서 RFID 기술을 시험 운영할 수 있는 방안이 구축되고 RFID 리더기는 상품의 이동을 추적하기 위해 공장 및 창고와 운송시설에서 사용된다. 이 노력은 유통업체로 확대되어 제약업계와 업무 수행을 하는데 있어서 중요한 역할을 한다. 의료기관의 창고관리와 현장진료 영

역에서는 다양한 문제점이 발생한다. 이 문제점은 RFID 리더기를 통해 완벽하게 개선시킬 수 있다. 우리가 RFID 기술 도입으로 나타난 비용과 수익에 대한 분석을 통해 어떠한 업무 분야에서 개선이 이루어졌는가에 대해 [그림 8.1]과 같이 분석할 수 있다.

FDA의 요구와 미국 의약처방거래법(Prescription Drug Marketing Act)의 규정은 생명과학업계와 제약업계에도 새로운 성과를 가져다주었다. 생명과학 분야의 많은 기업들은 FDA의 규칙과 요구사항을 준수하기 위해 바코드 기술과 RFID 기술 도입을 추진하고 있다. A.T. Kearney사가 작성한 『소매점의 RFID 의무 도입 규정』 보고서에 의하면, 처방전 없이 구입 가능한 의약품을 제조하는 제조업체는 내부 재고관리와 유통 운영에 대해 RFID 기술을 이용함으로써 일 년 이내에 투자에 대한 많은 상당 부분을 회수를 할 수 있다고 설명하고 있다. 또한 Accenture사의 조사에서는 제조업체가 RFID 기술 도입을 통한 가시성 향상으로 안전재고를 30%까지 감소시킬 수 있을 것으로 예측하였다(Zebra Technologies, 2004, p.5).

사례 연구 : 퍼듀 제약

RFID 저널 2005년 1/2월호에서 Mark Roberti는 퍼듀제약의 성공적인 RIFD 활용사례를 소개하였다. 코네티컷주의 스탬포드(Connecticut, Stamford)에 위치한 퍼듀제약은 베타딘(Betadine)이라는 소독약과 세니코트(Senikot)이라는 설사약과 같이 처방전 없이 구입 가능한 약과 처방전이 있어야 구매할 수 있는 의약품 및 마취제 등을 생산한다. 퍼듀제약은 그들이 제조하는 의약품 추적을 원하고 있었다. 월마트가 2004년에 Schedule-II 마취제 공급자에게 약병에 RFID 태그의 부착을 요구할 것이라고 발표했을 때, 퍼듀제약의 부사장은 RFID 기술이 미래에 일반화

될 기술로 복제약품을 줄이고 제약 공급망 전체에 이익을 가져올 것이라고 직감했다. 퍼듀제약은 월마트의 요구사항을 준수하는 것뿐만 아니라 RFID 시스템을 옥시콘틴 생산라인에도 적용한다는 과감한 결정을 내렸다. RFID 기술 도입을 통해 퍼듀제약은 의약품이 제품 포장 시설에서 안전한 저장 장소인 창고로 이동하고, 선적장소로 보내지는 과정의 모든 유통 데이터를 얻을 수 있었다(Roberti, 2005, p.14).

퍼듀제약은 여기에서 멈추지 않고 RFID 확산을 위해 다기능 협력팀을 구성하고 EPC Class 1과 Class 0 기준에 부합하는 RFID 태그를 공급할 수 있는 회사를 찾기 시작했다. 퍼듀제약은 노스캘로라이나주 윌슨(Wilson, North Carolina)에 있는 창고시설에서 RFID 프로토타입(Prototype)[9] 개발을 위해 SAP의 SCM 시스템과 RFID 시스템을 연계하는 작업을 진행했다. 2004년 4월에 다양한 협력업체의 도움으로 퍼듀제약은 RFID 시스템 실험을 실시하였으며, 그 실험에서 RFID 리더기가 10피트 떨어진 상자에 포장되어 있는 RFID 태그가 부착된 48개의 병의 시리얼 번호를 리더기가 읽을 수 있다는 것을 확인했다.

이 RFID 시스템 구축 성공을 기반으로 퍼듀제약은 어떤 안테나가 어떤 포장시설에 설치되어야 하고, 어떻게 RFID 리더기가 생산라인을 감시 및 제어하고, 논리연산 제어장치와 상호작용하는지 결정하기 위해 뉴햄프셔주의 레바논(New Hampshire, Lebanon)에 위치한 NJM/CLI Packaging Systems International사와 함께 확장된 RFID 프로젝트를 시작했다. RFID 태그가 병에 부착되기 전에 모든 RFID 태그가 제대로 작

9) [역주] 프로토타입(Prototype) : 프로토타입의 사전적 의미는 원형, 초기 형태 등을 가리키는 것이지만, 일반적으로 말하는 프로토타입이란 어떤 구조물이나 장비에 대하여, 형상이나 설계, 적합성 또는 성능 등을 평가하기 위해 만든 실물 크기의 모형을 말한다.

동해야 한다는 것이 필수조건이었다. 이것은 RFID 태그를 외부 제품 레이블과 통합하는 과정에서 레이블이 포장단계에서 정상적으로 적용될 수 있기 때문이다. 또한 RFID 태그의 제거 및 교체 비용의 추가 발생을 막기 위해 결함이 있는 RFID 태그는 병에 부착하지 않았다. 커네티컷주의 길포드(Connecticut, Guilford)에 있는 레이블 제조업체인 Guilford Gravure사는 그들이 개발한 레이블을 퍼듀제약으로 선적하기 전에 RFID 태그와 레이블을 통합하고 생산라인에서 RFID 리더기에 반응을 보이지 않은 병을 선별하는 시스템을 고안했다. 여기에는 RFID 태그를 퍼듀제약의 복제 방지 기술과 통합하는 방법이 포함되었다.

퍼듀제약은 레이블이 선적이나 포장라인을 거치는 과정에서 손상되지 않고 고장안전방식(Fail-Safe Manner)[10)]으로 작동한다는 점을 명확히 확인한 후 RFID 태그가 붙어있는 6개의 용기가 실험적으로 월마트로 배송하였다. 이것은 병이 용기 안에 포장되어 있는 상태에서도 병에 부착된 RFID 태그를 100% 읽을 수 있어야 한다는 소매점의 요구사항에 부합하는지를 확인하려는 의도에서 이루어진 적용실험이었다. 월마트의 직원은 퍼듀제약에서 보낸 모든 약병의 RFID 태그를 읽을 수 있었다. 그 후의 가장 큰 난관은 처리 속도를 떨어뜨리지 않으면서 RFID 시스템과 포장라인의 통합방법을 모색하는 것이었다(Roberti, 2005b, p.16).

개발된 RFID 시스템 하에서 포장기계는 각 병에 100개의 알약을 정확히 담는다. 그런 다음 병은 컨베이어를 따라 이동해서 뚜껑이 닫히고 종이책 표지 크기의 RFID 리더기가 RFID 태그를 읽는다. RFID 리더기가 EPC 코드를 읽어내지 못하면 기계에서는 강력한 바람이 발생해 그 병을

10) [역주] 고장안전방식(fail-safe manner): 설비는 외관, 구조, 기능, 작업 및 보수 차원에서 일정한 조건을 갖추어야 하는데 기능면에서 설비자체의 고장으로 이상이 발생하였을 시 작업자가 보호받을 수 있는 방식이 고장안전방식이다.

생산라인에서 밀어낸다. RFID 태그 정보를 성공적으로 읽으면 감독자는 접촉감지 컴퓨터(Touch-Screen Computer)를 가지고 상품에 대한 정보를 입력하여 RFID 태그에 저장된 EPC코드로 올바른 상품식별이 가능한지 확인한다. RFID 태그를 읽은 후 병을 6개의 단위로 모아서 압축 포장한 후 수동으로 작은 용기에 담는다. 이 용기 하나에는 48개의 병이 들어간다. 6개 단위의 8묶음을 용기에 담아 보호 테이프로 봉한 후 용기에 포장된 48개의 병을 이동시켜 또 다른 RFID 리더기로 RFID 태그를 읽어 일련번호와 비교해서 중복 번호가 없는지 확인한다. 그런 다음 용기 100개를 팔레트에 쌓고 컨베이어로 가져가서 다시 또 다른 RFID 리더기의 검사를 받는다. 이러한 일련의 작업이 끝난 후 포장된 의약품을 저장창고에 보관하고 아칸소주 벤토빌(Bentonville, Arkansas)의 월마트 창고로 선적하기 전 창고에서 의약품을 반출할 때 한 번 더 RFID 태그가 붙여진 약병을 읽어 확인한다.

퍼듀제약은 2004년 11월 29일에 RFID 시스템을 실제 업무에 적용하기 시작했다. 그 당시 회사에서 나온 관리자와 포장전문가, IT전문가, 보안전문가로 구성된 업무혁신팀은 노스캐롤라이나주 윌슨(North Carolina, Wilson)에 위치한 창고시설에서 많은 상품에 EPC 코드를 부착하기 위한 독자적인 시스템가동을 확인하고 있었다. 이 과정에서 RFID 태그를 부착한 병 2만개의 첫 일괄처리에서 2개의 RFID 태그가 불량으로 판정되었으나 전체적인 RFID 구현 과정을 살펴볼 때 RFID 시스템의 구현은 성공적이었다. 포장디자인 및 개발에 대한 총책임자인 David Richiger는 "장기적 볼 때 공급망 전체에서 제품을 인증하고 전자계보(Electronic Pedigree)를 만들기 위해서는 RFID 기술의 도입이 올바른 접근방식이라고 생각한다"고 언급했다(Roberti, 2005b, p.20). 퍼듀제약은 RFID 기술의 도입을 중단할 계획은 없으며 RFID 기술 확산을 위해 뉴저지주의 토토와(New Jersey, Totowa)에 위치한 포장시설에서 두 번째 RFID 시스템을 설치하고 있다.

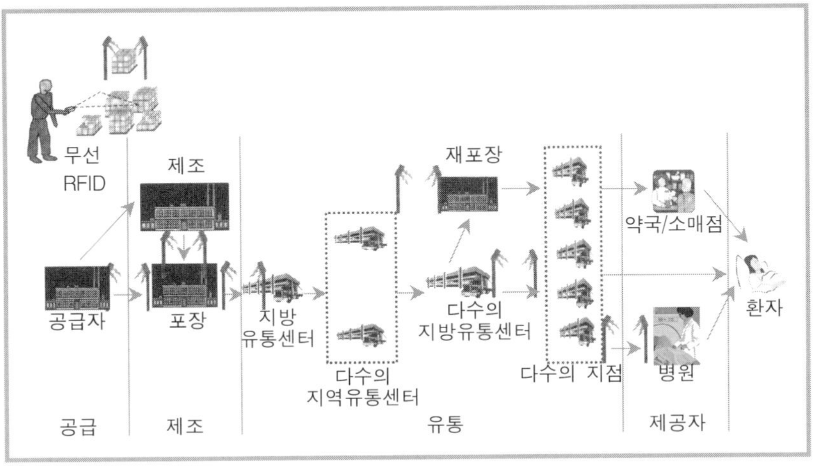

그림 8.2 생명과학분야의 공급망에서의 RFID 기술 활용

다른 제약업계와 의학업계에서도 유사한 RFID 도입 성과를 기대할 수 있다. [그림 8.2]는 생명과학 분야의 기업 가치사슬을 확장하는 단계를 보여주고 있다. RFID 기술을 도입해 의약품의 복제방지와 진위여부 확인은 업계 전반에 긍정적인 영향을 미쳐 세계적으로 연간 5천억 달러의 공급망 비용을 줄일 것으로 예측된다. 또한 RFID 기술을 도입해 의약품 개발을 시작하여 승인을 받을 때까지의 사이클 타임도 단축시킬 수 있을 것으로 예측된다. 임상실험을 수행하는 동안 RFID 기술을 활용하면 샘플 의약품에 대한 재고관리를 향상시킬 수 있을 것이며, 의료사고도 감소되어 환자들의 안전에 개선이 있을 것이다. 소매업체와 병원에서의 RFID 기술을 통한 자동재고보충은 이미 진행되고 있으며, 특정 상품 회수를 위한 추적이 용이해져서 제약회사의 약품재고를 추적하는데 일조할 것이다. RFID 기술을 통해 의약품 재고를 추적하는 방법을 통해 병원은 필요한 의약품이 있는지 여부를 확인할 수 있게 된다.

기타 산업의 문제 및 난관

의료업계와 다른 여러 업계에서 예상되는 개선사항을 요약하면 다음과 같다.

■ 공급망 효율화(Supply chain efficiency)
- 운영비용 감소
- 손실률 감소
- 품절률 감소
- 배송 정확도 향상
- 자동화된 주문 및 재주문 처리

■ 추적성(Track and Trace)
- 재고정확성 향상
- 불필요한 재고 보유율 감소
- 공급망 관리의 명확화

■ 제품인증(Product authentication)
- 위조방지, 개인정보 보호, 진품보증
- 모조품 방지
- 반품률 감소

의료업계를 포함한 다양한 산업계에서 RFID 기술 도입에 있어 선행조건은 기업에 적합하도록 RFID 기술을 구현하는 것이다. RFID 기술 구현에 있어 첫 번째 과정은 기술교육과 기업전반에 걸쳐 사용의 범위를 확대하는 것이다. 이를 위해 자동식별기술(Automatic Identification Technology: AIT)과 RFID 기술에 대한 전문지식을 이해한 후 활용 방안을 모색해야 한다. 여기에서 중요한 사항은 기업이 RFID 기술을 확실히 이해하고 기업 고유의 공급망 환경에서 기업이 어떻게 RFID 기술을 개발하여 활용할지를 분명하게 하는 것이다. RFID 시스템의 활용을 위해서는 적절한 하드웨어, 소프트웨어, 공급자에 대한 충분한 정보가 필요하며 현실과 이상 사이의 차이를 인식해야 한다.

기업은 RFID 실행을 위해 투자 계획에 수익성에 초점을 맞춘 전략을 수립해야 한다. RFID 시스템의 효과에 초점을 맞추면 기업은 AIT/RFID의 데이터와 기존 ERP 시스템의 통합으로 다양한 효과와 기회를 얻게 될 것이다. 특히 처음에는 어떤 업무 절차가 RFID 기술 실행으로 위험이 감소되고, 수익이 개선되는지를 확인할 필요가 있다.

또 하나의 중요한 요소는 RFID 기술에 활용되는 데이터 표준을 발전시킬 필요성이 있다는 것이다. 데이터 표준은 플랫폼이나 기업중심의 ERP 시스템의 경직성, 데이터 양에 상관없이 유용한 데이터를 실시간 교환할 수 있게 한다. RFID 시스템을 설계한 후 RFID 성과를 통해 얻을 수 있는 타당한 기대성과를 수립하는 것이다. 기업은 EPC 표준이 RFID 태그와 주파수 활용에 대해 3년 이내에 완벽한 가이드라인이 제시될 것을 기대하고 있다. 또한 EPC Generation 2 태그가 광범위하게 이용되는 표준으로 자리매김하게 되고, RFID 태그의 가격이 5~7년 이내에 10센트 이하로 떨어질 것으로 예상하고 있다.

수동형 RFID 태그 가격(저용량은 약30센트), 배치에 관한 규칙, 제품 테스트, 네트워크 대역폭, 생산규모, 정확한 인식률, 리더기 가격, 보안 및 사생활 침해 문제가 향후 3년 이내에 개선될 전망이고, 실제 비용과 이익이 결정됨에 따라 학습곡선도 향상될 전망이다. RFID 도입은 기업들의 로드맵 개발, 책임 소재의의 명확성 확보, 정확한 이행 방법론 개발을 통해 업무개선 성과가 나타날 것이며 주요 사례연구가 지적하듯이 RFID 성과는 확산될 것이다.

산업 환경에서의 RFID 활용현황

성공적인 RFID 구현 사례로 미국의 군수회사인 General Dynamics사의 사례가 있다. 이 회사의 랜드시스템(Land system)부서는 유일하게 미국 국방부의 신원확인(UID)과 RFID 시스템 요구에 대한 준수사항을 따랐다. 이 회사는 RFID 시스템이 다양한 다른 내부 시스템과의 조율과 개선을 수행하는 동시에 운영 효율성이 향상되는 가능성에 대해 조사했다. 이 회사는 미 국방부의 요구에 부합하기 위해 기업에서 효율적 업무 관리를 위해 RFID 테스트를 수행하기로 결정했다. General Dynamics사는 RFID 기술 도입을 위한 첫 번째 단계로 다양한 전문가로 이루어진 경영혁신팀을 구성하는 것이었다. 이 경영혁신팀은 General Dynamics사의 IT부서와 공급망 기업들의 구성원으로 구성하였고 CSC컨설팅의 지원하에 운영되었다.

이렇게 구성된 경영혁신팀은 먼저 첫해 RFID 시스템 구현을 위한 투자비용의 대략적인 추정치를 산정하고 향후 5년간의 예상되는 비용 조사에 착수했다. 또한 UID와 RFID 프로세스가 어디서 어떻게 실행되는지 이해하기 위해 현장 방문을 실시함으로써 투자비용의 규모(Order of Magnitude: ROM)를 추산했다. 그런 다음 경영혁신팀은 RFID 기술 도입으로 영향을 받는 프로세스를 파악하여 General Dynamics사의 하드웨어와 소프트웨어의 통합측면에서 이용 가능한 대안을 도출하는 작업을 시작했다. 이 과정에서 의사결정모형(Decision Matrix)은 고려되고 있는 다양한 대안에 대해 여과기로써의 역할을 수행했다. General Dynamics사는 업무 프로세스의 혼란을 최소화하고 내부 운영 효율성의 최대화와 정보시스템의 중복 활용 예방방법이 의사결정모형을 통해 도출되었다.

이 분석을 통해 경영혁신팀은 4개의 해결방안을 찾아냈다. 이 4개의 해결방안은 장비 목록, 추정 자산, 효과가 나타나는 시간, 시스템 통합 문제였다. 경영혁신팀은 의사결정모형에 대비되는 대안을 고려한 후 해결방안을 선택했다. 선택된 해결방안은 미국 국방부의 대규모 ERP 시스템의 개선으로 인해 RFID 기술 및 UID 적용 일정을 조정하는 것이었다. 시스템 개선사항은 정부의 주문 접수시 다양한 정보의 수신과 효율적 선적 등이며, 이 개선사항은 ERP 시스템이 2007년에 완전히 실행되기 전까지 교량 역할을 수행할 것이다.

요약

RFID 기술은 다양한 제품의 식별정보를 포장 수준에서 활용할 수 있는 기회를 제공해 준다. RFID 기술은 공급망에서의 기업들이 제품의 추적관리를 통한 효율적 재고관리와 다양한 요구사항을 만족시켜준다. 즉 기업들에게 공급망 가시성 창출을 통해 비용 절감과 수익 실현에 도움을 준다. 현재 많은 기업들이 RFID 기술이 가져다주는 효용성을 인식하고 있고, 이에 따라 RFID 기술의 활용 노력은 증가하고 있다.

Chapter 9

RFID 구현 사례 및 로드맵

RFID 기술 옹호론자들은 RFID 기술이 널리 보급되고, 컴퓨터 네트워크를 통한 전략적 활용 가능성이 증가하고 있다고 주장하고 있다. RFID 기술의 장점은 다음과 같다. 첫째, 소비자들은 식료품점에서 식품을 구입한 후 RFID 기술 덕분에 보다 빨리 계산할 수 있게 되었다. 둘째, RFID 기술은 환자들이 늦지 않고 제때에 약을 먹을 수 있도록 알려주는 기능을 제공한다. 셋째, RFID 기술은 냉장고 안의 우유에 대한 유통기한을 파악해 우유가 변질되기 전에 사전 정보를 전달해 준다. 그 밖에도 RFID 기술은 약품의 위조 예방, 차량 도난 방지, 군수물품의 신속한 조달체제 구축, 미아 방지를 위한 시스템 개발 등 다양한 분야에 사용되고 있으며, 응용분야는 점차 증가할 것으로 전망되고 있다.

현재 RFID 시스템 관련 새로운 활용 사례가 매주 발표되고 있다. 예를 들면, 포드자동차는 RFID 기술을 이용해 50여개의 부품 및 조립 공장 각 파트에서 무선신호를 이용해 정보를 교환하고 있다. Dale Buss의 저서 『Automotive Logistics』에서는 "건전지로 전원이 공급되는 휴대용 RFID 시스템은 현장의 근로자들에게 특정 부품의 재고가 부족할 경우 무선 신호를 통해 재고 보충정보를 제공해주며, 또한 자동차 본체의 특정 부분에 대한 재가공이 필요할 경우 생산라인을 따라 이동하는 자동차 조립 공정마다 필요한 정보를 전송해 준다."는 RFID 활용 사례를 소개하고 있다(Dale Buss, 2004, p.68).

또한 포드자동차는 캘리포니아주(California) 산타클라라(Santa Clara)에 본사를 두고 있는 WhereNet사와 공동으로 자체 신호를 전송하는 능동형 RFID 태그를 이용하는 정보시스템을 개발하였다. 이 정보시스템은 포드사의 자동차 제조 공정에서 비용절감을 통해 효율성을 높여 주었고, 낭비 요소를 제거해 주었다. 포드자동차와 공급품을 조달하는 회사들은 RFID 기술에 기반한 간반시스템(Kanban Systems)을 이용해 자동차 부품 및 조립 공정에서 신속하고 효과적인 조립과 이동이 가능해지게 되었다. 또한 사우스 카로리나주(South Carolina) 스파탄버그(Spartanburg)에 있는 BMW 공장에서는 조립되는 모든 자동차에 가로 2인치, 세로 3인치의 능동형 RFID 태그를 부착하였다. 이 RFID 태그는 전체 자동차 조립공정에서 좌석 부착에 사용된 토크 설정과 같은 제조 데이터와 같은 일련의 진행 상황에 대한 정보를 지속적으로 정보시스템으로 전송해주었다.

GM(Genernal Motors)은 자동차 조립 공정을 추적·관리하기 위해 1980년대부터 유럽 공장에서 RFID 기술을 이용하고 있다. 특히, GM은 RFID 시스템에 장착된 지게차를 이용하여 공장 안에서 자유롭게 데이터를 전송하고, 활용할 수 있게 되었다. 과거에는 지게차 기사에게 새로 들어온 부품을 조립 라인에 갖다놓도록 했다. 이 신호를 보내기 위해서는 현장 기능사가 필요한 부품을 받기 이전에 지게차 기사가 집어갈 수 있도록 종이표를 만드는 게시판의 버튼을 눌러야 했다. 새로운 RFID 기술을 응용한 무선 통신 환경에서는 현장에 있는 기능사가 지게차에 있는 무선수신기에 신호를 보내는데, 이 무선수신기는 일련의 부품들에 대한 정보를 전송해준다. GM사의 공급망 자재흐름계획 부서의 무선기술 관리자인 Ron Gravish는 "우리는 RFID 기술을 효율적인 자재흐름에 의한 정보관리를 통해 지게차의 이동범위를 최소화하였다."라고 밝히고 있다 (Dale Buss, 2004, p.70).

우리는 앞 단원에서 공급망의 가시성 확보를 위해 사용하는 RFID 기술과 RFID 구현을 위한 고려사항, 그리고 RFID 기술 적용에 대하여 살펴보았다. 9장에서는 기업이 RFID 기술을 신중히 채택하는 방법을 비롯하여 실제 현업에서의 적용을 위한 RFID 구현 사례로, RFID 기술을 이용하는 방법에 관해 다룰 것이다. 그리고 기업들이 경쟁우위 확보를 위해 경영전략과 RFID 기술과의 연계 지침을 다룰 것이다.

공급망에서의 RFID 사업 기회

기업들이 RFID 기술을 이용해 어떻게 경영성과를 개선할 것인가를 고려할 때, 기업은 공급망의 전방 단계에서 제품에 RFID 태그를 부착하는 것에서부터 후방 단계까지 ERP 시스템을 통해 소비자에게 상품을 배달하고, 소비자를 만족시키는 과정을 어떻게 개선할 수 있는지를 고려해야 한다. 이러한 기회분석은 특정 업무 프로세스 개선이 기업들에게 어떠한 전략적 우위를 가져다주는지에 초점을 두어야 한다. RFID 기술 도입을 통한 업무 프로세스 개선을 위해서는 기술적용 방법, 생성되는 데이터의 종류 및 데이터가 기록 방법 및 위치 통제 방법, 데이터의 공유 방법, 시스템 설계에 포함될 아키텍처 설계 방법 등 다양한 사항을 고려해야 한다.

RFID 계획에 필요한 프레임워크

[그림 9.1]은 기업에서 RFID 시스템 도입을 계획할 때, RFID 기술이 작동하는 방법을 비롯하여 적절한 향후의 업무 프로세스를 설명해주고 있다. 이 그림은 앞에서 제시된 것을 상세히 표현한 것이며, RFID 기술이 다양한 업무 분야에 응용되고 있는 것을 포괄적으로 설명해준다. RFID 기술 도입을 계획하고 있는 기업은 업무 프로세스 흐름에 대한 프레임워크를 정교하게 설계해야 향후 기술의 적용과 성과 개선을 명확하게 할 수 있다. 업무 프로세스 흐름에 대한 프레임워크는 RFID 시스템이 정상적으로 작동하지 않을 수 있다고 생각하는 사람들에게 이들이 가지고 있는 걱정을 초기에 해결해 줄 것이다. RFID 기술을 처음 사용할 때 RFID 태그의 칩에는 배송 시스템에 진입하는 다양한 제품을 자동적으로 파악하기 위해 각각의 단품마다 유일한 EPC가 저장되어 있다 RFID 태그의 EPC는 기업 및 사업 파트너가 원하는 수준에서 결정된다. RFID 태그는 수동 식별자를 통해 제품 정보를 판독하고, RFID 시스템의 미들웨어는 데이터의 중계 역할을 수행한다.

최근 기업들은 인터넷에 기반한 거래시스템 사용이 증가하고 있는데, 이들 거래시스템의 특징은 기업간 업무 프로세스 상호 연계를 통해 공급망 가시성을 확보해 준다는데 있다. RFID 시스템에서 전파의 역할은 RFID 태그가 확장 공급망의 특정 지점에서 자동적으로 정보를 감지하도록 하는 것이다. 객체네임서비스 서버(Object Name Service Server)[1]는 RFID 태그를 읽는 이벤트로부터 EPC 네트워크의 구성요소에 제품, 위치 및 진행 상황에 대한 상세 정보를 제공하고, EPC 값을 특정 원격 서

1) [역주] ONS(Object Name Service)는 RFID 리더를 통해 입력되는 사물의 정보 파일이 어느 서버에 있는지 알려주는 소프트웨어로 인터넷의 DNS에 해당한다.

버의 주소에 맞춘 후, 검사를 통해 네트워크에서 보안을 유지하면서 데이터 액세스(Access) 및 사용을 제어하는데 도움을 준다.

RFID 기술이 성과를 나타내기 위해서는 기업과 사업 파트너의 RFID 활용 수준을 최적화시켜야 하고, 또한 RFID 기술은 다양한 공급망 프로세스 단계에서 각각의 업무를 개선할 수 있도록 사용되어야 한다. RFID 기술은 재고가 무엇이 있는지 알게 해주고, 제조 과정에는 어떠한 제공품이 있는지를 알 수 있게 해주며, 배송이나 반환의 목적으로 운송 중인 상품이 무엇인지를 알 수 있게 해준다. 앞서 밝혔듯이 RFID 태그를 통한 상품의 체계적인 추적관리를 위해서는 적절한 장소에서 케이스와 팔레트에 부착되거나 개별 상품에 부착되도록 계획을 수립해야 한다.

[그림 9.1]의 내용은 다음과 같다.

- RFID 태그 - 바코드 및 사람이 읽을 수 있는 정보를 가진 접착식 라벨의 일부분으로서 보통 내장된 안테나에 부착된 마이크로칩이며, 태그는 읽기 전용 혹은 읽기 및 쓰기가 가능하며 전자제품코드(EPC)를 전달한다.
- 리더기 - RFID 태그에서 무선 신호를 송수신하는 하드웨어이며, 리더기는 리더기에 부착된 안테나를 통해 통신한다.
- 미들웨어(Middleware) - 데이터를 여과하고 기업 어플리케이션으로 데이터를 전달하면서 RFID 시스템의 신경 시스템으로 작동한다.
- 객체 네임 서비스(Object Name Service) - DNS와 유사하며, EPCglobal이 관리한다. 이 네트워크는 기업이 제품 정보를 교환하고 거래를 관리하도록 하는 이름 검색 기능 및 데이터를 제공한다.
- EPCglobal 네트워크 - EPC 정보의 교환을 위한 서비스를 제공하는 EPCglobal이 관리하는 인터넷 기반 네트워크이다.

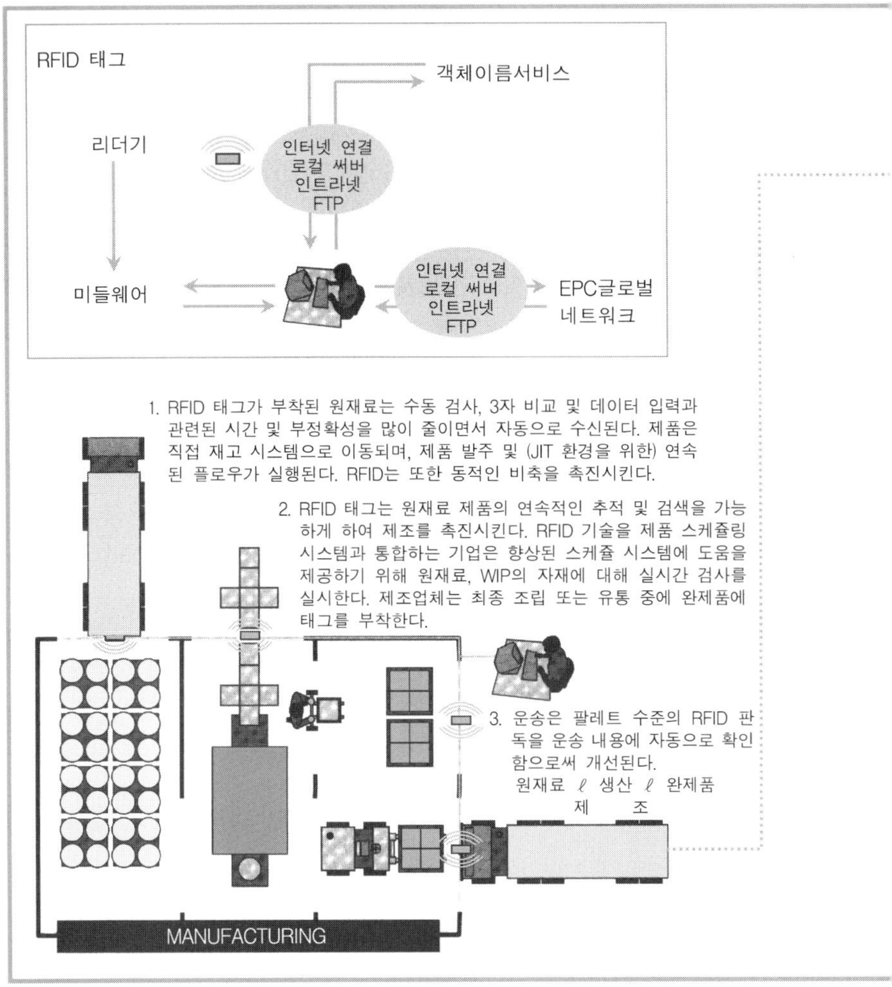

4. 물류센터(DC)에 도착하는 제품은 창고에 있는 리더기에 의해 자동으로 감지된다. 제품은 역순서로 수신, 기록, 배치된다. 크로스도킹 작업은 제품 영수증을 출고될 운송과 비교함으로서 능률화한다. 아직 배치를 하지 않은 제품은 창고 효율성을 제고하면서 동적으로 배열된다.
5. 공급망 유통 네트워크에 있는 다양한 지점의 센서는 정보를 비롯하여 기온, 습도, 충격에 관한 경보 및 기타 미리 설정된 경보를 제공한다.
6. RFID 시스템은 동적 배열, 재고의 정확성 및 선택 경로를 촉진해서 창고관리시스템(WMS)[2]의 효과성을 높인다. 창고관리시스템은 제품의 모든 이동을 추적해서 기타 물류센터 어플리케이션과 협력관계를 유지한다.
7. RFID 기술은 소비자에게 다음과 같은 행동을 촉진하여 이익을 제공한다.
   - 출고 자동차에 적재된 제품은 태그 데이터를 기반으로 확인한다.
   - RFID 기술은 핵심 운송 서류(예: BOL, ASN, CSO)의 생성을 통합한다.

---

2) [역주] 창고관리 시스템(WareHouse Management System)의 약자

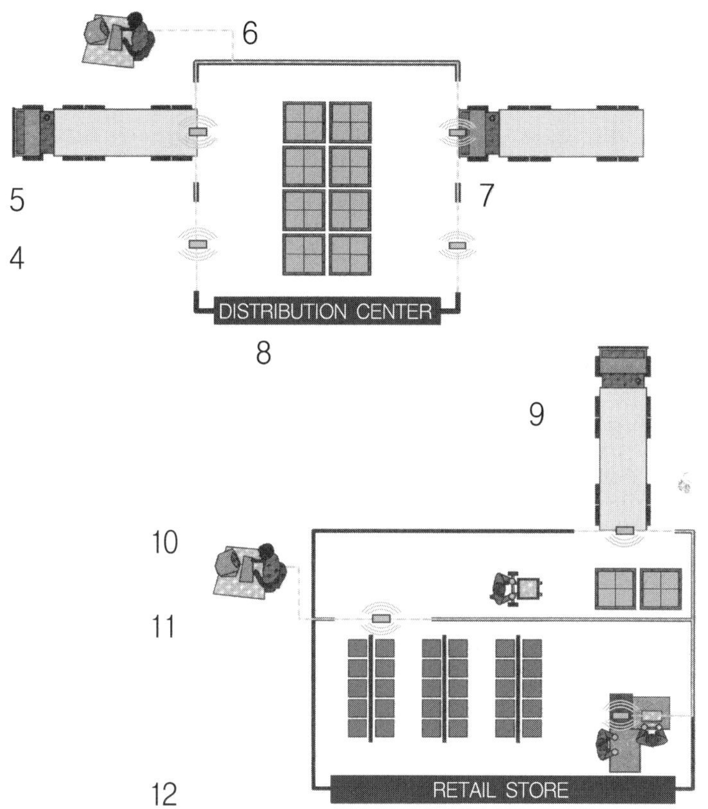

그림 9.1 RFID의 향후 모습

8. RFID기술은 실시간 수송 추적 정보를 중계하면서 운송 중인 제품의 투명성을 제고한다. 대부분의 이런 기능은 운송업체가 제공한다. 제품의 회수 지점에서 로트 추적 지점을 보다 우수하게 만들 수 있다.
9. 소매 제품 추적은 RFID 기술을 이용하여 개선할 수 있다. 태그가 부착된 제품은 후방 사무실에서 소매점 선반을 비롯하여 구매에 이르기까지 추적할 수 있다. 선반이 비어 있고 배치가 잘못된 제품은 네트워크에 전달되고 채워진다.
10. 가장 크게 영향력을 미치는 RFID 어플리케이션은 재고보충 프로세스이다. 재고 수준은 이동의 역순으로 균형이 맞추어지며 재고보충 프로파일이 명확해진다.
11. 제품회수관리는 RFID 시스템이 제공하는 추적 가시성으로 개선할 수 있다. 로트 관리는 대량 회수의 영향을 완화하면서 특정 제품의 추적에 도움을 제공한다.
12. 재고감소 및 점포에서 도난은 개별 제품마다 태그를 부착해서 줄일 수 있다. 소비자가 제품에 대해 대금을 지불한 이후에 이러한 태그는 비활성 상태가 된다. 비활성 상태가 아닌 제품을 점포 밖으로 가지고 나갈 경우에 출입구에 있는 리더기는 경보나 신호를 발생한다.

RFiD 시스템이 기업의 요구사항을 만족시키기 위해서는 현재 이동 중인 상품에 대한 정보를 정확히 식별하고, 상품의 재고기록관리 및 추적관리가 가능해야 한다. 또한 RFID 기술은 트럭이 적재할 수 있는 적정 중량을 알려주어 과적을 사전에 예방해야 한다. 앞서 언급하였듯이, RFID 기술의 오류는 초기에 주로 보고되며, 이는 개선작업을 통해 수정되고 보완된다. 또한 RFID 기술은 운송중인 상품의 온도, 습도, 기타 조건에 대한 정보를 알려주어 운송 중에 발생할 수 있는 상품의 손상을 사전에 예방해 준다.

또한 RFID 기술은 제품이 입고되면, 입고에 대한 디지털 인증서를 특정 EPC 값과 연계해 시스템에 기록하게 해주고, 이를 통해 제품의 빠른 검사를 가능하게 해주고, 더불어 제품 위조의 위험성을 감소시켜준다. 도착 제품은 창고 또는 물류센터에서 자동으로 감지되며, 이 과정에서 RFID 기술을 이용한 자동화된 업무 처리는 기업에게 비용을 절감시켜주고, 보안 수준을 개선시켜 준다. 또한 기업들은 전략적 업무처리를 위해 RFID 센서를 창고 및 물류센터의 입구에 설치해 정보의 수신, 정렬, 정리, 수송을 위한 크로스도킹 작업과 통합하였고, 상품의 주문관리 프로세스도 효율적으로 개선하였다.

RFID 기술과 창고관리 시스템의 통합은 물류센터에서 모든 이벤트를 실시간으로 판독하고 기록하게 해주면서 모든 재고의 이동을 추적관리하는데 도움을 준다. RFID 기술은 제품이 트럭이나 자동차에 적재되기 이전에 상품의 종류, 수량, 목적지를 확인하게 해주고, 더불어 향후 공급망 프로세스에서 상품의 추적관리를 통해 재고의 손실 및 도난을 감소시켜 준다. 예상치 못한 사고로 상품 운송에 변화가 발생했을 때, 문제의 근원을 추적하는데도 RFID 기술은 유용하게 이용된다.

창고에서 소비자에 이르기까지 상품의 운송이 진행되면서 RFID 리더기는 점포의 출입구, 내부의 소형 창고, 소매점에서 모든 상품의 이동을 감지하고, 자동으로 상품의 재고상태를 보고하고 품절 상황이 발생하는 것을 예방해준다. RFID 리더기는 개별 제품을 소매점 진열장에 둘 때, RFID 태그를 관리하고 보고하는 역할을 하고, RFID 시스템이 수집된 정보를 통해 판매시점 정보를 분석하고, 자동적으로 제품의 충원이 이루어지도록 지원해준다. 이런 전체적인 과정이 바로 RFID 기술이 제공하는 실질적인 이익이다. 마지막으로 RFID 태그가 공급망의 후방으로 이동하면서 케이스와 팔레트를 관리하기 때문에 상품의 회수관리가 용이해진다. RFID 태그가 개별 항목까지 확장될 때, 상품의 이동과정은 더욱 투명해질 것이다.

공급망에서 발생하는 일을 확인하고, 체계적인 공급망 관리를 원하는 기업들에게 RFID 기술은 새로운 기회를 제공해 줄 것이다. RFID 기술 도입을 고려하는 기업들은 향후 RFID 태그의 가격 하락, RFID 시스템 구축을 위한 투자자금 감소, 기타 운영상의 성과 개선을 기대할 수 있다. 어떤 분석가는 2008~2009년에 이르면 "기업들은 자산의 70% 이상에 RFID 태그를 부착하게 될 것이고, 1~3%에 이르는 운영비용을 줄일 수 있을 것이다."라고 예상하고 있다. 이와 같은 비용절감은 손실 자산의 감소, 자산의 유지보수 개선, 도난 및 사기 감소, 재해의 예방으로 실현될 것이다(Alvarez, 2004).

영국의 테스코는 공급업자에게 RFID 구축에 대한 초기비용을 떠넘기지 않고, 미래에 RFID 기술이 유용하게 될 것으로 예측하고, RFID 기술에 대한 투자를 하였다. 일반적인 통념은 RFID 시스템 구축과 관련된 대부분의 비용을 공급망에서 상위에 위치한 공급업체가 부담하는 것이었다. 그러나 테스코는 ADT 보안 서비스 업체와 계약을 통해 영국에 있는 소매점 및 물류센터에서 사용할 4,000개의 RFID 리더기를 비롯하여 16,000개의 안테나를 직접 구매하였다. 이 장비들은 RFID 장치로부터 데이터 수집 내용을 동기화하기 위해서 OatSystems사와 ADT Device Commander사를 통해 RFID 시스템을 구축하고 있다. 테스코는 제품의 케이스와 팔레트를 추적하기 위해서 우선 1,300개의 테스코 점포와 35개의 물류센터의 창고의 출입구에 RFID 리더기를 설치하였다. Gartner Research의 분석가인 Jeff Woods는 "공급업체를 RFID 구축 프로젝트에 투입시키기 이전에 RFID 관련 인프라스트럭처를 구성하기로 한 테스코의 의사결정은 보다 성공적인 RFID 구축 사례가 될 것입니다. 왜냐하면 공급업체들이 RFID 태그에 대해 비용을 지불해야 한다면 그들은 자기 평가를 보다 엄격하게 시행할 것이기 때문입니다."라고 밝히고 있다 (Sullivan, 2005c, p.35).

RFID 과제 : 가치에의 순응

기업이 비즈니스 전략 로드맵을 수립할 때, RFID 기술이 가지고 있는 장·단점에 대한 주요 고려사항을 다시 검토해보자. [그림 9.2]를 살펴보면, 기업들은 RFID 시스템이 체계적으로 구축되도록 소매업체의 지시를 따르고, 관련 공급업체 기업들과 공동으로 가치를 창출할 수 있도록 하는 것에서 RFID 도입 프로젝트는 시작된다. RFID 도입 프로젝트의 시작은 RFID 기술 채택을 둘러싼 찬성과 반대 의견을 수용하는 데서 시작한다. 첫 단계에서 RFID 시스템 배치에 관련된 파트너는 관련 이슈를 직접 해결해야 한다. RFID 기술 옹호론자와 회의론자를 모이게 하고, 관련 이슈에 대해 의논을 한다. 기업들은 RFID 기술 채택에 대한 찬성 및 반대에 관한 모든 주장을 경청하고, 이에 대한 종합적인 의견 수렴을 통해 기업의 향후 전략 수립과 수행방법이 체계적으로 이루어지도록 노력해야 한다.

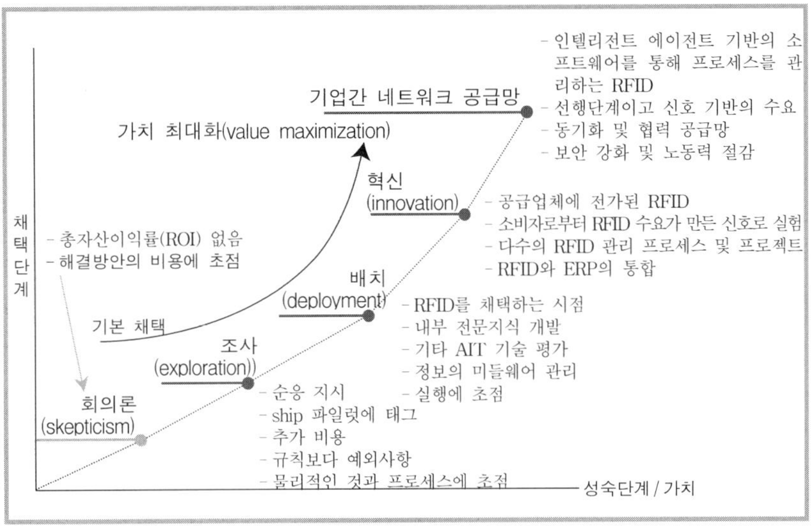

그림 9.2 RFID 과제: 가치에의 순응

회의론(Skepticism)적 단계를 먼저 살펴보면, RFID 기술 도입에 참여한 일부 기업에게 ROI 달성에 대한 의문을 제기할 수 있다. RFID 도입을 통한 성과개선을 비롯하여 실제 기업에게 일어날 수 있는 결과에 대한 충분한 토론이 이루어져야 한다. 그리고 RFID 프로젝트를 취소할 때 발생하는 문제점과 비용에 대해서도 확인시켜 주어야 한다. 수익을 어떻게 창출할 것인지 분명하게 파악해야 하고, 비용을 어떻게 줄여서 공유할 수 있는지를 살펴보아야 한다. 바로 이 단계에서 RFID 시스템이 생성하는 정보를 비롯하여 정보를 공유하는 방법, 시기, 그리고 가장 중요한 것으로서 정보를 누가 소유할 것인지에 관해 논의를 시작해야 한다.

조사(Exploration) 단계에서 기업들은 비용과 위험을 최소로 유지하면서 지시사항에 대처하는 방법을 검토한다. Tag-and-Ship 파일럿은 RFID 기술을 도입하는 기업들이 실제로 얼마의 비용이 소요될 것인가를 예측하는 좋은 방법이다. 시뮬레이션 기법은 "What-If" 기법을 적용한다. 이 기법에서는 다양한 구성요소에 대한 추가 비용을 고려해야 한다. 우선 비용과 수익에 대한 추정치를 개발하기 위해 RFID 팀이 구성되어야 한다. RFID 팀은 규칙보다는 예외 사항에 대해 많은 연구해야 한다. 당연히 Tag-and-Ship 파일럿 방법은 기존 사업 프로세스에 대해서 예외사항에 해당된다. 순응 요구조건을 충족시키거나 또는 RFID 기술 기반의 공급망 관리를 조사하기 위한 예비 파일럿의 한 부분으로 RFID 태그가 부착된 제품은 반드시 일반 제품흐름과 분리하여 특별하게 취급을 한다. 조사단계에서 모든 사업 프로세스에 RFID 기술을 위해 "What-If" 또는 미래의 "Could-Be" 상태에 대한 정보를 제공한다. RFID 도입 계획을 수립하는 동안에 근원적인 RFID 기술에서 예상되는 개선 사항을 사전에 파악해야 한다. 이러한 노력은 기업이 RFID 시스템을 채택하고, 배치하는 계획에 대한 사전 정보를 제공해 성공적인 RFID 구현을 지원한다.

배치(Deployment) 단계에 진입하면, 초점은 RFID 기술을 채택하는 특정 시점에 맞추어진다. 이 단계에서는 회의론 단계를 비롯하여 조사 단계에서 수집한 정보를 검토하고, 기업이 RFID 기술 도입을 처음 시작한 이후 발생한 새로운 사항에 대하여 분석하고, 대안을 수립한다. 이 단계에서는 내부 여과장치와 외부 여과장치 모두를 고려해야 한다. 내부 여과장치는 주로 기업과 그 파트너의 전략적 방침이 된다. 제품의 조달, 물류 계획, 신제품 도입, 새로운 시장 등이 전반적인 RFID 시스템 배치 계획에 어떻게 영향을 끼칠지 이해하고 통합하는 것이 중요하다. 내부 여과장치가 중요한 것처럼 외부 여과장치 또한 중요하다. RFID 배치 계획을 수립할 때 RFID 태그 비용, RFID 태그 성능, RFID 미들웨어 기능, 소비자의 예상 주문 등과 같은 외부 여과장치를 예측하는 것이 더 크게 중요할 수도 있다. 표준 개발비용을 비롯하여 하드웨어 비용, 제품의 이용 가능 정도 및 통합 비용을 정확하게 예측하고, 프로젝트의 여러 단계에서의 ROI을 계산하고 전체 사업 사례를 개발할 때 필요한 정보를 제공한다. 이 시점에서 RFID 시스템 연산장치, 하드웨어 및 소프트웨어 제공업체와 긴밀한 관계를 개발하는 것은 정확하고 객관적인 데이터를 수집하기 위해 중요하다.

내부에서 전문적인 지식을 개발하거나 외부 전문가에 의해 지식을 얻게 될 때, 우리는 현재 고려하고 있는 상황에 적용할 수 있는 선택적인 자동식별기술에 관해 심층적으로 분석할 수 있다. 정보를 관리하기 위한 미들웨어 역시 주의 깊게 살펴보아야 한다. 최종 계획이 어떻게 개발되더라도 당사자들이 어떻게 구현을 할 것인지에 관해 초점을 두어야 한다. 앞서 언급하였듯이 기업 내부에서 RFID 파일럿 실험실을 만들면 내부 구성요소(운영, 제조, 물류, 포장 등) 및 외부 사업 파트너들이 개선된 프로세스를 테스트할 장소를 갖게 된다. 이러한 노력의 일환으로 전개되고 있는 프로세스 실행 및 배치 계획 또한 토론의 대상이 되어야 한다.

혁신(Innovation) 단계는 다른 구축 단계와 차별된다. 혁신 단계는 경험을 토대로 새로운 RFID 기술 적용이 가능한 각각의 단계마다 토론 대상이 된다. 모든 제품에 RFID 태그를 부착하고 다양한 제어 소프트웨어로 인터넷을 통해 통제할 경우, 혁신 단계에서 RFID 팀은 향후 개선될 수 있는 업무 프로세스가 어떤 모습을 띄고 있으며, 또한 어떤 이익이 생길지 설명할 수 있다. 이 시점이 바로 창조적 사고가 비판적 사고를 누르는 순간이다.

혁신단계에서 나온 대부분의 작업은 당면한 문제점을 해결하는 것이다. 예를 들면, 혁신단계는 현재 문제가 되는 프로세스의 문제점을 도출하고, 이 부분에 RFID 기술을 도입하는 것이다. 그리고 RFID 기술을 통해 향후 개선된 업무 프로세스에서 수익성을 창출하는 것이다. 기업은 RFID 기술 도입으로 업무혁신 뿐만 아니라 다양한 정보를 획득하고, 이를 통해 가치를 창출할 수 있는 기회를 얻게 된다.

RFID 기술의 미래는 기업들에게 비전을 제시할 것이다. 기업의 RFID 팀은 전체 비즈니스 전략의 일부분으로써 RFID 기술을 도입 전략을 수립할 것이다. 예들 들면, 식료품 제조업체가 RFID 리더기에 대한 많은 투자를 할 때, 소비자들이 RFID 기술에 대한 다양한 사항을 받아들이기를 희망할 것이다. 혁신단계 동안 식료품 제조업체에게 원재료를 조달하는 공급업체가 원재료에 RFID 태그를 부착하였을 때, 원재료의 공급망에서 유통에 대한 가시성을 높여줄 것이고, 원재료의 추적관리가 용이하게 될 것이다.

RFID 팀은 새로운 사업모델을 연구해야할 뿐만 아니라 기술의 한계를 넘어서 계속 연구에 매진해야 하며, RFID 기술을 이용해 새로운 수익원을 창출할 수 있도록 노력해야 한다. RFID 팀은 공급업체가 RFID 기술의 비용을 부담하고 나중에는 비용이 소비자에게 전가되는 문제를 잘 처리해야 한다. RFID 도입을 통해 공급망의 효율성을 달성한 기업들은 고객들에게 어떠한 혜택을 제공하는 지를 살펴보아야 한다. 또한 기업들은 업무 프로세스 개선성과를 명확하게 해야 한다.

중요한 사항은 RFID 기술로 얻어진 정보 가치를 완벽하게 이해해서 문서화하고 사업화하는데 활용해야 한다. 최근 20년간 개인용 컴퓨터, 전자우편, 휴대폰, Wi-Fi 등 도입된 신기술처럼 RFID 기술의 진정한 가치는 새로운 비즈니스 기회를 제공해준다는 점이다. 반면 제조업체들이 RFID 기술 구현에 반대하는 이유는 ROI를 창출하기 어렵고, 소매업체들이 RFID 태그를 구매할 필요가 없기 때문에 소매업체에게만 이익이 된다고 판단하기 때문이다(즉, RFID 태그는 제조업체가 구매하기 때문에 제조업체에게는 이익이 없다). 이러한 주장들은 편협하고 깊게 생각하지 않은 것이다. 전자우편에 대해 ROI란 무엇인가? 20년 전에 구매한 개인용 컴퓨터에 대해 어떻게 재무팀이 ROI를 계산할 수 있는가? 이 게임의 승자는 현재 사업을 개선하고 새로운 비즈니스 모델을 개발하기 위해 신기술을 이해하고 이용하는 사람들이다. 혁신단계 동안 새로운 기회 창출을 위해 RFID 팀은 모든 가능한 새로운 사업 계획을 연구하고, 추진해야 하며, 더불어 다양한 정보의 이용을 위해 공급망에서 폭넓은 정보의 활용에 대한 전략을 수립해야 한다.

기업들이 가치 최대화(Value Maximization) 영역에 도달하고, 상호협업을 위한 공급망 체계를 어떻게 개선할 것인지 연구함으로써, 기업들은 경영진단을 통해 RFID 기술의 전략을 시행하거나 그 전략 수행을 중단하게 될 것이다. RFID 구현을 위한 전략 개발 및 구현 관점의 선행단계에서 경험한 다양한 학습요소 및 지식들은 성공적인 RFID 구현을 위해 이 단계에서 통합되어야 한다. RFID 구축 과정에서 발생한 비용은 누가 부담해야 하며, 수익은 어떻게 배분되어야 하는지, 그리고 공급망에서의 정보공유 및 위험에 대한 사항은 어떻게 공급망 기업들이 조화를 이룰지 충분히 협의하여야 한다. 또한 RFID 기술이 지능형 에이전트 기반 소프트웨어를 통해 정해진 업무 프로세스를 어떻게 지원할 것인지는 정확한 기준을 갖고 검토가 되어야 한다. 그리고 어떻게 공급과 수요를 일치시키기 위해 RFID 기술을 사용해야 하는지를 검토해야 하며, 공급망에서 상호 협력을 통해 생성되는 문서관리 기법도 협의되어야 한다. 더불어 공급망에서 RFID 기술 도입에 따른 보안문제에 대하여 협의해야 하고, 기업 전반에 걸쳐 비용 절감 및 수익의 공유에 대한 추정치도 사전에 협의해야 한다.

경영진단 결과를 통해 특정 행동에 관해 규정하고 우선순위를 정한 리스트를 도출하여야 한다. RFID 팀은 이에 기반해 적절한 행동을 취하게 되며, 참여업체들은 그 내용을 인지하고 있어야 한다. RFID 팀은 달성할 수 있는 목표, 행동을 완수하기 위해 필요한 자원, 목표 달성을 위해 계획적으로 구성된 행동 과정, 비용 및 이익 공유를 비롯, 구현에 있어 정확한 비용과 이익을 계산하는 방법에 관해 인지해야 한다. 그리고 RFID 파일럿 수행에 따라 앞서 언급한 사항들에 대한 협의를 마무리해야 한다.

물리적 팀	프로세스 팀	IT 팀	재무 팀
· 제품 및 물리적 내용의 파악, 평가 및 검토 · RFID 네트워크 배치 방법 파악 - 리더기의 종류 - 장소 - 설비 · 태그, 리더기, 서버 및 소프트웨어 제공업체 선별 · 설치, 파일럿, 테스트 및 온라인	· 요구하는 순응의 범위를 파악하기 위해 계약서 검토 · 목표 사업 프로세스 선별 · 각 프로세스에 관한 기준 성과 파악 · 조직에 걸친 영향 이해 - 조달 - 제조 - 공급사슬 - IT - 파트너 훈련	· 물리적 네트워크를 토대로 IT 아키텍처 개발 · 다음과 같은 것을 제공할 업체 선별 - 장치관리 - 데이터 여과 - EPC 비즈니스 서버 - EPC 데이터 관리 - 거래 파트너 협력 - ERP 통합	· 순응 비용 계산 - 태그 - 리더기 - 소프트웨어 · UID/RFID의 가치가 중요한 영역 파악 · 최적으로 달성할 수 있는 비용 파악 · 사업 사례 ROI개발

그림 9.3 조직 전반에 걸쳐 큰 영향을 끼치는 것

[그림 9.3]을 살펴보면, RFID 기술 도입에 따라 RFID 팀이 기울여야 하는 노력이 무엇인지를 알 수 있다. 우선, RFID 팀은 서로 합의한 행동 계획을 구성하는 물리적 요소를 정의하기 위해 구성된다. 이 부분에서 RFID 팀은 RFID 기술을 적용할 제품을 파악, 검토하고 평가하여 향후 발생할 수 있는 문제점을 확인해야 한다. 또한 RFID 팀은 이용하는

RFID 태그 클래스 및 리더기를 포함해 배치 위치, 통신 방법, 사용되는 설비를 포함하여 배치에 의해 영향을 받는 RFID 네트워크 범위를 파악한다. RFID 팀은 RFID 시스템의 기본 요소(RFID 태그, RFID 리더기, 서버 및 소프트웨어 공급업체)를 선택한다. RFID 팀은 정보를 수집, 공유, 체계화해야 하며, 더불어 현재 사용하고 있는 ERP시스템, 창고관리시스템, 기타 정보지원시스템과 통합하는 방법을 파악해야 한다. RFID 시스템 설치, 파일럿, 테스트, 유지, 지원, 보수는 지속적으로 관심을 가지고 노력해야 할 것이다.

더불어 RFID 팀은 RFID 시스템 구축과 관련되어 업무 프로세스의 흐름을 상세히 설명하기 위해 구성되어야 한다. 이 팀은 RFID 기술의 요구범위를 파악하고, 발생하는 다양한 문제들을 어떻게 해결할 것인지 제안된 사항을 검토해야 한다. 또한 RFID 팀은 RFID 기술 도입 성과에 의해 평가를 받고, 개선할 업무 프로세스를 선택한다. 각각의 업무 프로세스 단계에 대한 기준 성과 모델을 마련하는 것이 중요하다. 이것은 기업들이 RFID 기술 도입을 통해 무엇이 개선되었는지 명백하게 보여줄 것이며, RFID 기술에 대한 논쟁의 소지를 감소시켜 줄 것이다.

IT팀은 물리적 팀이 제시한 물리적 네트워크를 토대로 아키텍처를 개발한다. IT팀은 장치 관리, 데이터 여과, 이벤트 관리, ECP 관리를 위해 실제 공급업체를 선별한다. IT팀은 네트워크상에서 어떻게 거래 파트너가 구매, 설치, 테스트, 실행에 대해 협력할 것인지 자세히 설명해야 한다. 물론 IT팀은 새로운 시스템이 기존 ERP시스템과 어떻게 통합될 것인지 분명하게 규정해야 한다.

재무팀은 RFID 태그, 리더기, 소프트웨어의 개발 및 배치 비용을 포함하여 정확한 기준, 비용/편익 분석을 제공한다. 재무팀은 RFID 도입 가치와 RFID 기술의 중요한 영역을 파악한다. 재무팀은 RFID 테스트와 파일럿을 분석해 최대 비용과 최대 자기자본이익률을 포함한 사업계획서를 작성한다. 여러 사업 단위를 가진 기업에서 다양한 사례를 개발한다. 일반적으로 여러 사업 단위를 가진 기업은 재무팀에서 제시한 RFID 계획안과 다른 부가적인 정보를 분석해 보다 완벽한 계획이 수행되도록 노력한다.

RFID 도입과 관련해 최고경영자는 다음과 같은 질문에 적절하게 답변할 수 있는 능력이 필요하다. RFID 기술이 어떻게 주주들의 가치를 높일 것인가? 철저하고 정확하게 준비를 하면 전략적, 전술적인 방면에서 답을 제공할 수 있다. 경영진의 검토 및 승인을 위해 준비가 되면 이러한 계획은 적시에 투자될 금액, 자원, 특히 하드웨어, 소프트웨어, 통합 및 실행에 대한 비용의 제공 모두를 다루고 있어야 한다. 사업 단위 또는 운영 부서에서 구매할 장비의 금액도 명시해야 한다. 여기에는 레이저 또는 화학 표기, 태그, 리더기, 소프트웨어, 미들웨어 및 ERP 모듈 통합이 포함된다. 이제 공급망 기업들이 RFID 기술로 인해 개선된 프로세스가 만들어 낼 효과를 알 수 있다. 사람들이 서로 다르게 행동하고 엄청난 양의 새로운 데이터에 어떻게 대응할지 이 시점에서 이해해야 한다.

RFID 기술 채택 과정에서 공급망 전문가의 도움이 필요할 수 있다. 왜냐하면 기업 전반에 걸쳐 RFID 시스템을 배치하기 위해 공급망에서 RFID 기술 및 운영에 대한 지식을 통합해야 하며, 초기에 발생하는 저항에 대한 불협화음으로 문제가 발생할 수 있기 때문이다. 또한 RFID 기술 도입을 시작하면서 전문가들이 제시한 의견과 실제 발생되는 다양한 상황에 대한 정보를 기록해야 한다. 특히 개별 사업 단위에서 RFID 기술을 실행하는 경우 각각의 비용과 기능을 정확하게 이해해야 한다. 왜냐하면 많은 기업이 단일 사업 단위에서 RFID 도입을 시작하고, 그 확대 실행을 하기 위해 실제 운영 조건에 맞게 수정된 설계 기준을 적용하기 때문이다. 따라서 RFID 구현 노력이 증가될수록 조직 상호간에 시너지 효과가 높게 나타날 것이고, 더불어 RFID 인프라스트럭처를 공유하는 기회도 증가될 것이다.

앞서 살펴본 것처럼, 우리는 RFID 기술 도입으로 나타난 비용개선 사항과 경영성과를 체계화해야 한다. WFM(Wegmans Food Market)사의 한 사업부분인 CPHG(Chase-Pitkin Home & Garden)는 RFID 기술 도입으로 성과를 개선하였다. 그 사례를 살펴보면 다음과 같다. CPHG는 "252만 달러부터 324만 달러에 이르기까지 제품의 도난을 예방하고, 연간 수입에서 180만 달러 중 약 1.4~1.8%의 손실을 예방하기 위해 SPSS 사로부터 예측 분석 소프트웨어를 구입하여 설치하였다"고 하였다. 예측 분석 소프트웨어를 설치하고 1년 반이 지난 후 제품 도난이 54만 달러 이상 줄어들었다. 이 어플리케이션의 도입이 매우 성공적이어서 CPHG는 2005년까지 모든 부서와 점포에서 SPSS 예측 분석 소프트웨어를 사용할 예정이다(Sullivan, 2005d, p.67).

우수한 결과

기업이 경영성과 개선을 이룩하기 위해서는 RFID 기술 도입으로 업무 프로세스를 개선해야 하고, 더불어 RFID 기술을 지속적으로 발전시켜야 한다. Supply Chain Management Review는 RFID 기술이 기업에 가져다주는 업무 프로세스 개선 성과를 다양하게 기술하고 있다. 이 저널에서는 RFID 기술을 초기에 채택한 질레트사를 소개하고 있다. 질레트사는 공급망에서의 효율적인 제품관리 부재에 대한 딜레마에 빠져서 이 문제에 대한 해결책이 필요하였는데, RFID 기술 도입을 통해 제품관리 문제를 해결함으로써 10% 서비스 수준 개선, 25% 재고 감소, 3% 비용 절감을 달성하였다. 이 사례에서는 서비스 수준이 하락하고 있는 유명한 면도기 제품 및 가전제품을 제조하는 브라운사와 듀라셀 건전지, 오랄B 치아 제품을 판매하는 질레트사를 다루고 있다. 질레트사는 인체관리 제품에서 목표로 제시한 98%의 서비스 수준보다 낮은 80%의 서비스 수준을 유지하고 있었는데, 이는 도착하기로 약속한 제품의 20%가 배달되지 않았기 때문에 발생하는 문제였다. 이 문제의 핵심은 질레트사의 제품에 대해 소비자의 수요는 많았지만 질레트사가 소비자의 요구사항을 충족할 수 없었다는데 있다.

질레트사는 "기능적 탁월성(Functional Excellence)"이라고 명명된 내부 프로세스 개선 노력을 시작하면서 기획, 제조, 주문관리, 배치, 배달 프로세스를 개선하기 위해 많은 노력을 기울였다. 일정 수준의 재고를 유지하는 일반적인 경향을 따르던 질레트사는 자사의 재고가 업계에서 최고 수준인 것에 발견하게 되었다. 분명한 것은 다른 기업에서도 재고 보유 문제를 해결하기 위해 많은 노력을 기울이고 있다는 점이다. 질사트사에 있어 기능적 탁월성은 형편없는 서비스와 재고관리 문제를 해결하는 것이었다. 질레트사의 첫 번째 개선할 목표는 경쟁업체를 벤치마킹하는 것이었다. 질레트사가 주의를 요하는 주요 영역은 출고비율, 주문이행 소요시간, 쇄도하는 주문에 대처하는 방안이었다. 질레트사는 주문대처 능력은 다른 회사보다 뛰어났지만, 소비자의 요구를 충족시키기 위해서는 많은 개선사항이 필요하다는 것을 인식하게 되었다.

질레트사의 그 다음 목표는 핵심 고객들과 함께 기업의 현재 상황을 분석하고, 개선 사항에 대하여 토론을 하는 것이었다. 이러한 노력은 기업들에게 성과를 개선하는데 중요한 가이드라인을 제시해 주기 때문에 매우 중요하다. 이 과정을 통해 질레트사는 고객의 시각에서 나타나는 다양한 문제점을 확인하였다. 질레트사는 문제점에 대한 개선이 필요한 영역에서 보다 정확하고, 적절한 해결책을 찾는데 중점을 두면서 전체 공급망 프로세스 전체 최적화를 추진하였다. 질레트사는 고객의 주문을 맞추기 위해서 정기적인 운송 시스템 구축의 필요성을 인식하였고, 또한 제품의 기획, 제조, 배달이 실시간으로 이루어지지 않는 문제점의 해결이 시급하다는 것을 인식하였다.

질레트사는 자사의 업무 프로세스 문제점에 대한 달갑지 않은 소식을 접하면서도 기업 회생 프로그램의 핵심 요소로써 11개의 주요 수정 방안을 수립했다. 질레트사는 문제 해결을 위해 수천 개의 재고보유단위를 제거하였고, 주문에서 배달까지의 불필요한 업무 프로세스를 단축하였다. 질레트사는 높은 서비스 수준 개선뿐만 아니라 제품 제조 과정의 효율성 달성하였고, 변화하는 수요에 대한 정확한 예측이 가능해 졌다.

질레트사는 업무 프로세스 개선을 위해 RFID 기술을 도입하고, 5억 개의 RFID 태그를 구매하기로 계획을 수립했다. 질레트사는 전체 공급망 프로세스에 걸쳐 다양한 영역에서 RFID 기술 적용을 테스트 하였다. 그 결과 모든 핵심성과 지표가 제대로 움직이고 있는 것을 발견했다. 질레트사는 RFID 기술 도입으로 상품 수요의 예측 정확성은 60% 이하에서 71%로 개선되었고, 주문 이행 비율은 98%에 이르렀으며, 재고는 25%가 감소하였다. RFID 기술 도입 성과 중에서 가장 중요한 것은 바로 캐시 플로우(Cash Flow)가 개선된 것이다. 전반적으로 질레트사는 RFID 기술 도입으로 다른 핵심 사업 부분과 협조를 통해 업무 프로세스의 개선이 명확하게 나타났다.

결론

다양한 사업 영역에서 RFID 기술에 대한 강력한 반대를 볼 때, RFID 기술 채택과 배치에 관한 성공적인 구현 사례를 찾는 것은 쉬운 일이 아니다. 실제로 효과가 입증된 다양한 RFID 사례가 나오고 있다. 이는 RFID 기술을 받아들이는데 촉진제 역할을 하겠지만, 연구 결과를 보면 RFID 기술에 대한 ROI 확보에 대한 논의는 아직 끝나지 않았다. RFID 기술은 물류 관련 비용을 절감하는 것뿐만 아니라 그 효과에 관한 정당성을 입증하는 것이 필요하다. 9장에서는 RFID 배치에 관해 성공적인 사례를 만드는 프레임워크를 제시하였다. 다음 단원에서는 RFID 배치 위험을 최소화하고 새롭게 부각되고 있는 RFID 기술과 어플리케이션 수용의 진정한 가치를 입증하는 테스트 및 파일럿의 유형에 대해 살펴볼 것이다.

Chapter 10

혁신적인 RFID 파일럿 구성

RFID 기술 도입을 둘러싼 논란 중 중요한 문제는 많은 기업들이 만족할만한 재무성과를 얻지 못함에도 불구하고 RFID 기술을 지속적으로 도입하고 있다는 것이다. 반면, 일부 기업들은 여전히 RFID 도입에 따라 발생할 수 있는 성과에 대한 확신을 하지 못하고 있기 때문에, 이들 기업들은 RFID 기술의 지속적인 발전을 기대하고 있으며, RFID 기술 도입을 미루고 있는 실정이다. 즉, 아직도 많은 기업들은 RFID 기술 도입에 적극적이지 않은 상황이다. 현재 많은 기업들은 RFID 기술 도입을 통해 얻을 수 있는 잠재적 성장가능성을 입증하기 위해 다양한 RFID 파일럿을 진행 중이다.

자동차업체, 양조업체를 비롯하여 건강관리업체, 물류업체, 제조업체, 소매업체 등 다양한 기업들이 RFID 기술의 업무 활용성과 및 문제점을 연구하고 있다. 이들 기업들은 RFID 기술을 이용해 종합적인 공급망 전략 구현을 위해 노력하고 있다. 또한 기업뿐만 아니라 대학교, 공공조직 등에서도 RFID 기술에 관심을 가지고 글로벌 컨소시엄을 구성해 다양한 RFID 기술과 인프라스트럭쳐를 개발하고 있는 실정이다. 이러한 RFID

파일럿 구현 노력은 RFID 기술을 응용해 제품 이동의 실시간 추적관리 기능을 통해 기업들에게 가시성을 제공해 줄 것이며, 공급망에서의 제품 상태에 대한 다양한 정보를 손쉽게 파악하게 해줄 것이고, 기업들의 요구사항을 효과적으로 충족시켜 줄 것이다.

지금까지 살펴본 바와 같이, 성공적인 RFID 기술 적용을 위해서는 다양한 의견을 수렴해야 한다. Harvard Business School Working Knowledge에 원고를 기고한 Jonathan Byrnes는 RFID 기술에 대해 다소 부정적인 의견을 제시하고 있다. 그는 "기업에서 RFID 기술 도입을 위한 컨소시엄을 주도하는 사람들은 이론적으로 RFID 태그를 모든 제품에 장착함으로써 모든 제품의 이동이 자동으로 관리할 수 있다. 그러나 실제 RFID 기술은 완벽한 기술이 아니고, 제품에 대한 인식률이 100%가 아니므로 제품 관련 정보의 정확한 활용에는 한계가 존재한다. 더불어, RFID 기술로 인한 개인정보의 외부 유출 가능성은 심각하게 고려해야 될 사항이다"라고 견해를 밝혔다(Byrnes, 2003년).

Jonathan Byrnes와 여러 연구자들이 언급한 RFID 기술에 대한 우려에도 불구하고, RFID 기술은 공급망 업무 프로세스 개선과 ROI 개선을 가능하게 해주기 때문에 기업들은 RFID 기술 테스트와 파일럿을 계속 진행하고 있다. 그렇다면 어떻게 기업이 RFID 구현을 위한 업무 절차를 진행할 수 있을까? 많은 기업들이 RFID 기술 도입에 있어 비용과 위험에 대한 우려 때문에, 아직까지 적극적인 RFID 기술 도입을 위한 움직임은 나타나고 있지 않다. 현재 기업들은 RFID 기술 도입시 운영 조건을 파악하고 있으며, RFID 구현에 따르는 비용 및 이익을 확인하기 위한 신중한 접근을 시도하고 있다. 본 장에서는 현재 기업들의 RFID 기술 도입에 따른 장점과 단점을 살펴본다. 또한 특정 기업을 대상으로 공급망 프로세스를 개선할 도구로서 RFID 기술 적용에 대한 타당성 검증을 위해

RFID 파일럿 테스트를 어떻게 준비하고, 실시해야 하는 지에 대하여도 살펴볼 것이다.

폭넓은 테스트 범위

RFID 자산관리 파일럿은 RFID 기술을 이용해 기업의 자산 수요와 손실을 줄이는 방법으로서 RFID 기술을 사용하여 어떤 업무혁신을 이룰 것인지를 결정하는 과정이다. 기존의 파일럿 테스트에서는 습도가 높은 환경에서 종이를 보관시 바코드 정보의 손실이 발생했는데, 현재의 파일럿 테스트에서는 이러한 문제점을 추적할 수 있는 무선인식이 가능한 RFID 태그를 부착하고 있다. 또 다른 파일럿은 유형의 제품에 대한 유지보수 및 추적관리에 문제점이 발생하는데, RFID 기술을 적용한 새로운 파일럿 프로젝트는 이러한 문제점을 해결할 수 있는 기술을 포함하고 있다(Alvarez, 2004년).

가축을 비롯하여 선박에 싣는 화물인 자동차, 광석, 그리고 트럭을 통해 운송하는 제품을 추적하기 위해 많은 파일럿이 진행되고 있다. 기업들은 RFID 기술을 이용하여 항공 수화물 처리를 지원하는 과정, 자동차 도난 방지, 불법적으로 외부인이 제조공장에 진입하는 것을 방지하는 것 등 다양한 영역에서 RFID 파일럿을 수행하고 있다. 예를 들어 FedEx사는 열쇠를 사용하지 않고 수송 트럭의 문을 열기 위해 RFID 태그가 내장된 손목 밴드를 업무에 적용시키는 방안을 테스트하고 있다. FedEx사는 운전기사가 분실한 키의 비용이 건당 평균 200달러를 상회할 것으로 추정하고 있다. FedEx사는 RFID 기술 도입이 많은 비용을 절감할 것으로 예측하고 있다.

또한 현재 RFID 기술 도입은 대기업이나 소매업체에 국한되어 있는 것이 아니라 여러 분야에서 나타나고 있다. DeKalb 군(郡)의 아동법정에 RFID 기술을 도입해서 얻을 수 있는 성과를 연구하고 있다. 재판관들이 분실된 파일을 찾는데 소비한 시간은 현재 시스템에서는 주당 10시간에 이른다. 재판관이 보다 신속하게 의사 결정을 내리는데 필요한 데이터를 찾고, 더불어 잘못 놓여 지거나 분실된 파일을 제거하기 위해서 RFID 기술을 이용하고 있다. 법정 서비스 관리자인 Dale Phillips는 "조지아주(Georgia)에서는 RFID 기술을 활용한 법정관리시스템 구축을 위해 3M 사를 IT 파트너로 선택해 연간 5만 달러의 예산으로 RFID 시스템 구축하였다"고 밝히고 있다.

미 국토안보부는 미국을 방문하는 외국인을 추적하기 위한 RFID 기술을 연구하고 있다. 국토안보부는 일반 여행객에게 불편함을 끼치지 않으면서 보안을 강화하기 위한 방법을 찾고 있다. 2005년 봄에 하나의 항구를 선택하여 운영 효율성을 파악하기 위해 RFID 태그를 부착하여 테스트를 실시하였다. 그리고 2005년 7월부터 2006년 봄까지 애리조나, 뉴욕, 워싱턴 주에서도 RFID 기술 도입 테스트를 하였다. 이 테스트를 통해 국토안보부는 방문객이 미국을 방문할 동안 항상 휴대해야 하는 여권, 비자, 기타 문서에 RFID 태그 부착 여부를 결정하게 될 것이다. 개인정보를 보호하기 위해서 RFID 태그에는 방문객의 개인 정보가 기록되지 않을 예정이며, 국토안보부의 미국 방문객 데이터베이스에 저장된 정보와 연결되는 일련번호만을 기록하게 된다. 정보에 접근하려는 제3자에게는 이 일련번호는 의미가 없다(Chabrow, 2005b, p.26).

세 가지 수준의 파일럿

RFID 기술 유용성을 입증하기 위한 세 가지 유형의 파일럿이 있다. 하지만 어떤 유형의 파일럿 방법을 선택하더라도, 완벽하지 않다. 성공적인 파일럿은 다양한 파일럿의 내용을 포함해야 한다. 기업은 파일럿 작업의 일환으로 파일럿 목표를 다루고 관리한다. 이것은 성공적인 파일럿을 달성하는 데 도움이 된다.

1. 능력 있는 프로젝트 매니저 : 조직에서 훌륭한 프로젝트 관리 기술을 보유하고 RFID 기술 훈련을 받았으며, 필요한 자원과 지원을 얻을 수 있는 높은 직위의 인재에게 책임을 부여한다. 프로젝트 매니저는 프로젝트를 진행할 동안 전임으로 근무해야 한다.
2. 다양한 부서 구성원으로 이루어진 지원팀 : 다양한 부서 구성원으로 이루어진 프로젝트 팀을 참여시키고 지원하는 것이 중요하다. 팀 구성원은 IT, 공급망, 운영, 제조, 마케팅, 포장, 재무, 손실방지 및 물류 부서에서 착출된 인재이어야 한다. 팀 구성원은 프로젝트를 진행할 동안 자신의 시간 중 25~50%에 이르는 시간을 함께 보내야 한다.
3. 짧은 일정 기간 : RFID 파일럿을 완료하는데 최대 3개월이 소요된다. 이 조건은 진행상황을 평가하고, 전체 전략을 조정하며 새로운 계획을 테스트하기 위해 필요하다. 프로젝트 매니저는 많은 계획과 조정을 수행해야 한다.
4. 상급 관리자의 지원 : 프로젝트 팀이 대면할 조직의 다양한 과제에 관한 협상을 위해 조직에서 큰 영향력을 발휘하는 상급 관리자와의 협력 관계를 유지해야 한다. 이 관리자는 기업이 RFID 시스템 사용을 통하여 처리해야 할 전략적 이슈들을 알고 있다.
5. 명확한 프로젝트 목표 및 의사소통 : 프로젝트 팀은 프로젝트가 진행되는 동안에 목표, 일정, 절차, 교훈에 관한 지속적으로 개선된 정보를 제공해야 한다. 개선된 정보의 제공은 전자우편, 인트라넷, 직원회의 등을 이용한다.

9장에서 논의한 RFID 기술 채택 프레임워크를 이용하여 애플리케이션을 적용할 때 기업들이 갖게 되는 강점, 약점, 기회, 위협을 이해할 수 있도록 파일럿 옵션의 주요 개발업체인 CSC사는 세 가지 수준의 RFID 파일럿 테스트와 운영 방안을 제시하고 있다.

- 순응 전용 : Slap and Ship이라고 알려진 것으로서 상품 운송시 RFID 태그를 부착하며 규정된 EPC 형태로 데이터를 제공한다. 이 방법은 제한된 위험과 노력이 수반되지만 내부 이익은 없다. RFID 시스템 지시를 토대로 특정 고객에게 수송되는 제품에만 RFID 태그를 부착한다. 이런 유형의 RFID 시스템 구축은 기업에게 재무성과를 가져다주지는 않지만, 재무적 위험과 기술적 위험을 감소시켜 준다. 또한 기업이 미래 상황에서 RFID 기술을 사용하고 적용하기 위해 필요한 학습의 토대를 제공한다. RFID 기술 구현은 상대적으로 간단하고 비용이 적게 들며(15만 달러 이하), 공급업체와 함께 일할 때 빨리 완료할 수 있다.

- 내부 이익 수용 : 이 방법은 RFID 기술로 업무가 개선된 영역을 찾기 위해 모든 공급망 운영 및 성과를 폭넓게 조사한다. 일반적으로 이 방법은 원재료의 조달에서 완제품에 이르는 과정까지 발생하는 이익을 파악하기 위해 초기에 제품에 RFID 태그를 부착하는 것이다. 이 방법은 상품화 출발점부터 기업에게 내부 이익을 제공하기 위해 기술을 어떻게 활용해야 하는지를 보여준다. RFID 배치 단계부터 상세한 RFID 시스템 청사진과 RFID 기술 활용 전략을 개발해야 한다. 공급망에 참여하는 고객사들의 권한, 내부 이익의 생성, 외부 시스템 개발 등이 RFID 활용 전략 개발에 고려해야 하는 사항들이다. RFID 파일럿은 보다 복잡한 시스템 변경을 요구하며, 인터페이스에 관해 계획을 수립하는 것을 필요로 한다. 시스템 통합의 정도에 따라 RFID 미들웨어는 별개의 응용 프로그램을 필요로 할 수도 있다. 또

한 기존 정보시스템은 RFID 시스템이 생성한 데이터를 관리하기 위해 추가 RFID 애플리케이션을 필요로 할 수 있다. 또한 RFID 파일럿은 큰 성과를 거두기 위한 방안으로 내부 프로세스의 혁신을 요구한다. 일반적으로 이 방법은 위험관리를 위해 극히 제한된 영역에서 수립한 가설에 대해 개념의 검증(Proof of Concept)을 필요로 한다. 개념의 검증은 RFID 테스트에서 여러 단계를 거쳐 실행된 파일럿을 포함하는 프로세스 통합과정이다. 일반적으로 체계적인 RFID 구현을 위해서는 다양한 RFID 장비에 대한 폭넓은 활용 계획이 요구된다.

- 공동 사업 파일럿 – 공급업체는 상품에 RFID 태그를 부착하여 제조 프로세스를 거쳐 고객에게 배달하기까지 제품을 추적한다. 이는 가장 복잡하지만 가장 효과적인 RFID 파일럿으로서 RFID 기술 개발을 둘러싼 다양한 이슈를 설명해 준다. 공동 사업 파일럿 노력은 성공적인 RFID 구현을 위해 기업 상호간 지원과 협업을 하는 것이다. 일반적으로 기업들은 보다 큰 이익을 얻기 위해 공동 사업 파일럿을 수행한다.

비록 이런 유형의 파일럿이 RFID 기술 채택 과정에서 흔히 발생하지는 않지만 점점 더 많은 기업들이 이익창출과 위험감소를 위해 정보 공유를 위한 협력을 위한 방안으로 채택할 것이다. 본서에서 우리는 많은 세계의 군수물품 공급업체들이 이러한 유형의 RFID 파일럿을 수행했음을 발견했다. 이 상황에서 공급망내 기업간 RFID 도입을 위한 업무 및 적용기술에 대한 상호 조정이 이루어지지 않는다면 공급업체간 상호 관계는 더 높은 위험을 감수하게 될 것이고, 더 많은 비용이 초래될 것이다. 상호 조정을 통해 기업들이 공동으로 추구하는 RFID 프로젝트는 RFID 파일럿 동안 지식과 경험을 공유하고, 비용을 절감시킬 수 있을 것이다. 현재, 미국 식료품제조업자협회와 제조업체협회 등 다양한 협회들은 회원사들의 수요에 맞춘 해결책을 개발해 지원하고 있다.

파일럿 구성

파일럿을 만드는 첫 번째 단계는 동기를 만드는 것인데, 이는 사업의 명확한 필요성으로 설명할 수 있다. 기존 사업을 유지하거나, 새로운 판매 채널을 찾고자 할 때, [그림 10.1]에서 보는 바와 같이 RFID 기술은 수익창출 기회를 제공해주어야 한다. 기업의 규모와 인프라스트럭처에 따라 RFID 시스템 구현을 위한 프로젝트의 규모는 30만 달러에서 수백만 달러의 비용이 소요된다. 스페인에서 P&G사가 추진한 RFID 프로젝트는 10만 달러 이하의 실행 비용이 소요되었다. P&G사는 한 장소 당 15만 달러의 비용을 투자해 창고관리시스템을 업그레이드하였다. 완전히 새로운 창고관리시스템을 구현하는 비용은 50~300만 달러가 소요된다.

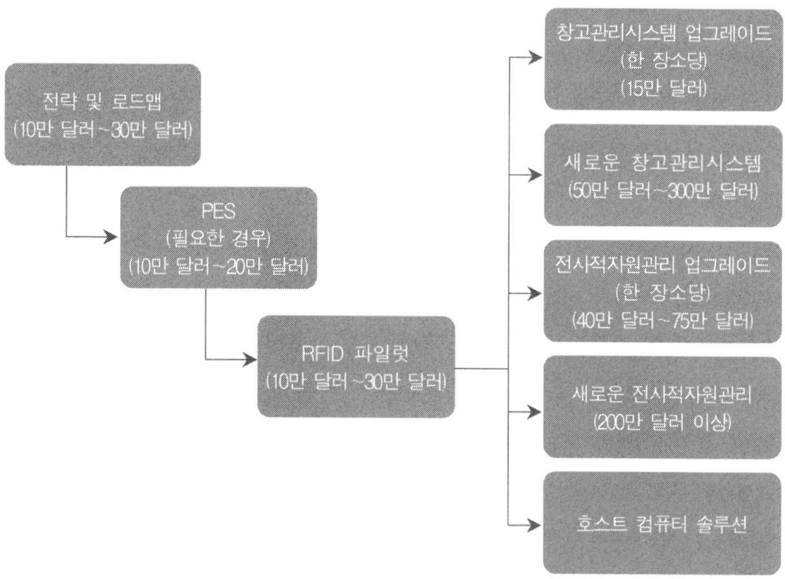

그림 10.1 RFID 수익 기회

※ 프로젝트에 포함된 기업의 규모, 수요와 기존 기술 인프라스트럭처에 따라 RFID 실행비용은 30만 달러에서 수백만 달러에 이른다.

ERP 시스템의 업그레이드가 필요한 경우 비용은 일반적으로 40~75만 달러의 비용이 소요된다. 새로운 ERP 시스템이 필요한 경우 구축비용은 200만 달러에 이를 수도 있다. 적합한 3자 제공업체가 제공하는 솔루션은 직무 명세서에 따라 다르지만, 비용이 높게 나타날 것이다. 이 비용 추정치는 RFID 태그 공급업체의 유지보수 및 지원을 하는데 소요되는 추가 비용을 포함하고 있지 않다. 기업들은 RFID 기술에 대한 투자를 통해 주요 업무 프로세스 성능 개선을 달성할 것이고, 이를 통해 수익 흐름을 개선할 것이다.

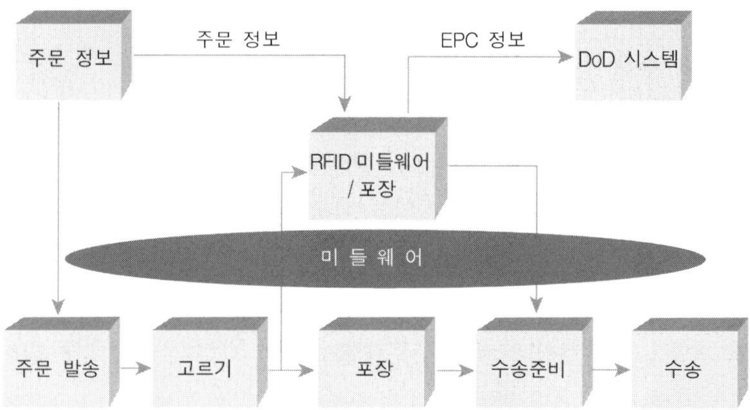

그림 10.2 순응 전용 파일럿

[그림 10.2]에 나타난 것처럼 순응 전용 파일럿부터 살펴보면, 우선 기업은 RFID 태그가 부착된 제품을 선택한다. 비용과 위험을 최소화하기 위한 RFID 파일럿은 공급망 가시성 창출을 통한 수익창출에 초점을 둔다.

기업은 높은 가격의 소량제품을 유통시키는데 환경적 특성과 제품 특성을 고려한 전략을 운영해 최상의 성과를 얻도록 한다. 지난 몇 년간의 경험으로 볼 때, 모든 유형의 제품 포장에서 최상의 성과를 발휘하는

RFID 태그는 없다. 일부 제조업체들은 서로 다른 특성을 반영한 RFID 태그를 개발하고 있다. 이를 테면 물과 금속과 같은 물질에 대해 내성을 가지고 있는 Avery Dennison사가 제조한 RFID 태그는 여러 공급업체들이 선택해 사용하고 있다. Avery Dennison사의 RFID 연구소에서 출판된 책을 살펴보면, 최근 RFID 기술을 도입한 기업에서의 RFID 인식률에 대한 실험 결과가 제시되어 있다. 이 책에서는 RFID 기술의 향후 기업에서 활성화 될 것을 예측할 수 있게 해준다.

RFID 태그 성능을 평가하기 위해 몇몇 RFID 태그 개발업체를 선택한다. 이러한 업무는 기업 내부에서 수행하거나 또는 RFID 전문 연구기관과 계약을 통해 수행한다. RFID 판독 성과 테스트는 상자와 팔레트 배열에 대한 RFID 태그의 최적 위치뿐만 아니라 적절한 RFID 태그를 선별하는데 도움을 제공한다. 이 정보는 적절한 판독지점 포털을 구성하는데 사용된다. 창고의 출입구, 포장라인을 비롯하여 화물 운반대 구역에 이러한 포털을 설치한다. 포털은 RFID 태그를 판독하는 수치를 파악해 RFID 리더기와 1개 이상의 RFID 안테나로 구성한다. 포털을 설치할 최적의 구역과 배열을 결정하기 위해 현장에서 물리적인 시험이 필요하다. EPC와 수치를 지정, 파악하고 정보를 현재 제품 파일과 연결시키는 소프트웨어를 프로젝트 요구사항에 적합하도록 구매, 설치해야 한다.

이 방법은 일반적인 진행 절차에 따라 포장 후 이동(Pack and Ship) 처리로부터 지정된 종류의 제품을 운송하면서 시작된다. 현재의 제조 및 물류 프로세스에 따라 이 절차는 각 상자에 RFID 태그를 부착하고 새로운 팔레트에 RFID 태그와 레이블을 붙이기 위해 재포장 하는 과정을 수반한다. RFID 태그 판독은 상자와 팔레트 수준에서 수행되는데, 이를 통해 운송 중인 제품이 소비자의 요구사항을 충족하고 있음을 확인할 수 있다. 이 단계는 또한 고객이 제품을 수령한 이후 판독한 값에 이상이 있을 경우를 대비하여 일정 수준의 품질보증을 제공한다. 공급업체는 제품을 운송할 때 판독이 제대로 되었음을 나타내는 서류를 가지고 있어야 한다.

표준거래 데이터를 해당 당사자에게 보내야하고, 유지보수를 위해 정보를 이용할 수 있어야 하며, 파일럿을 할 동안 정보의 형태를 정해야 한다. 파일럿이 완료되면 예상 예산을 준비해서 실제 비용과 비교해야 한다. 비용은 최초 방법에 대해 1회 비용의 근사값을 가지면서 한 번의 수송단위로 계산해야 한다. 작업량은 각 지역마다 다르지만, 한 박스를 옮기는데 걸리는 시간을 약 30초로 해야 한다. RFID 태그 비용은 실제로 구매한 가격에 따르지만 유형과 크기에 따라 RFID 레이블 단위당 0.21~0.45달러 사이가 적당하다.

내부 이익 수용(Compliance With Internal Benefit)을 수반하는 파일럿에 대해서는 [그림 10.3]에서 제시한 것처럼 계획이 약간 수정된다. 현재 공급망 프로세스를 평가하고 이러한 프로세스의 성과 기준을 이해한 상태에서 파일럿을 시작하는 것이 하나의 방법이다. 9장에서 제시한 혁신 활동을 위한 RFID 기술 적용을 통해 가능한 새로운 형태 또는 변형된 형태의 프로세스에 대해 살펴보겠다. 이 단계는 갭 분석을 제공하며 RFID 파일럿, 배치 및 사업 사례 개발에 관한 로드맵을 제공한다. RFID 어플리케이션의 가치는 사업 가치를 파악하는 것에 따라 달라진다. 이 사업 가치는 기업의 프로세스를 개선 성과에 달려있다. 공급망 프로세스에서 가시성이 완벽하게 파악되지 않는다면 기업들은 재고회전, 도난, 공급량 부족에 따른 문제로 운영비용이 많이 발생할 것이다. 이러한 문제 해결을 위해 기업들은 미들웨어 도입으로 제품조립, 관리, 재포장, 수송에 이루는 전체 공급망 프로세스의 통합을 준비하고 있고, 이 노력은 RFID 성과를 개선시켜 줄 것이다.

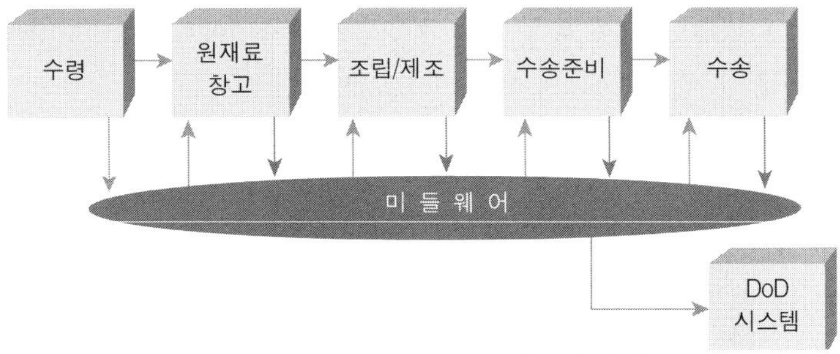

그림 10.3 내부 이익 순응 파일럿

프로세스 혁신을 위해서는 기업의 일반적인 업무 진행 절차에서 제품에 RFID 태그를 부착하는 것이 포함된다. 기본 사항은 RFID 기술이 제공하는 가시성을 활용하여 운영이익을 창출하는 것이다. 해결책은 핵심 고객이 갖는 순응 요구조건을 충족시키는 것과 직접적인 관계를 가져야 한다. 사실 RFID 태그의 선택과 포털의 구성은 순응 전용 방법과 동일하다. 파일럿은 개선된 가시성으로부터 내부 이익을 창출하는 능력뿐만 아니라 RFID 기술 이슈를 포함하여 모두를 설명할 수 있어야 한다. RFID 구축 비용은 상황과 작업 분야에 따라 다양하게 나타난다. 그렇기 때문에 인건비를 절약하기 위한 노력이 필요하다. 이를 위한 RFID 태그 비용은 0.21~0.45달러가 소요될 것이다.

기업들은 [그림 10.4]와 같은 공동 사업 파일럿을 가장 선호한다. 미 국방성은 납품하는 기업을 대상으로 공동 사업 파일럿을 수행했다. 어플리케이션은 공급망에서 사업 가치를 어떻게 파악하느냐에 따라 달라진다. 제품선택 기준은 공동 노력의 여부와 데이터 교환을 위한 운영 상황에 따른다. 예를 들어 공급기업간 중요한 구성요소인 라이프사이클, 소프트웨어 업그레이드, 종료 시기, 부족한 공급량과 관련된 질문에 답을 할 수 있어야 한다. UID 데이터를 어떻게 교환하고 이 정보를 실시간으로 공유해 얻는 이익이 무엇인지에 대해서도 토론을 해야 한다. 또한 공급업체와 소매업체 사이에서 재사용이 가능한 플라스틱 컨테이너에 적용되는 능동형 RFID 기술의 활용 범위를 확장해야 한다.

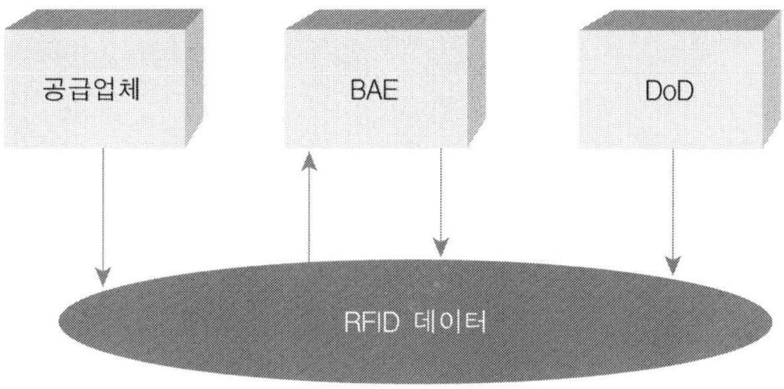

그림 10.4 공동 사업 파일럿

* BAE시스템즈(British Aerospace Systems)[1]

RFID 기술 도입을 통한 프로세스 혁신의 출발점은 제품 수령 업무를 비롯하여 원재료의 가시성을 높이는데 있다. 이를 위해 공급업체와 소매업체에게 이익을 제공하기 위해 RFID 기술이 테스트되고, 적용되고 있다. 이 테스트는 공급망 전반에 걸쳐 공급업체와 소매업체 모두에게 내부 개선 기회를 제공해 주고, RFID 기술을 사용하는 방법을 알려준다. 군방 분야의 사례를 보면, 미 국방부는 RFID 배치를 통해 실시간으로 추가 안전재고 보유를 가능하게 해주어 공급망 가시성을 확보하였고, 효율적인 라이프사이클 관리가 가능해 졌으며, 또한 군수용품의 재고관리, 환경관리, 보안관리 분야에서 유용성을 제공해 주었다. RFID 구축 예산은 해결하고자 하는 업무 특성, RFID 하드웨어 장치 특성, 요구사항 등에

1) [역주] BAE시스템즈는 유럽 최대의 방위산업체로, 1960년 잉글리시일렉트릭 40%, 비커스 40%, 브리스틀하이에어플레인 20%의 출자로 산하의 항공기 및 유도 무기부문을 통합하여 브리티시에어로스페이스(British Aerospace PLC.)로 설립하였고 후에 헌팅하이에어크라프트도 참가하였다. 합병 전부터 여객기 BAC 111, VC 10, 바이카운트, 콩코드(프랑스와 공동제작의 초음속 여객기), 전투기 재규어, 라이트닝 등을 생산하고 있다.

따라 다양하게 편성된다. 공급업체들이 미 국방부의 UID/RFID 지시를 준수하고, 순응에 수반되는 비용을 정확하게 파악하는 것이 중요하다. 왜냐하면 이러한 RFID 구축비용을 정부에서 발주하는 프로젝트에 행정적인 간접비 계산의 일부분으로 포함할 수 있기 때문이다.

성공적인 RFID 도입을 위한 핵심사항

성공적인 RFID 파일럿을 수행하는데 중요한 요소가 많이 있다. 우선, 공급망 참여자들은 Auto-ID, AIT, RFID 기술을 실용적으로 어느 한쪽으로 치우치지 않게 구현해야 한다. 이를 바탕으로 파일럿에 포함될 인력들에 대해 RFID 기술과 관련 네트워크 통신 기술을 교육시키고, 이들이 RFID 기술 사용법을 이해하고 활용할 수 있도록 인력을 배치해야 할 것이다. 기업에서 사용할 하드웨어, 지원 소프트웨어, 관련 장비를 제공할 공급업체에 대한 평가를 통해 신중한 선택을 해야 한다. 파일럿을 수행하는데 잘못된 의사결정은 의도가 좋았던 실험도 망칠 수 있기 때문에 신중한 접근이 요구된다.

RFID 구현에 참가한 당사자들은 기업의 목표를 달성할 수 있도록 비즈니스 프로세스를 재설정해야 한다. 이를 통해 파일럿 이후 집중 전략을 개발해야 한다. 사업 계획을 지원하기 위해서는 ROI를 확장하는 것은 매우 중요하다. 기업들은 EPC와 RFID 기술의 중요한 영향에 초점을 맞추어야 하고, AIT와 RFID 데이터를 기존 ERP 시스템에 통합함으로서 제기될 이슈, 문제점 및 기회를 신중하게 평가해야 한다. RFID 구현에 있어 기본이 되는 사항을 검토하는 것을 소홀하게 여겨서는 안된다. 어떤 비즈니스 프로세스가 RFID 기술을 통해 최대 성과를 발생하게 되는지 신중히 토론해야 한다. 체크리스트는 비즈니스 프로세스 개선에 도움이 되는 다음과 같은 내용을 포함해야 한다.

- 실험이 진행되면서 수정 가능한 전술을 만들어야 한다.
- 계획한 시스템의 물리적 특성 및 기술의 적절한 사용에 대해 이해해야 한다.
- RFID에 관한 근거 없는 이야기를 가려내기 위해 물리적 특성과 기술을 충분히 이해해야 한다.
- 새롭게 등장하는 신기술이 RFID와 Auto-ID 기술을 어떻게 보완하는지 이해해야 한다.
- 기준 조건, 수익, 비용 및 이익의 영향을 가지고서 파일럿 사업 목적을 가져야 한다. 이 목적을 전략적 방향과 전술적 이슈 측면에서 명료하게 표현해야 한다.
- 최초 실험에 사용하기 위해 가장 적절한 제품들을 선별하여 결과가 조직 전체에 걸쳐 연관성을 유지하도록 한다.
- RFID에 많은 자본과 자원을 투자하기 이전에 RFID 기술 환경 이해를 위해 공급업체와 협상해야 한다.
- 기업 내에서 복잡하고 확장된 평가과정에 참여하는 가장 능력 있는 인력을 파악해야 한다.
- 예상 비용을 충당하기 위한 예비 예산 마련 및 파일럿 각 단계를 문서화해야 한다.
- 어디에서 새로운 책임이 발생하며 책임의 이동이 발생하였는지 결정하기 위해 기업의 인프라스트럭처를 평가해야 한다.
- RFID 시스템이 생성하는 대용량 데이터 처리 관점에서 기업의 시스템 아키텍처를 평가해야 한다.
- 기업에게 현재 Auto-ID 기술인 바코드기술, 기타 시스템 자동화 기술을을 제공하는 업체가 RFID 시스템 계획을 지원할 수 있는지 평가해야 한다.
- 파일럿 테스트 결과, 즉 RFID 기술 진행 여부를 결정하는 기준을 토대로 기술 도입의 여부를 위한 계획을 수립해야 한다.
- 경쟁업체가 수행하고 있는 많은 파일럿 결과를 비교해야 한다.

- 향후 RFID 시스템 테스트에 대비해야 한다.
- 최고경영자는 RFID 기술이 어떻게 주주 가치를 높일 것인가에 대한 질문에 답할 수 있어야 한다.

기타 고려사항

기업들이 RFID 기술을 성공적으로 활용하는 데는 RFID 기술의 한계 때문에 많은 우려가 따른다. RFID 기술을 적용하려는 기업들에게 해주고 싶은 충고는 컴퓨터와 무선통신의 세계에 진입할 때 많은 것이 이루어진 것처럼 새롭고 혁신적인 기술을 수용하는 노력으로서 최초의 테스트 또는 파일럿을 시행하라는 것이다. 기울이는 노력을 새롭게 생긴 기술의 세세한 내용으로 생각하지 말고, 프로세스 개선 후 결과에 어떻게 제시된 지를 예측해야 한다. RFID 기술의 세계로 들어가는 것은 RFID 기술이 제공하는 우위를 초기에 인식하고, RFID 기술의 특정 프로세스 및 정보의 흐름을 개선하는 방법을 이해하는 것이다. 파일럿 동안에 발생할 실험과 테스트를 통해 참가자들은 이처럼 흥미 있고 새로운 혁신을 달성하기 위해 다양한 지식을 획득하게 될 것이다.

RFID 기술은 전체 공급망에서 실시간으로 발생하는 업무에 대한 정보 제공을 목표로 한다. 공급망 프로세스에서 큰 차이가 존재하는 곳을 비롯하여 재고부족, 재고초과와 같은 문제점을 파악하는 수단으로 RFID 파일럿을 이용해야 한다. RFID 파일럿은 이러한 차이를 줄이거나 없애고, 문제점을 극복하는 대안이다. 파일럿이 진행되면서 RFID 기술이 제공하는 모든 기회를 파악해야 한다.

- 달성하려는 사업 목표가 무엇인가?
- 이러한 목표를 달성하는데 어떤 정보과 지식이 도움 되는가?

- 기울이는 노력과 관련된 위험은 무엇이 있는가?
- 어떤 프로세스가 얼마나 개선되는가?
- 어떠한 공급망 파트너를 선택해야 성공할 수 있는가?
- 파트너로부터 어떻게 협력을 얻을 수 있는가?
- 성공적인 파일럿으로부터 어떠한 최종 가치를 추구하고 있는가?

RFID 기술에 대한 부정론자들은 파일럿 및 그 결과에 대해 실행 가능한 업무 리스트를 위 질문에 추가해야 한다고 설명하고 있다. 업무 리스트에는 고객의 수요를 신속하게 충족하는 것, 재고 감소, 보안 증가, 품절방지, 신제품 도입 시기 선택, 신사업 포착, 제조 효율성 지원, 재고관리 개선, 배달 속도 증가 등이 포함되어야 한다. 추가로 공급망에 대한 차별화 요소를 개발하는데 초점을 두어야 한다. 이 차별화 요소는 고객의 입장에서 공급망을 구별하는 요인이 된다.

마지막으로 RFID 테스트와 파일럿에서 얻은 교훈을 살펴보면 다음과 같다. RFID 기술을 공급망에 도입하여 얻을 수 있는 가치를 결정하기 위해 신속하게 파일럿을 시작하고 마무리해야 한다. 기술보다는 프로세스 개선 및 정보 이동에 중점을 두고, 기존 가정, 신념, 문화에 관심을 가져야 한다. 왜냐하면 이것은 RFID 기술 도입을 진행하는데 방해가 되는 요소이기 때문이다. 기업들은 테스트를 지켜보는 사람들이 RFID 파일럿 진행에 방해가 되는 것은 무엇인지 파악해야 하고, 또한 가능한 것이 무엇인지를 파악해야 한다. 조직에서 사람들이 RFID 기술의 가능성을 이해한 후 RFID 기술을 최상으로 사용하는 것은 매우 극소수이고 연관성이 없는 파일럿에서 출발하는 것이 일반적이다. 또한 기업들은 선별한 시스템이 의도한 어플리케이션의 수요를 충족하도록 인프라스트럭처의 요소를 갖춘 공급업체와 신중하게 협력하도록 노력해야 한다. 기업들에게 있어 무엇보다 중요한 사항은 조직 전체에 걸쳐 존재하는 논란을 잠재우는 것을 파일럿의 목표로 삼아야 한다.

요약

RFID 기술의 채택과 도입을 둘러싼 예상되는 성과로부터 기대 이하 성과에 따른 문제점을 해결하는 최적의 방법은 실험 또는 파일럿을 실행하는 것이다. 이 실험과 파일럿을 통해 RFID 기술이 제공하는 가치를 확인할 수 있고 위험을 미연에 방지할 수 있다. 10장에서는 공급망에서의 개선 사항을 고객이 직접 확인할 수 있도록 하는 목적에 사용할 수 있는 매우 유용한 기법을 살펴보았다. 고객이 떠맡을 위험 정도와 의도한 범위에 따라 세 가지 방법을 이용할 수 있다. 기업은 신중하게 진행된 파일럿 결과를 토대로 문제점 개선을 시도해야 하며, 이는 RFID 기술을 지지하는 사람과 그렇지 않는 사람들 모두를 만족시킬 수 있어야 한다. 그리고 기업은 ROI를 달성해야 한다.

Chapter 11

RFID 시스템 구축, 그 다음에는

RFID 기술의 수용에 대한 저항에도 불구하고, RFID 시스템의 원가가 낮아지고, 사용이 확대되고, 수익 창출 효과가 검증됨으로써 RFID 기술 도입에 따른 문제점은 극복될 것이다. 현재 RFID 시스템 구현에 참여하는 기업들은 합리적인 ROI를 산출함으로써 충분한 부가가치를 발견하게 될 것이다. 그리고 그들의 RFID 기술 도입 성공은 RFID 기술에 대한 부가적인 전개 노력으로 나타날 것이다. 검증된 RFID 기술 도입 사례가 증가함에 따라, RFID 기술을 도입하지 않은 기업보다 더 명확하게 그 효과성이 나타날 것이다. 이것은 RFID 기술이 공급망 내에서 가치 창출자로서의 역할을 수행한 것이고, 다양한 부분(효율성, 안전성, 보안성, 위조방지, 도난, 저장, 재고관리 등)의 성과 개선을 통해서 가시성을 창출한 것이다.

또한 RFID 기술은 잠재적인 활용방법과 유용성이 확대됨에 따라서 보다 다양한 영역으로 사용이 확대될 것이다. 2005년 4월 15일자 USA Today에 다음과 같은 기사가 실렸다. “제109회 보스턴 마라톤 출발을 위해 20,000명의 선수가 메사츄세츠주(Massachusetts)의 홉킨스톤(Hopkinston) 거리로 나왔다. 대회 운영 사무국에서는 정기적으로 그들의 모든 과정을 추적할 수 있었다. 신호기는 레이스중인 참가자들에게 정기적으로 신호를 보내고 있었다." 그들이 어떻게 작동을 하는 것일까? 마라톤 시간 측정을 위한 타이밍 장비로 사용되는 RFID 시스템의 크기와 무게는 2/16인치(Inch)이며 0.5온스(Ounce)이다. 모든 참여 선수들의 운동화 안에는 RFID 칩이 장착되어 있어, 마라톤 운영위원회에서는 이 칩에 의해서 레이스(race)를 통제한다. 칩은 선수들이 시작 총소리가 발사되는 것과 관계없이 시작 라인을 넘어가면서 각각 선수들의 가슴에 있는 숫자와 기록을 인식한다. 마라톤에 참여하는 선수들은 그들이 통과할 때 기록되는 11개 검문소가 있다. 선수들이 검문소를 지날 때, 기록 인식 장치는 선수들의 마라톤 주행 시간과 칩 코드를 인식하게 된다. 기록 인식 장치에서 랩톱 컴퓨터로 다운로드가 된 데이터는 최종 라인에 있는 데이터베이스로 보내진다. 이 기사에 따르면 여기에서 획득된 정보는 보스톤 마라톤 운영위원회 웹페이지(www.bostonmarathon.org)로 보내진다고 한다.

RFID 기술의 옹호자들은 계산 능력과 데이터 저장 능력이 증가하게 되는 것을 알게 될 것이고, 또한 커뮤니케이션 시간이 감소하는 것도 알게 될 것이다. RFID 기술은 우리의 수많은 비즈니스 지식에 대한 가치를 증가시켜 줄 것이다. 우리는 의사결정을 위해 충분한 양의 지식을 가지고 있다. 그러나 적절한 시간에 올바른 결정을 하기 위한 지능적 분석 능력은 부족하다. 그러나 우리는 RFID 기술을 이용함에 따라 실시간으로 해석이 가능한 데이터를 확보하게 될 것이다. 또한 RFID 기술은 가상의 공급망에서 실시간 변동 사항에 대하여 즉각적인 지식과 정보에 대한 실시간 해석을 가능하게 해 줄 것이다. 또한 RFID 기술의 이용을 통해 얻을 수 있는 부가적인 장점은 아바타의 사용에서도 나타나고 또한 지능형 소프트웨어에 기반한 에이전트에서도 나타난 바와 같이 지적인 의사결정 기능을 서비스 받을 수 있게 된다. 예를 들면, RFID 기술은 변경된 운송 계약 및 재고 이동의 변화에 따른 대응 정보를 제공해주는 등 다양한 장점을 제공해 줄 것이다.

RFID 기술은 무선 비즈니스 환경으로 변화되는 유비쿼터스 관점에서도 매우 중요한 역할을 하게 될 것이다. 기업들은 실시간으로 빠르게 정보를 교환하고, 글로벌 공급망에서도 무선 장비를 통해 다양한 수익을 얻게 될 것이다. 이것은 우수한 커뮤니케이션 능력을 강화시켜주고 더불어 기업의 경쟁력 관리에도 도움을 줄 것이다. 이러한 환경 하에서 무선 커뮤니케이션 기술은 많이 보급될 것이며, 위치 측면에서 큰 유용성을 가져다 줄 것이다. 공급망 네트워크에서의 데이터 접속에 있어서도 유용성을 가져다 줄 것이다. 중요한 정보는 지식을 필요로 하는 사람, 예를 들면 판매원, 트럭 운전사, 수신자, 포장업자 등에 의해 다양하게 획득될 것이다.

무선 시스템은 사무실과 같은 고정된 형태의 공간에서 발생하는 문제점들을 극복해 줄 것이고, 또한 증가하는 모바일 환경에서 노동자들에게 요구되는 다양한 정보들을 제공해줄 것이다. 그러므로 기업들은 무선인식 기술을 통한 확장된 기업 형태와 실시간으로 보다 많은 기회를 제공받고, 국제적인 조직 환경 하에서 상호 협업이 가능하기 때문에 더 중요하다는 것을 인식하게 될 것이다. 225년 된 해양 선박을 운영하는 SSA 마린사는 캘리포니아항을 통해 정확한 컨테이너를 추적하기 위해 새로운 추적 시스템을 테스트 하였을 때, 이것이 새로운 기회를 가져다 줄 것을 알았다. 이 구형 시스템에서 작업자들은 각각의 컨테이너의 분류 넘버를 기록했다. SSA 터미널사의 최고 운영책임자인 Ed DeNike에 의하면, 회사에서 컨테이너의 이동 중 손실이 발생해, 전체 컨테이너 ID의 10~20%는 정확하게 인식할 수 없었다고 한다(Hulme, 2005b).

따라서 SSA사는 웨어넷 코퍼레이션(WhereNet Corporation)사에 의해 제공하는 RIFD 시스템 도입을 검토하기 시작했다. 웨어넷 코퍼레이션사에서 제공하는 RFID 시스템은 특수한 위치에서도 추적할 수 있는 크레인(Cranes)과 같은 컨테이너 통제 장치를 기반으로 하는 RFID 시스템이다. 광학 문자 인식 시스템은 카고 컨테이너의 한 측면에서 문자를 인식하고, 기록할 수 있도록 크레인에 설치되었다. 무선 환경 하에서 ID 넘버와 카고 통제 장비의 정보들은 비즈니스 인공지능 어플리케이션으로 보내졌다. 이 시스템은 각각의 컨테이너의 상태와 위치를 정확하게 알려주었다. DeNike는 이 솔루션이 컨테이너의 분실에 따른 에러를 감소시켜, 카고 컨테이너를 추적하는데 도움을 주었다고 말했다.(Hulme, 2005).

RFID 기술은 우리의 삶과 관련된 단순한 프로세스 활용을 통해 건강관리 장비 분야와 활용 분야에도 다양한 도움을 제공해 줄 것이다. 일부 회사들은 벌써 RFID 기술을 활용하고 있다. 어플리케이션 인터내셔널 코퍼레이션(Application International Corporation)사는 미국 국방성(DOD, Department of Defense)과 안보부(Department of Homeland Security)의 지원으로 다양한 위험에 대비하기 위해 배, 공장, 다리 등 다양한 시설물의 보호를 위해 무선환경 하에서 사전에 위험을 통제할 수 있는 RFID 시스템을 구축하였다(Ricadela, 2005, p.33).

또한 미국의 대규모 오일 회사인 브리티쉬 페트로늄(British Petroleum Plc.)사는 워싱턴주(Washington)에 있는 오일 정제회사인 체리 포인트(Cherry Point)사에서 무선 RFID 기술을 이용해 통제시스템을 구축하였다. 이 회사는 RFID 시스템을 통해 측정 단위당 수백에서 수천 달러(Dollars)에 이르는 통제 비용을 절감하였다. 이 회사의 RFID 시스템의 구현 목적은 사업장에서 대형 유선센서를 무선으로 교체하는 것이었다. 그리고 글로벌 IT 회사인 휴렛-패커드(Hewlett-Packard)사는 멤피스주

(Memphis)에 있는 창고에서 무선 네트워크 센서를 교체하기 위하여 준비 중에 있다. 그들의 무선 네트워크 시스템은 작은 비디오 카메라를 이용해 작업장에서의 재고관리를 통제할 수 있도록 시스템을 구현하는 것이다. 여기에는 RFID 기술에 기반한 이미지 인식 기술이 이용된다. 창고를 통해서 이동되는 상품들은 RFID 태그가 장착되어 있고, 이는 카메라에 의하여 추적관리된다(Ricadela, 2005, p.33).

마지막 단원에서, 우리는 미래의 RFID 기술의 발전 방향을 살펴보았다. 그리고 우리는 기업들이 공급망 관리 분야에서의 RFID 기술 수용을 위해 고려해야 될 사항을 살펴보았다. 또한 우리는 RFID 시스템 전개에 영향을 주는 떠오르는 신기술에 대하여 조사하였고, 새로운 기술이 적용되는 분야를 살펴보았다. 우리의 목적은 RFID 기술이 이용한 어떻게 무선 커뮤니케이션이 향후의 비즈니스에서 중요한 역할을 수행할 것이고, 또한 필수불가결한 기술로써 발생할 수 있는 저항요소와 문제점을 살펴보는데 있다. RFID 기술을 비즈니스에 사용하게 된다면, 공급망 관리를 구현하는데 확실한 가시성을 확보하게 될 것이고 또한 다양한 측면에서 문제점이 해결되어 무선 기술의 사용의 유용성이 증대될 것이다.

질 높은 데이터 수집의 중요성

물론 우리의 미래를 위해서는 좋은 데이터 표준화를 위한 노력이 요구된다. 그러나 현재 이 과정에는 여러 가지 문제가 존재하는데, 현재 표준화를 위한 많은 노력으로 이러한 문제점은 2-3년 내로 해결될 것으로 생각한다. 시스템의 플렛폼이나 어플리케이션과 무관하게 유용한 데이터를 실시간으로 상호 교환하기 위해서 우리는 확고한 기업 중심의 ERP 시스템 도입이 필요하다. 이는 기업에서 비즈니스 네트워크를 통해 용이하게 지식을 공유하게 해 줄 것이다.

궁극적인 RFID 시스템의 도입은 공급망 상류에서 하류에 이르기까지 완벽한 가시성을 확보하기 위한 툴을 확보하는 것이다. RFID 관련 다양한 분석 보고서에 의하면, RFID 하드웨어, 소프트웨어, 서비스 시장은 향후 5~7년 내에 10~28% 매년 성장할 것으로 예측하고 있다. RFID 기술과 서비스 시장은 지속적으로 성장할 것이다. 우리는 RFID 기술 도입 비용이 지속적으로 하락할 것으로 예측하고 있으며, 또한 RFID 핵심 기술도 표준화되고 일반화될 것으로 예측하고 있다.

보다 확실한 수익과 비용을 개선하기 위한 학습곡선은 산업과 응용측면에서 차별적인 로드맵을 제공할 것이다. 중요한 점은 현재는 RFID 기술의 물리적 특성에 중점을 두고 있는데, 향후에는 RFID 기술을 통해 혁신할 수 있는 프로세스를 통한 데이터 처리 역량에 중점을 두는 방향으로 이동한다는 것이다. RFID 기술 활용의 최종 결과는 기업들의 공급 사슬 간의 업무처리에 있어 모든 단계에서 혁신적인 개선 성과를 제공하지는 못하지만, 여러 가지 측면에서 개선점을 제공해 줄 것이고, 또한 기업의 업무처리를 지원하기 위한 다양하고 방대한 데이터를 제공해 줄 것이다.

이와 같은 유비쿼터스 환경 하에서, 데이터는 현재의 성과를 개선시켜주고, 더불어 하부구조를 견고하게 해주는데 중요한 역할을 하게 될 것이다. 다양한 회사 간에 지속적인 혁신을 위한 노력은 다음과 같이 RFID 기술의 성공적인 아키텍처를 제공해 줄 것이다.

- 전체 사업자들은 대규모 지식 확산을 위한 다양한 부서간 협업 기회를 제공한다.
- 공급 사슬 분석을 통해 다양한 소스로부터 빠른 데이터 확보 기회를 제공한다.
- 공급망 상류에서 고객에 이르기까지 프로세스 개선을 위한 청사진

을 제공한다.

- 민감한 비즈니스 의사결정은 통합적인 정보제공을 통해 이해를 증진시킨다.

우리가 지속적으로 주장하는 것처럼 RFID 기술은 구매자와 판매자, 그리고 기업 내부의 인바운드(Inbound)와 아웃바운드(Outbound) 물류업자들1)에게 중요한 역할을 제공할 것이다. 가시성은 비즈니스 환경에 대해 짧아진 라이프 사이클, 증가된 판매량, 좋은 서비스, 적시 조달을 통한 상품의 효용성 개선, 재고 감소와 같은 새로운 청사진을 제공할 것이다. RFID 기술은 비즈니스 절차에 있어 그 동안 고민해왔던 분야에 대한 해결책을 제시하는데 있어 데이터 응용을 위한 중요한 툴의 기능을 할 것이다. 이 결과는 고객들에게 차별화된 특성을 제공하는 우수한 지능형 가치 네트워크로써 중요한 역할을 제공할 것이다.

그러나 데이터 생성과 가치 창출을 위해서는 많은 노력이 필요하다. 이는 다양한 협업을 통해 이루어질 것이다. 반면 물리적 측면, 프로세스 측면, 비즈니스 사례 측면, 데이터 기회 창출 측면에서 적절한 균형을 유지하기 위한 어플리케이션은 신중하게 구성되어야 하고, 이는 구현 지침을 위해 사용되어야 한다. 새로운 정보 창출을 위해서는 데이터 관리의 활용 및 통제가 매우 중요하다. RFID 하드웨어와 리더기는 최상의 수익을 창출할 수 있도록 기능적으로 구현되어야 하며, RFID 태그는 공급망에서 최대의 가치를 창출하기 위해 상품의 이동성을 고려해 부착되고 선택되어야 한다. 우리는 다양한 회사에서 구현된 RFID 시스템을 토대로 우리 기업에게 최대의 성과를 가져다주는 방향으로 RFID 시스템을 구현해

---

1) [역주] 인바운드 물류(Inbound Logistic)란 외부에서 기업으로 물품(원자재, 제품, 상품 등)이 들어오는 것을 의미하고, 아웃바운드 물류(Outbound Logistic)란 기업내부에서 외부로 물품(원자재, 제품, 상품 등)이 나가는 것을 의미한다.

야 할 것이다.

RFID 기술의 수용은 다양한 산업군에서 쉽게 구현될 것이다. 기술의 진보에 따라 보다 많은 회사에서 RFID 기술의 유용성은 검증될 것이다. 보다 많은 기업에서 RFID 기술이 구현되면, 기업에서의 무선통신 기술을 이용한 RFID 기술 구현은 보편적인 기술이 될 것이다.

무선 환경에서의 RFID

무선센서 네트워크 기술은 차대세 핵심 기술 중 하나로 관심을 갖는 기술이다. 이와 같은 현상은 다양한 연구지원에 의한 학술적 연구와 기업체의 연구에 의해 나타나고 있다. 공급망 지향 비즈니스는 이와 같은 내용과 밀접한 관련이 있다. 우리는 온도, 압력, 습도, 기후, 빛, 소리, 전기장 등과 같은 RFID 기술 연구에 나타나는 변화를 탐지하는 센서와 연관된 시스템을 살펴보았다. 매우 중요하게도 우리는 원격으로 데이터를 통제할 수 있는 소프트웨어와 툴을 가지고 있다. 그래서 각각의 아이템 레이블에 따른 교환에 대한 원격 관리가 가능하다. 현재 RFID 태그 비용이 지속적으로 하락하고 있기 때문에, 무선인식 기술의 이용은 증가하게 될 것이다.

한 가지 가능한 발전 방안은 메쉬 네트워킹(Mesh Networking)[2] 소프트웨어를 이용해 데이터를 인식하는 것이다. 이 소프트웨어는 가장 가까운 곳으로 정보를 전송해 줄 것이다. 원격 정착지에서 정보를 전송하는

2) [역주] 메쉬 네트워킹(Mesh Networking)이란 RFID 시스템 구현에서 수많은 중계시스템을 거치지 않고, 바로 데이터를 인식할 수 있도록 그물망 모형으로 무선통신 네트워크를 구축한 것을 의미한다. 이 방법은 무선 네트워킹 시스템에서 회선이 증가하기 때문에 비용측면에선 경제성이 떨어지지만, 통신 효율성이 높은 장점이 있다.

모든 센서 대신에, 전자 신호 장치는 데이터를 저장하고 분석할 수 있는 곳까지 자료를 보내는 역할을 한다(Ricadela, 2005, p.34). 우리가 이 책에서 설명하는 RFID 기술은 태그와 리더의 자료교환 과정에 중심을 두고 있다. 그래서 우리는 메쉬 네트워킹(Mesh Networking) 과정으로 RFID 시스템의 태그와 태그 사이의 자료 전송 과정에 대하여 설명하고자 한다.

커뮤니케이션 아키텍처의 형태는 안테나와 리더와 같은 인프라스트럭처(Infrastructure)가 태그로부터 매우 멀리 떨어져있는 상황에서 유용하다. 예를 들면 대규모 창고, 외부 저장소, 전쟁터 등과 같은 곳에서 특별히 유용하다. 반면 메쉬 네트워킹 시스템은 우리가 관심을 두고 있는 저원가의 EPC 표준 수동형 RFID 태그보다 매우 비싼 다양한 고부가가치 자산 응용 프로그램이다. 이 프로그램은 체브론 텍사코(Chevron-Texaco), 하니웰(Honeywell), 모토로라(Motorola), 지멘스(Siemens) 등과 같은 글로벌 기업에서 도입하였다.

무선인식 기술을 이용하는 작업 현장에서 사용되는 RFID 기술은 지속적으로 정교해지고 있다. 주머니 속에 있는 무선 인식 휴대폰, 개인용 디지털 장비와 차세대 랩톱 컴퓨터를 이용해 사무실에서 전세계로 실시간 커뮤니케이션 영역이 확대될 것이다. 우리의 미래는 매우 밝다. RFID 리더와 센서, 태그에 들어가는 칩, 안테나는 다양한 환경 하에서 지식을 보다 더 잘 전달하게 될 것이다. 새로운 무선인식 기반 역량과 진보된 공급망 관리 기술은 지식의 이전을 촉진시켜 줄 것이고, 궁극적으로 기존의 시스템과 조화를 이루게 될 것이다. 공급망에 있어 무선기술의 사용을 통하여 비즈니스 가치를 촉진시켜주는 기회는 매우 많지 않을 것이다. 현재의 모바일 환경하에서 진행되는 프로세스 혁신은 활발하지는 않지만, 향후 데이터 교환 속도 및 접속환경은 개선되어 프로세스 혁신이 증가될 것이다.

약국에서 유통업자들에게 상품을 주문하거나 또는 유통업자들이 제조업체들에게 상품을 주문했을 때, 주문서(Order Documents)는 지속적으로 발생된다. 미국 법무부의 마약 단속국(Drug Enforcement Administration)과 제약협회는 페이퍼 기반 주문서를 전자문서로 대체하는 것을 승인했다. REC 솔루션사에서 개발한 CSOS(Controlled Substance Ordering System)는 산업 내에서 상호 교류를 위해서 기술에 대한 투자를 필요로 한다. 마약단속국의 Form 222는 불법적인 사용을 금지하고, 합법적인 상용을 촉진시키고 있지만, Form 222를 이용한 프로세스는 시간낭비와 비용이 많이 발생하는 프로세스를 갖고 있다(MaGee, 2005, p.26).

2005년 1월 뉴욕시에서 열린 국제 소매 연합회 신년 컨퍼런스에서, 매트로 그룹(Metro Group AG)은 RFID 기술에 기반한 의복 분류기를 선보였다. 이 회사는 매뉴얼에 의한 정리로 시간당 150벌 분류가 가능한데, 이 기계는 시간당 4000~8000벌을 자동으로 분류할 것이라고 하였다. 독일의 소매업체중 한 업체는 2003년 7월 네어스 놀프(Neuss-Norf)에서 RFID 혁신 센터를 설립하였다. 막스 & 스펜서 푸드(Marks & Spencer Food)사는 350만개의 음식과 이동 선반에 태그를 장착하기 위한 RFID 활용 노력을 극대화하였다. 영국의 소매업체에 의하면, RFID 태그를 장착함으로써 평소 바코드 시스템에서 30~40초 걸리던 이동인식 과정을 10초로 단축할 수 있었다고 한다(Sullivan, 2005g, p.30).

우리는 RFID 기술의 효용성을 인식하기 위해서는 다음의 사례에서 토론한 것보다 상세히 상황까지 고려해야 한다. 병원이나 의료시설에서 고령의 환자들은 다양한 담요를 덥고 잠을 잔다. 의사들은 환자들에 대한 정보를 얻기 위해서 회진을 멈추고, RFID 리더가 장착된 개인용 타블렛(Tablet) 컴퓨터를 클릭한다. 이 RFID 장비들은 환자들의 팔지에 내장된 RFID 태그의 신호와 교신한다. 태그는 건강관리 센터의 정보시스템에서 데이터를 통합적으로 관리하기 위해 정보를 전송한다. 의사들은 수집된 데이터로부터 환자들의 이름, 이전의 의료 기록, 심장속도, 몸의 체온, 혈압 등 다양한 정보를 보게 된다. RFID 시스템은 간호사들에게는 환자들을 부가적으로 체크하거나 잠자는 환자를 깨우는 번거로움을 제거해 줄 것이며, 의사는 RFID 시스템을 통해 그들이 필요로 하는 최신의 정보를 보다 정확하게 받게 될 것이다.

다음에 소개되는 사례 역시 몽상과 같은 사례이다. 그러나 이 사례는 실제 사례이다. 뉴욕(New Yorks) 브론스(Bronx)의 자코비 메디컬 센터(Jacobi Medical Center)에는 지멘스(Siemens)에 의해 제공된 정보시스템이 설치되어 있다. 최고 정보관리책임자(Chief Information Officer: CIO)인 Daniel Morreale는 "우리는 정보시스템을 통해 진료시간을 절약하였고, 또한 100% 정확하게 환자를 분류하고 있다. 왜냐하면, 의사와 간호사들은 그들이 필요로 하는 환자 정보를 가지고 있기 때문이다. 이것은 정보시스템을 통해 환자들을 번거롭게 하는 일들은 모두 제거하였고, 이를 통해 우리의 목표를 달성했으며, 환자들에게 편의를 제공해 주었다"라고 언급했다(Business Week, 2005).

미래를 위한 로드맵

세계 어느 곳에서 일을 하든지 무선기술의 응용은 동시에 업무 처리를 할 수 있도록 지원하고 있다. 기업의 어플리케이션 접속 범위의 확장에 따라, 종업원들은 기술 개발 및 품질 혁신에 많은 시간을 단축시킬 수 있었다. RFID 기술은 보다 안정한 정보 관리를 가능하게 해주었고, 더불어 공급망 파트너간 협업을 쉽게 만들어 주었다. 작업장에서 일하는 사람들은 RFID 기술을 응용한 개인용 디지털 장비를 통해 자신이 원하는 사람들과 용이하게 커뮤니케이션할 수 있게 되었고, 더불어 비즈니스에 필요한 정보를 쉽게 확보할 수 있게 되었다. RFID 기술은 다양한 측면에서 비즈니스 기능을 강화해 줄 것으로 기대된다.

결론

이 단원을 통해 우리는 공급망에서 RFID 기술의 수용과 거부에 대한 주요 관심 이슈를 논하였다. 본 저자들은 RFID 기술이 공급망 혁신에 다양한 기회를 제공해 주고, 경영혁신을 통해 다양한 수익과 새로운 비즈니스 기회를 제공할 것으로 생각한다. 따라서 기업들은 RFID 기술을 필수 불가결한 기술로 많은 관심을 갖고, 보다 앞선 투자가 이루어져야 할 것이다.

공급망 관리 절차에 있어 보다 큰 가시성 확보를 위해서는 중요한 프로세스 단계별 추적이 요구된다. 여기에서 RFID 기술은 공급망에서 가공품과 상품이 있는 곳에 대한 정확한 파악을 가능하게 함으로써 고객만족도를 높이는데 일익을 담당할 것이다. 무선 비즈니스 환경의 구축은 고객 만족과 비즈니스 성과 개선을 위해 새로운 기회를 가져다 줄 것이다. 또한 이것은 기업이 비즈니스를 수행하는데 있어 실시간 정보 접촉을 유용하게 해 줄 것이다. 이상에서 언급한 바와 같이 보다 앞선 기업으로 나아가기 위해서는 무선 비즈니스 환경에 대한 참여와 확대가 절실히 요구된다.

부 록 1

RFID 표준의 요약

RFID 표준의 요약 1)

일반적으로 RFID에 표준이 없다고 한다. 실제로 RFID 분야에서 떠오르고 있는 몇몇의 표준과 잘 체계화된 다양한 표준이 존재한다. 여기에서 우리는 매우 중요한 가이드라인을 제안하고자 한다.

표준은 개방된 공급망에서 지불시스템, 상품 및 재사용 컨테이너 추적 시스템과 같은 다양한 방법으로의 RFID 활용에 있어 매우 중요하다. 우리가 과거 10여년 이상 진행해왔던 가장 중요한 일들은 다양한 RFID 주파수와 어플리케이션을 위한 표준을 개발하는 일이였다.

무선 인터페이스 프로토콜(태그와 리더간의 커뮤니케이션 방법), 데이터 컨텐츠(데이터 조직화 및 포맷), 적합성(상품의 표준화 검증 방법), 그리고 어플리케이션(이동형 레이블에 사용되는 표준화 방법)에 있어 기존의 RFID 표준과 새롭게 제안되는 RFID 표준이 다양하게 다루어지고 있다.

국제표준화기구(International Organization for Standardization: ISO)는 RFID를 이용한 추적관리 표준을 개발하였다. ISO 11784는 태그에서 데이터가 어떻게 구성되는가를 정의하고 있으며, ISO 11785는 무선 인터페이스 프로토콜을 정의하고 있다. ISO는 전자 지불 시스템과 무선 스마트 카드(ISO 14443), 비시니티 카드(Vicinity Cards, ISO 15693)에 사용되는 RFID 태그를 위한 무선 인터페이스 프로토콜 표준을 창조하였다. 이것은 RFID 태그와 리더기(ISO 18046)의 성능 검증과 RFID 태그와 리더기(ISO 18047)의 표준화 일치를 검증하기 위한 표준으로 제정되었다.

---

1) 본 내용은 2005년에 출판된 RFID Journal이 저작권을 가지고 있고, 허락을 받고 인용하였음.

개방된 공급망에서 RFID를 이용한 상품추적은 상대적으로 새로운 분야이며, 몇몇 표준만이 제정되어 있다. ISO는 40피트 이동 컨테이너, 팔레트, 수송단위, 케이스, 단일 아이템들을 위한 표준을 제안하였으나 인증 과정에 있어 다양한 절차가 요구된다.

전자상품코드(Electronic Product Code, EPC)를 개발한 Auto-ID Center가 국제 공급망을 통해 제품을 추적하는 무선접속규격(Air Interface Protocol)을 개발하기로 결정함에 따라, 표준을 제정하기 위한 환경이 복잡해지고 있다. 이 글에서는 EPC의 발전과 다양한 ISO 표준의 중요성을 다룬다.

Auto-ID Center는 국제 공급망에서 제품을 식별하고 추적하기 위해 사용되는 자동제품 코드와 이와 관련된 기술을 개발하기 위해 1999년에 설립된 조직이다. 태그가 일회용이기 때문에 저가의 RFID 시스템을 개발하는 것이 Auto-ID Center의 중요한 임무였다(소매업체에 발송되는 상품에 태그를 부착하는 제조업체는 태그를 회수해서 재사용하는 것이 사실상 불가능했다). 극초단파(Ultra-High Frequency: UHF)[2]만이 도크도어를 통과하는 팔레트를 인식거리 내에서 태그를 읽을 수 있기 때문에 이 시스템은 극초단파 대역에서만 작동해야 했다.

Auto-ID Center는 자체 RFID 시스템이 국제적이고 개방형 표준(Open Standard)에 기초하기를 원했다. 특정 상품이 특정 국가의 특정 지역 기업에서 다른 기업으로, 그리고 상점의 진열대로 이동하는 상품을 추적하기 위해 RFID 시스템을 사용하는 것이기 때문에 국제적일 필요가 있었다. 업체 B가 생산한 제품의 태그를 업체 A가 읽기 위해서, 태그는

2) [역주] 극초단파(UHF): 데시미터파로도 불리는 극초단파는 일반적으로 300~3,000MHz 대역의 주파수를 사용한다.

표준화된 무선 인터페이스 프로토콜을 따라야 한다. Auto-ID Center는 자체 프로토콜을 개발해서, 제조업체와 최종 소비자가 로열티 없이 이용 가능하도록 한다는 조건으로 EPC글로벌에게 허가를 내주었다.

또한 Auto-ID Center는 네트워크 아키텍쳐(인터넷과 통합된 레이어)를 개발할 책임이 있었다. 네트워크 아키텍쳐는 태그에 저장된 일련번호로 알 수 있는 정보를 누구라도 이용 가능하도록 할 수 있으며, 인터넷에서 사용되는 개방형 표준을 기초로 해서 기업은 쉽고 낮은 비용으로 정보를 공유할 수 있도록 지원한다.

Auto-ID Center의 대안은 번호부여시스템(Numbering System)과 네트워크 인프라를 개발하고 무선 인터페이스에 대한 표준으로 ISO프로토콜을 이용하는 것이었다. 초기에, 국제 바코드 관리기관인 EAN International과 통합코드관리기관(Uniform Code Council)이 협력해서 ISO의 UHF 프로토콜을 이용한 무선바코드체계 GTAG(Global Tag)을 만들었다. 그러나 Auto-ID Center는 무선바코드체계의 사용을 거부했다. ISO의 극초단파 프로토콜이 너무 복잡해서 불필요한 태그 비용을 증가시킬 것으로 보았기 때문이다.

Auto-ID Center는 자체 UHF 프로토콜을 개발했다. 원래, Auto-ID Center는 다른 종류의 태그와 통신할 목적으로 프로토콜을 개발할 계획이었다. 순서가 위에 있는 태그는 한 단계 밑에 있는 태그보다 더 민감하게 반응했다. Auto-ID Center가 제안한 태그의 종류는 시간이 지남에 따라 변하고 있지만 초기에 제안된 형태는 다음과 같다.

- Class 1 : 1회 쓰기가 가능한 비휘발성 수동형 읽기전용 반사형(Backscatter)[3] 태그

3) [역주] 반사형(Backscatter)태그: 레이더 기술과 비슷하게 리더기에서 전파를 보내면 태그에서 받아 파워로 사용하는 원리이다.

- Class 2 : 65KB까지 메모리에 읽기쓰기가 가능한 수동형반사(Passive Backscatter) 태그로 Class 2 태그에 배터리를 추가하여 수신거리를 증가시킨 태그
- Class 3 : 65KB까지 메모리에 읽기쓰기가 가능한 반수동형 반사(Semi-passive Backscatter) 태그
- Class 4 : 태그간 통신을 지원하고 리더기의 신호를 중계할 수 있는 배터리가 포함된 능동형(Active) 태그
- Class 5 : 다른 장비나 Class 5 태그와 교신이 가능한 능동형 태그

결국, Auto-ID Center는 마이크로칩이 만들어지는 시점에서 프로그램되는 읽기전용 Class 0태그를 채택했다. Class 0 태그는 Class 1태그와는 다른 프로토콜을 사용했다. 이는 최종 사용자가 Class 1과 Class 0태그 두 종류를 모두 읽기 위해서는 다중 프로토콜 리더기를 구매해야 한다는 것을 의미했다.

2003년 Auto-ID Center는 두개의 별도의 조직인 MIT의 Auto-ID Lab과 EPC 기술에 대한 기초 연구를 계속하는 세계의 다른 유수의 대학으로 분리되었다. 이후 EPC 기술은 통합코드관리(UCC)기관의 허가를 받았다. UCC는 EPC 기술의 상업화를 위해 EAN International과 합작으로 EPC 글로벌을 설립했다. Auto-ID Center는 2003년 9월에 EPC 글로벌에 Class 0과 Class 1 프로토콜을 넘겨주었고, 그 후, EPC 글로벌의 이사회는 EPC 표준으로 Class 0 과 Class 1을 승인했다.

Class 1과 Class 0은 공통이용이 불가능하다는 단점이 있을 뿐만 아니라 두 가지의 문제점이 더 있다. 첫 번째 문제는 ISO 표준과 상반된다는 점이다. EPC 글로벌은 국제 표준으로 승인을 받기위해 ISO에 Class 1과 Class 0를 제출할 수 있지만 ISO는 이것을 ISO RFID 표준에 맞도록 수

정할 가능성이 컸다. 두 번째 문제는 Class 1과 Class 0를 세계적으로 사용할 수 없다는 점이다. 예를 들어 Class1은 UHF 대역에서 하나의 주파수에서만 신호를 보내고 다른 주파수로 되돌아오는 신호를 받는다. 몇몇 전문가들에 따르면, 유럽에서는 이런 방식은 사용이 금지되어 있다고 보고하고 있다(유럽 연합 규정에서는 다른 해석이 가능하다).

2004년, EPC글로벌은 차세대 프로토콜 Gen2(Second-Generation)의 개발에 착수했다. Gen2가 Class 1 이나 Class 0과 비교해서 결코 뒤떨어진 것은 아니었으며, ISO 표준에 더욱 부합하는 단일 국제 표준을 만드는 것이 목표로 개발하였다. Gen2는 2004년 12월에 승인을 받았으며, ISO UHF 표준을 따르던 RFID 밴더들 역시 Gen2를 준수했다.

Gen2는 ISO 표준 내에서 빠른 추적이 가능하도록 설계되었다. 하지만 마지막 단계에서의 AFI(Application Family Identifier)에 대한 불일치로 인해 ISO의 승인이 지연될 가능성이 있었다. 모든 ISO RFID표준은 AFI 8비트 코드 기준에 맞춘 태그에 제품의 원산지를 표시하기로 했으나 Gen2는 AFI로 사용되는 8비트를 갖고 있었지만, 기준에 의하면 이는 의무사항은 아니었다(ISO AFI로 사용하기 위해 8비트가 필요로 하는 일은 EPCs에 대한 EPC 글로벌의 지배를 제한할 것이다.). 하지만 밴더들은 새로운 Gen2 표준을 기준으로 제품을 생산하고 있으며 이는 공급망에 있어서 EPC기술이 국제적으로 채택되는 길이 열린 것이다.

ISO 표준

ISO는 자동 인식과 상품 관리를 위해 RFID 표준을 개발하였다. ISO 18000 시리즈로 알려진 이 표준은 공급망에서 상품을 추적하기 위해 사용될 가능성이 높은 시스템에 대한 무선 인터페이스 프로토콜을 망라한다. 이 시리즈는 전세계의 RFID 시스템에서 사용되는 주요 주파수를 포함한다. 7개의 파트는 다음과 같다.

- 18000-1 : 국제적으로 수용되어온 주파수에 대한 무선접속규격의 일반적인 파라미터.
- 18000-2 : 135kHz 무선접속규격(Air Interface)
- 18000-3 : 13.56MHz 무선접속규격
- 18000-4 : 2.45GHz 무선접속규격
- 18000-5 : 5.8GHz 무선접속규격
- 18000-6 : 860MHz ~ 930MHz 무선접속규격
- 18000-7 : 433.92MHz 무선접속규격

EPC 글로벌의 Gen2 표준은 18000-6 기준에 의거하여 ISO에 제출될 수 있지만 언제 제출이 될지, 얼마나 빨리 승인을 받을지는 분명하지 않다. ISO는 18000-6이 Gen2와 잘 맞는지 확인하기 위해 18000-6의 승인을 지연시켰다. EPC 글로벌은 이 문제를 해결하기 위해 위원회를 설립했다. AFI요구는 EPC 표준을 수정해야 하는 공식적인 과정을 거쳐야 한다는 것을 의미한다. 최종 사용자는 UHF RFID 태그를 이용하는 개방형 공급망을 통해 상품을 추적하기 위해서 국제적인 기준이 존재하기를 바란다. 그러나 최종적으로 이런 단계에 이르기 위해서는 1년 이상이 더 걸릴 수 있다.

파트너 진단 연구(Partnering[4]) Diagnostic Laboratory)

파트너 진단 연구(Partnering Diagnostic Lab: PDL)는 높은 수준의 공조를 모색하기 위해 다중 공급망 구성원들을 포함하는 효율성 개선 활

4) [역주] 파트너링(Partering): 파트너링은 각 참여자들의 자원 효과성을 극대화함으로써 특정 사업 목적을 획득하기 위하여, 둘 이상의 조직에 의해 사용되는 경영적 접근법이다. 이 접근법은 상호 목적, 문제 해결을 위한 동의된 방법과 꾸준한 측정이 가능한 향상에 대한 적극적인 추구를 기초로 하고 있다.

동이며, 기존의 환경과 프로세스를 개선 할 수 있는 잠재적인 성과에 초점을 맞추고 있다. PDL은 개선이 필요한 목표영역에서 비즈니스 관계의 모든 면을 고려함으로써 상호 이익의 향상을 가져온다. 이는 기술, 거래, 구매 조달, 물류 활동 또는 생산, 정보, 현금 흐름에 대한 고려 사항을 포함한다. 일반적인 PDL은 아래와 같은 심도 있는 연구를 포함한다.

- 두 곳 이상의 기업간의 일상적인 비즈니스 활동에서 프로세스 단계를 적극적으로 변경하는 새로운 방법 또는 절차
- 관계자를 연결하는 공급망 네트워크 프로세스에서 잠재된 가치를 발견
- 질을 향상시키고 사이클 타임을 단축시키는 전자거래의 새로운 프로세스와 특징
- 비용감소와 자산의 효율적 사용과 소비자 만족을 통해 새로운 이익을 창출하는 확장된 기업에서 최적의 조건 형성을 위한 로드맵 작성

[그림 A.1] 에서처럼, PDL은 기업간 공급망 프로세스를 개선하고 관련 기업의 성과를 향상시키는 위한 윈-윈(Win-Win)전략 수립을 목적으로 2개 이상의 기업이 개최하는 효율성에 초점을 맞춘 2일간의 회의이다. PDL을 성공적으로 개최하기 위해서는 통상적인 기업간 대화에서 보다 폭넓게 관련자들을 초청해야 한다. 관련자들은 근본 원인에 대한 혁신적인 해결책을 찾기 위해 현재의 프로세스 단계를 분석하는데 참여한다. 관련 분야는 공급업체측에서 판매와 마케팅, 정보기술, 연구개발 부서 관련자가 참석하고 구매업체측에서 구매, 생산, 계획, 정보기술, 연구개발 부서 관련자가 포함된다. 아이디어 도출은 참석자의 범위를 확대해서 보통 회의에 참가하지 못했던 사람들에게 상황을 개선하는 방법에 대해 적극적인 의견을 발표할 기회를 제공함으로써 가능하게 된다. 이러한 활동을 통해 도출된 특정 가능성은 개선팀의 허가와 변경된 프로세싱으로 생

긴 이익을 추적하는 성과측정을 통해 규정된다.

▸ 개념(What it is)
- 기업간 공급망 프로세스를 어떻게 개선시킬 것인가에 대한 해결방법을 찾기 위한 관련 업무사이의 효율성에 초점을 맞춘 시설기반의 2일간의 회의

▸ 참석자(Who participates)
- 적절한 두 기업 이상의 대표자, 예를 들어
  - 공급업체 : 판매/마케팅, IT, 연구개발
  - 구매업체 : 구매, 생산, 계획, IT, 연구개발

▸ 개최시기(When it is held)
- 다음의 사항에 대해 두개 이상의 기업 관계자가 사전에 협의 후 필요성이 있다고 판단될 때
  - 기회영역에 대한 확인
  - 개선을 위한 특정 프로세스의 정의
  - 지원 데이터의 수집

▸ 개최장소(Where it is held)
- 후원자의 사무실, 공장, 외부 시설 등

그림 A.1 PDL 개요

PDL을 시행하기에 앞서 관련 당사자들이 참석하여 사전준비 토론회를 지정 장소에서 개최한다. 이 토론회에서 현황 평가방법을 개발하고, 잠재 가능성이 있는 영역을 파악하며, 지원 데이타의 수집과 처리를 위한 특별 프로세스를 규정한다. 필수적인 사전 진단 토론회의의 목표는 프로세스(Process)를 설명하고 PDL에서 다루어질 개념과 생각을 정리하고 토론의 틀(Framework)에 대한 동의를 이끌어내는 것이다. 활동 범위는 아래와 같은 영역을 포함한다.

- 고려중인 분야를 묘사하는 프로세스 맵 개발
- 프로세싱에 긍정적인 영향을 미칠 수 있는 성공사례(Best Practices)의 고려
- 특별히 가치가 있는 아이디어 도출을 위해 필요한 사항:
  - 프로세스를 완성하기 위한 사이클 타임의 단축

- 공동구매
- 안전재고와 재고량의 의존도 축소(원자재, 재공품, 완제품)
- 공급망 참여자들과의 강화된 의사소통, 특히 인터넷 기반의 서비스 연계방안 개선
- 공공자산의 효과적인 활용
- 공동수송
- 공급망 프로세스 각 단계의 온라인 가시성 개선

사전준비회의의 필수적인 결과는 범위, 목표, 세부 항목, 회의에서 나올 성과(Deliverables)를 결정하는 일이다. 다른 결과물은 PDL의 참석자를 명시해서 양측에서 나온 참석자가 마주 앉아 대화하도록 하는 것이다(예를 들면 공급과 구매 양쪽에서 관여하는 IT 관계자, 배송 및 수송직원 등). 현재의 상황(As-Is Condition)을 설명하고 실제 토론에서 시작 단계 역할을 하는 현황 평가서를 담당 임원과 참석 가능한 관련자와의 면담을 통해 작성한다. 토론을 위한 사전준비 아이디어 목록을 만들고 회의의 범위와 상세 항목에 대한 윤곽을 만들어서 초대장 샘플을 PDL의 제안된 의제와 함께 준비한다.

사전 준비 토론과 면담에 이어, 장소를 선택하고 참석자들을 초대해서 이틀간의 PDL 회의를 실시한다. 회의기간 동안, 마음을 열고 솔직한 토론이 이루어지도록 하는 것이 중요하다. 각각의 참석자에게 의견을 발표하고 참석기간 중 최소 한번은 예상성과를 발표할 기회를 부여한다. 대표적인 기업의 전망에서 도출된 프로세스 맵에 대해 토론하고 현재의 상황에 대한 합의에 도달했다. 유사한 영역의 프로세싱에서의 모범 사례를 고려한 뒤, 진행자는 프로세스 맵을 향상시키는 방법에 대한 논의를 진행시킨다. 30~50개의 실현 가능한 개선 아이디어를 내놓은 후에 이 제안들을 카테고리별로 분류하고 브레이크아웃 팀(Breakout Team)은 수

정과 보완을 통한 상세제안 개발에 전념하고, 개선 기회에 대한 최종 우선순위 목록을 작성한다.

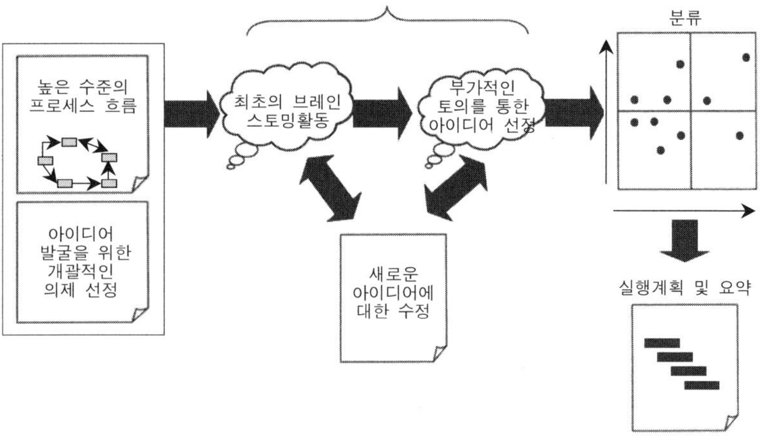

그림 A.2 일반적인 2일간(Two-Day)의 PDL워크샵 접근법

최종 단계에서, 가장 실현가능성이 높은 아이디어 5~10개에 대해 상세 활동 계획을 세운다. 상세 활동 계획은 팀 후원자, 활동범위, 필요자원, 활동단계, 완성을 위한 시간계획표, 소요비용과 이익(특정 자리 수까지)을 포함한다. 이런 활동은 관련 비용의 우선순위와 타이밍으로 이루어진 실행표(Action Grid)에 위치가 정해져서 관계기간, 장애와 문제점의 정도, 관계의 밀접성, 연속적인 선행개선계획안에 좌우된다. [그림 A.2]는 PDL의 일반적인 접근방법을 보여준다.

PDL을 통해 얻을 수 있는 잠재적 이익은 광범위하며, 일반적으로 PDL을 통해 얻을 수 있는 성과는 다음과 같다.

■ 주문처리과정의 오류율 감소

- 주문충족비용 절감
  - 주문에서 배송(Order to Delivery: OTD)까지의 사이클
  - 주문에서 수금(Order to Cash: OTC)까지의 사이클
- 재고절감
- 화물운송비용 절감
- 고객중심의 새로운 성과측정지표를 통한 성과향상
- 고객만족도 증가
- 전자상거래(E-commerce)의 상호연결성 증가
- 의사소통 증대
- 새로운 수익창출 수단

보이지 않은 효과는 다음과 같다.

- 공급망의 개념 및 전략의 이해도 증가
- 고객 및 공급자와의 유대관계 강화
- 제품합리화
- 제품디자인 개선
- 시장이 주도하는 현실과 제조 및 물류 전략을 조율할 수 있는 능력 배가
- IT조직과의 파트너링(Partnering) 강화
- 파트너링 커뮤니케이션 증대
- 프로세스와 어플리케이션에 대한 지식수준 증대

부 록 2

RFID 컬럼

RFID - 그렇게 중요한가?

• 들어가는 말

많은 사람들이 RFID에 대해 여기저기서 많이 읽거나 들으면서 도데체 RFID가 나에게 무슨 의미가 있을까 궁금해 한다. RFID의 응용은 아직도 초보단계로 우리 일상생활에 직접적인 영향을 미치기에는 아직 시기상조라고 하겠다. 하지만 RFID는 이미 여러 방면으로 긍정적인 잠재력과 동시에 부정적인 문제점을 제시하고 있어 우리의 적극적인 관찰을 요구한다. 이 컬럼에서는 왜 우리가 RFID에 대해 관심을 가져야 하는가를 간략하게 설명하고자 한다. 추후 RFID에 대한 기술적인 설명과 부수하는 각종 과제와 문제점들을 논의해보도록 한다.

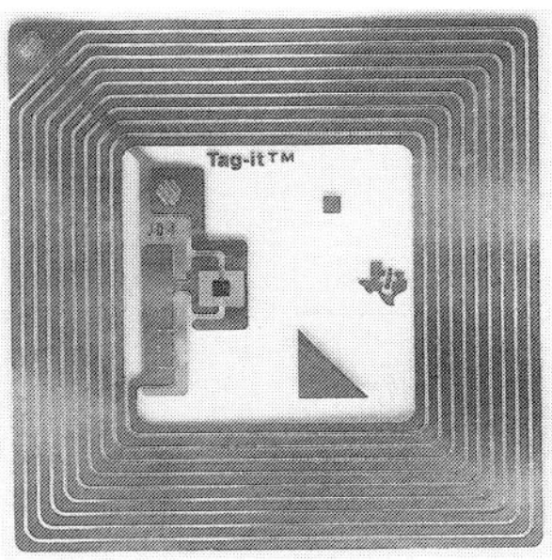

RFID는 광범위하게 무선 시그날 또는 전자기(電磁氣) 에너지를 이용하여 물체를 인식하는 기술을 지칭한다. RFID는 전혀 새로운 기술이 아니다. 이는 이미 비행기나 선박 같은 물체를 인식하는데 오랫동안 활용되어 오고 있었다. 우리가 흔히 알고 있는 레이다(Radio Detection and Ranging의 약자)는 RFID 기술의 선조라 할 수 있겠다. 레이다가 비행기와 같은 큰 물체를 인식하는데 반해 RFID는 그 크기와 특성에 관계없이 어떤 물체라도 식별인식을 할 수 있게 한다.

이에 덧 붙여 RFID는 데이타도 저장하고 처리할 수 있는 기능을 가지고 있다. 그림에서 보이는 것처럼 RFID는 컴퓨터칩과 안테나가 조그만 표지나 태그에 내장되어 각종 물체에 쉽게 부착될 수 있다. RFID 태그가 세탁기, 의복, 펜, 종이와 같은 주변에 흔히 보는 물체에 부착되어 서로 정보를 교환하고 처리할 수 있다고 생각해 보자.

언젠가는 RFID 기능을 가진 세탁기가 작동하기 전 세탁통 안에 있는 옷들의 색상과 직물을 확인하고, 만일 같이 세탁해서는 안되는 옷이 있으면 사용자에게 경고를 할 수 있다. 주머니에 펜, 클립, 열쇠, 지폐나 동전들을 넣은 채 빨래를 하던 실수는 더 이상 하지 않아도 되는 세상이 오는 것이다. 세탁기가 스스로 빨래감을 인식하고 분석해 자동으로 물의 온도를 조절하고 적당량의 세제를 사용하여 가장 효과적이 빨래를 할 것이다. 이런 스마트세탁기가 당장 등장하리라 생각하지는 않지만 이런 세탁기를 가능하게 하는 기본적인 기술은 이미 우리 주변에 널려 있다.

• RFID는 이미 널리 활용되고 있다

사실 RFID 기술은 우리가 생각하는 것보다 더 광범위하게 이미 사용되고 있다. 아래 기술한 가상적 사례는 RFID가 얼마나 이미 우리 주변에서 활용되고 있는가를 보여준다.

당신은 하루의 고된 일과를 마치고 퇴근 준비를 하고 있다고 상상하자. 주차장에서 당신의 자동차에 다가가면서 자동차 열쇠를 꺼내 버튼을 눌러 무선으로 자동차 문을 연다. 운전석에 앉은 후 시동을 걸기위해 열쇠를 꼳으면서 얼마전 열쇠를 분실해 새열쇠를 구하기 위해 45달러나 써야 했던 경험을 기억한다. 그것은 자동차의 도난을 방지하기 위해 열쇠 내에 특별 무선 인식장치가 설치되어 있기 때문이었다.

얼마를 운전했을까. 계기판에 연료가 거의 떨어져가는 것을 보고 가까운 주유소에 들려 기름을 넣는다. 기름을 다 넣고는 열쇠고리에 부착되어 있는 몽당연필처럼 생긴 플라스틱을 주유펌프에 가까이 대고 대금을 결재한다. 잠시 후 당신은 유료고속도로를 탄다. 돈은 조금 들지만 그래도 집에까지 빨리 갈수 있기에 출・퇴근시 늘 활용하는 길이다.

한 가지 문제는 중간 중간에 설치되 있는 톨게이트마다 정차해서 요금을 지불해야 하는 것이다. 톨게이트에 차가 밀릴 때는 무엇하러 돈을 내며 이 길을 가는가 후회하곤 했다.

하지만 몇 해 전 톨태그(TollTag)라 불리는 통해료 자동정산 태그를 유리창에 부착한 이후는 톨게이트에 정차할 필요가 없이 주행을 하게 출퇴근 시간이 훨씬 짧아졌다. 자 이제 당신의 집이 눈에 들어온다. 차양판에 붙어 있는 차고문 오프너로 차고문을 열고 들어선다. “여보 나 왔소”

위의 사례에 RFID 기술이 몇번이나 등장하는가? 다섯번이라고 대답했으면 당신은 이미 RFID 전문가라고 해도 될 것이다.

• RFID 활용 - 선택의 여지가 없다

최근까지 RFID는 기술적인 가능성으로 간주될 뿐 현실적인 가치를 제시하지 못하고 있는 것이 사실이다. 2003년 미국의 월마트는 RFID 기술 도입 계획을 공표하면서 주요 공급업체들에게 달라스 지역으로 공급되는 물품에 2005년 초까지 RFID를 부착할 것을 요구해 업계를 놀라게 했다. 현재 달라스 분배 센터로 들어오는 거의 모든 물품에는 RFID 태그가 부착되 물품의 유통과 재고를 보다 효율적이고 정확하게 운용하고 있다.

이에 대응해 Albertson이나 Best Buy같은 다른 유통업계도 RFID의 활용을 적극 추진하고 있다. 각종 정부기관도 RFID의 다양한 잠재력을 파악하고 기술의 활용을 모색하고 있다. 미국 국방부는 이미 2002년에 전투지역에 공급되는 모든 군수물품은 RFID를 활용하여 물류의 효율성을 높이고 유통재고의 가시도를 제고시킬 것을 규정하고 있다.

최근 연방식약청(Food and Drug Administration)도 의약품의 도난과 위조를 방지하기 위한 방도로 2007년까지 약병에 RFID를 부착하도로 제약회사에 지시한 바 있다. 근래의 이런 강제적인 RFID 도입 활용 요구가 당장 모든 개인이나 업계에 직접적인 큰 영향을 미치지는 않을지 모른다. 하지만 알게 모르게 RFID는 우리 생활을 여러 면에 영향을 넓혀 갈 것이고 지금부터 RFID를 더 이해하고 다가오는 RFID 시대에 대비하는 것이 시기상조는 결코 아니다.

• 달라스와 RFID

월마트가 RFID의 활용을 테스트하기 위해 달라스 지역을 선정한 것은 달라스 지역을 RFID 기술의 온상으로 만드는데 큰 역할을 했다. 2003년 월마트의 공표이후 수많은 RFID 관련업체가 달라스 지역에 개업을 하거나 이전을 했다. Target 이나 Albertson같은 주요 유통업계도 월마트를 따라서 달라스 지역을 대상으로 RFID 활용을 시험하기로 결정했다. 2004년 10월 16일자 달라스모닝 뉴스는 이런 현상이 달라스와 북텍사스 지역의 경제에 장기적인 파급효과를 가져 올 것으로 예견하고 있다. 그런데 무슨 이유로 업계들이 달라스 지역을 선호할까? 달라스는 이미 세계적으로 알려진 텍사스 인스트루먼트(Texas Instrument)와 같은 기업이 있고 전통적으로 무선과 통신 산업의 거점으로 알려져 있다. RFID 산업에 있어 달라스 지역의 중요성은 제3회 RFID World 컨벤션이 지난해에 이어 올해도 달라스 지역에서의 개최가 확정되었다. 수천명의 RFID 관련 인사들과 수백개의 기업들이 세계 각처로부터 이 곳에 모인다. 중국, 홍콩, 일본, 한국, 대만 등 아시아지역에서도 많은 인사와 업계가 참석할 것으로 예상된다.

고창은(Chang E. Koh) 박사는 텍사스주 달라스 지역의 북텍사스대학(University of North Texas)의 정보기술학과의 교수로 재직하고 있으면서 정보시스템 연구소의 연구소장을 겸하고 있다. 고교수의 이메일 주소는 kohce@unt.edu이다.

(주) 본 컬럼은 광역 달라스 주미 아시안 상공회의소 (Greater Dallas Asian American Chamber of Commerce)에서 발행하는 Connections라는 잡지의 2005년 10월호에 영문으로 실린 글을 번역한 것이다.

RFID - 인터넷보다 더 중요한 기술?

• 들어가는 말

RFID는 무선시그널 또는 전자기 에너지를 이용하여 물체를 식별하는 기술을 지칭한다. 근래 월마트와 국방부가 납품업체에 RFID 활용을 요구한 이후 업계와 전문가들의 더욱 많은 관심을 끌고 있다. 그런데 많은 사람들이 월마트가 하고 있는 RFID의 활용이 RFID의 전부로 생각하는 경우가 있다. 물론 RFID의 물류 유통 분야의 활용은 현재로써 가장 비중이 있고 앞서가는 RFID의 응용임에는 틀림없지만, RFID의 잠재력은 이보다 더 광범위하다는 것을 이해해야 한다.

인터넷이 짧은 시간에 범세계적인 컴퓨터 네트웍을 구축해 우리의 일상생활과 상거래에 엄청난 변혁을 가져왔다는 것은 누구나 다 인정하는 사실이다. 그런데 만일 컴퓨터뿐만이 아니라 우리 주변의 모든 물체를 하나로 연결하는 네트웍을 만들 수 있다면 그 여파가 어떨까? RFID가 바로 그런 네트웍을 만들 수 있는 가능성을 제시한다. RFID는 실질적으로 어떤 물체에도 부착되어 이들 물체간의 상호인식과 통신을 가능하게 한다. 이는 책, 옷, 전자제품과 같은 물건을 물론 동물과 사람까지 포함한다. 아래 몇 가지 사례로 RFID의 잠재력을 이해하도록 해보자.

• 사례 1 : 쇼핑센터에서

바코드기술을 사용하지 않는 백화점이나 식품점에서 쇼핑을 한다고 상상해 본 적이 있는가? 바코드기술은 고객들이 계산대에서금액을 계산하고 대금을 지불하는 시간을 단축시킨 것은 물론 거래의 정확성을 높이는데 크게 공헌을 하였다.

하지만 바코드는 고객이 구입한 모든 품목을 쇼핑 바구니나 카트에서 하나씩 꺼내어 일일이 스캔해야하는 결점이 있다. 아직도 실현이 되려면 몇 년은 걸려야 할 것으로 예상되지만 RFID 기술은 고객이 일일이 물건을 꺼내 스캔을 하지 않고 상품을 가득 담은 채 바구니를 가지고 그대로 계산대를 통과하며 거래를 처리하는 것을 가능하게 할 수 있다. RFID 시스템은 카트에 담겨있는 모든 상품을 단숨에 인식하고 금액을 계산 할 뿐만 아니라, 고객의 주머니나 지갑에 있는 고객카드에 수록된 필요한 정보를 읽고 그에 따라 적절한 거래 처리를 하게 된다.

혹시 그 정도의 기능이 뭐 그리 대단하냐고 생각한다면 다음 사례를 고려해보자. 이 시나리오는 쇼핑센터에서 관찰할 수 있는 RFID의 혜택이 상거래의 자동화에만 국한되지 않고 사회복지 향상에도 기여할 수 있음을 암시한다. 눈을 보지 못하는 고객이 식품점에 들어와 쇼핑을 한다고 가정하자. 그가 필요한 것은 우유 한통으로, 우유 한통을 사는 것은 코흘리개 어린아이도 쉽게 할 수 있는 단순한 일이다. 하지만 장님 고객에게는 우유가 진열되어 있는 곳을 찾아가는 것부터 시작해서 우유의 종류, 성분, 지방함유량 그리고 가장 중요한 유효기간을 확인하는 것이 거의 "mission impossible"이다.

그런데 이 식품점이 모든 상품에 RFID 태그가 부착되어 있는 것은 물론 매장 전체가 RFID로 네트워크화 되어 있다고 상상해 보자. 이 고객은 비록 눈은 보지 못하지만 소형의 휴대용 RFID 수신기를 가지고 매장 구석구석에 부착되어 매장의 위치와 주변에 진열되 있는 상품의 내용을 알려주는 RFID 태그를 읽어 원하는 물건이 진열되어 있는 곳으로 쉽게 찾아갈 수 있다. 또한 원하는 물품을 찾았을 때 상품에 대한 정보를 RFID 태그와 수신기를 통해 구할 수 있다.

• 사례 2 : 병원에서

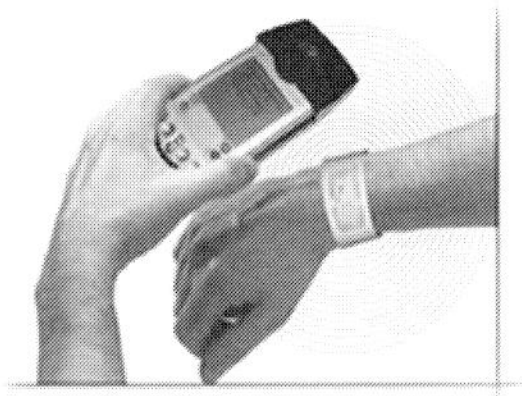

첨단최신의 기술을 자랑하는 의학업계도 데이타 수집과 처리에 있어서는 그렇게 자랑할 만한 수준에 있지 못한 것이 사실이다. 전형적인 개업의원의 진료실이나 사무실을 보면 의료기록카드와 진료 차트들가 벽을 가득 채우고 있다. 이런 시대에 뒤진 정보시스템의 결과로 수많은 의료사고가 발생하는 것은 오히려 당연하다고 하겠다. 미국의 국립의학학회(National Academy of Sciences of Medicine)의 발표에 의하면 일년에 7천명의 환자가 불량한 정보시스템의 결과로 약을 잘못 복용해 사망하고 있다고 한다.

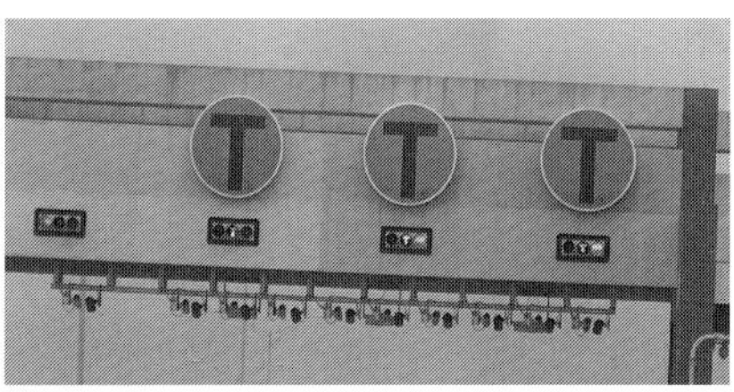

그 밖의 각종 의료사고까지 모두 감안하면 일년에 사망하는 환자가 무려 10만명에 달한다고 한다. 이미 많은 병원들이 정보시스템의 현대화를 추진해 이런 불행한 사고를 예방하고 있다. RFID는 정보와 환자를 보다 더 가깝게 접근시켜 이와 같은 의료사고를 더욱 감소시킬 수 있는 잠재력을 가지고 있다. RFID가 내장된 의료밴드는 현재 환자의 손목에 채우는 밴드와 겉으로 보기에는 다를 바 없지만, RFID 의료밴드는 정보의 저장, 처리 및 통신의 기능을 갖춘 조그만 컴퓨터라고 보아도 무리가 아니겠다. 환자가 움직일 때마다 환자에 대한 모든 정보가 함께 움직인다. 의사와 간호사가 환자를 치료하거나 투약을 할 때마다 진료정보는 즉석에서 수정되고 추가된다. 몇년전 환자의 엉뚱한 다리를 절단 했던 그런 어처구니없는 의료사고는 다시는 일어나지 않을 것이다.

• **사례 3 : 고속도로에서**

혹시 독자가 달라스지역에서 운전을 자주한다면 TollTag(달라스 지역에서 사용하는 고속도로요금 징수 기술) 의 편리함을 잘 알 것이다. 톨게이트마다 정차해서 돈을 꺼내느라 지갑과 주머니를 뒤지는 불편을 더 이상 겪지 않아도 된다. 몇해전 까지만 해도 TollTag을 달고 톨게이트를 지날 때면 속도를 줄이라는 게시판이 늘 있었다.

기술은 더욱 발달해 오늘은 고속도로를 주행하는 자동차가 톨게이트 지역에서 서행을 하지 않아도 정확하게 요금을 징수할 수 있다. TollTag은 RFID 기술의 대표적인 초기활용으로 이미 곳곳에서 활용되고 있는 익숙한 기술이다. 이 사례를 좀 더 흥미가 있도록 상상력을 가미해보자. 현재는 원하는 운전자들만 TollTag을 구입하여 사용하고 있지만 모든 차량에 TollTag과 같이 차량을 인식하는 장치가 부착되었다고 하자. 그리고 태그를 읽는 리더가 교통신호등처럼 온 거리에 깔려있다고 가정하자.

경찰은 가만히 앉아서도 도난된 차량을 추적하고 회수할 것이다. 정말 기대된다. 그런데 이런 상황은 어떨까. 경찰은 두 지점에 RFID 리더를 설치하고 지나가는 차량정보를 기록하였다가 두 지점 통과한 시간으로 그 거리를 나누면 간단하게 그 차량의 속도를 추측할 수 있다. 말하자면 도로가 온통 즉석 스피드함정이 되는 것이다. 경찰은 더 이상 속도 위반 딱지를 발행하려고 추적을 할 필요도 없다. 모든 것이 자동으로 속도위반자는 우편으로 위반 통보를 받는다. 어떻게 생각하는가?

위의 몇 가지 사례에서 보듯이 RFID는 경비절약, 시간절약 심지어는 생명까지 구할 수 있는 수 많은 기대되는 혜택이 있다. 하지만 이에 따르는 문제점들도 많아, RFID 기술의 진면목을 잘 이해하고 그 기술을 최선으로 활용하도록 하여야 할 것이다.

고창은(Chang E. Koh) 박사는 텍사스주 달라스 지역의 북텍사스대학(University of North Texas)의 정보기술학과의 교수로 재직하고 있으면서 정보시스템 연구소의 연구소장을 겸하고 있다. 고교수의 이메일 주소는 kohce@unt.edu이다.

(주) 본 컬럼은 광역 달라스 주미 아시안 상공회의소 (Greater Dallas Asian American Chamber of Commerce)에서 발행하는 Connections라는 잡지의 2005년 10월호에 영문으로 실린 글을 번역한 것이다.

BIBLIOGRAPHY

- Alvarez, Gene, "RFID Helps Enterprises Increase Return on Assets Through Tracking," *Information Week RFID Insights*, December 21, 2004.
- Bacheldor, Beth, "Suppliers Sign On as GE Powers Up RFID Effort," *Information Week*, October 27, 2003a, p. 28.
- Bacheldor, Beth, "Luggage Tag Has a Whole New Meaning," *Information Week*, November 10, 2003b, p. 32.
- Balfour, Frederick, "Fakes!" *Business Week*, February 7, 2005, pp. 54-64.
- Boyle, Matthew, "Wal-Mart Keeps the Change," *Fortune*, November 10, 2003, p. 46.
- Buss, Dale, "Signal Achievements in the Supply Chain," *Automotive Logistics*, May/June 2004, pp. 68-71.
- Byrnes, Jonathan, "Who Will Profit from Auto-ID?" *Harvard Business School Working Knowledge*, September 1, 2003.
- Chabrow, Eric, "Homeland Security Unveils US-Visit Details," www.information.com, October 28, 2003.
- Chabrow, Eric, "Homeland Security to Test RFID Tags at U.S. Borders," www.informationweek.com, January 25, 2005a.

· Chabrow, Eric, "Homeland Security to Test RFID at Borders," *Information Week*, January 31, 2005b, p. 26.

· Collins, Jonathan, "Hitachi Unveils Integrated RFID Tag," *RFID Journal*, September 4, 2003.

· Connolly, Allison, "Military Pushing Switch from Bar Codes to RFID Tags for Shipping," www.manufacturing.net, January 31, 2002.

· Delaney, Kevin, "Beyond Bar Code: Radio ID Tags May Soon Be Placed in Every Product Imaginable," *Wall Street Journal*, September 23, 2002.

· Edwards, John, "Tag, You're It," CIO Magazine, February 15, 2003.

· EPCglobal Network, "Overview of Design," *Benefits & Security*, September 24, 2004.

· Ewalt, David M., "Navy Puts RFID into Service," *Information Week*, June 9, 2003, p. 57.

· Foster, Thomas A., "On the Rebound: New Interest in Where Supply Chain Technology Can Take a Company," *Global Logistics & Supply Chain Strategies*, March 2004, pp. 32-41.

· Gadh, Rajit, "Getting from Mandates to a Wireless Internet of Things," *Computer world*, October 4, 2004.

· Gartner, W. David, "Wal-Mart's RFID Suppliers Are Resisting," www.informationweek.com, December 21, 2004.

· Garvey, Martin, "RFID's First Hurdle: Bar Codes," *Information Week*, March 30, 2004.

· Gooley, Toby, "C-TPAT Benefits Outweigh Costs," Supply Chain *Management Review*, January/February 2005, pp. 11-12.

· Hayes, Mary, "In Sync," *Information Week*, June 16, 2003, pp. 30-34.

· Hulme, george, "Jenny Craig Simplifies Security," www.informationweek.com, January 26, 2005a.

· Hulme, george, "Jenny Craig Simplifies Security," www.informationweek.com,

April 6, 2005b.
· Intel Corporation, “Building the Digital Supply Chain: An Intel Perspective,” White Paper, January 2005.
· Jacques, Robert, “RFID Set for Growth Explosion,” www.vnunet.com, February 28, 2005.
· Kekre, Sunder, “Forging New Links for a 21st Century Supply Network,” www.tepper.cmu, Fall 2004.
· Khermouch, Gerry and Green, Heather, “Bar Codes Better Watch Their Backs,” *Business Week*, July 14, 2003, p. 42.
· Kontzer, Tony, “Gatting RFID into the Skies,” www.informationweek.com, June 10, 2004.
· Macmillan-Davies, Clive, “The Application of Radio Frequency Identification(RFID) Tags in the Australian Defence Force(ADF),” Land Warfare Conference, Adelaide, October 2003, pp.1-13.
· McGee, Marianne, “Wireless Future: Tracking Patients and Equipment,” *Information Week*, May 19, 2003, p. 48.
· McGee, Marianne Kolbasuk, “Drug Industry to Shift to Digital Orders,” *Information Week*, January 24, 2005, p. 26.
· McKinney, Joe, “Attack Invoice Deductions Through RFID,” *RFID News and Solutions*, January 2005, pp. 29-30.
· Purdum, Traci, “Factory to Foxhole: RFID Deadline Looms,” www.industryweek.com, November 1, 2004.
· Quinn, Francis, “Ready for the Auto-ID Revolution: An Interview with Kevin Ashton,” *Supply Chain Management Review*, May 2003.
· Ricadela, Aaron, “Sensors Everywhere,” *Information Week*, January 24, 2005, pp. 33-36.
· Rinehart, Lloyd, Myers, Metthew, and Eckert, James, “Supplier Relationships: The Impact on Security,” *Supply Chain Management*

Review, September 2004, pp. 52-59.

· Roberti, Mark, Comments made at CSC RFID Exchange, Rosemont, Illinois, February 24, 2005a.

· Roberti, Mark, "Purdue Pharma Gets Down to the Item," *RFID Journal*, January /February 2005b, pp. 13-21.

· Roberti, Mark, "Economic Inefficiency," *RFID Journal*, January/February 2005c, p. 10.

· Sarma, Sanjay, "Reading RFID," *MIT Center for Transportation & Logistics Newsletter and Calendar*, January 4, 2005, pp. 1-3.

· Stockman, Harry, "Communication by Means of Reflected Power," Proceedings of the IRE, October 1948, pp. 1196-1204.

· Sullivan, Laurie, "Reaching Down the Supply Chain," *Information Week*, March 22, 2004a, pp. 49-52.

· Sullivan, Laurie, "Cattlemen's Beef Association Readies RFID Program," www.information.com, December 23, 2004b.

· Sullivan, Laurie, "RFID: The Plot Thickens," *Information Week*, January 3, 2005a, pp. 24-26.

· Sullivan, Laurie, "RFID Lets NASA Monitor Hazardous Waste," www.informationweek.com January 10, 2005b.

· Sullivan Laurie, "U.K. Retailer Goes on RFID Shopping Spree," *Information Week*, January 17, 2005c, p. 36.

· Sullivan, Laurie, "Stores Win Using Analytics," *Information Week*, January 17, 2005d, p. 67.

· Sullivan, Laurie, "European Retailers Accelerate RFID Plans," *Information Week*, January 24, 2005e, p. 30.

· Sullivan, Laurie, "Court Puts RFID on the Docket," *Information Week*, January 31, 2005f, p. 51.

· Sullivan, Laurie, "Europe Tries on RFID," *Information Week*, March 7,

2005g.

· Violino, Bob, "RFID Opportunities and Challenges," *RFID Journal*, August 31, 2003.

· Violino, Bob, "I Want You to Tag Your Shipments," *RFID Journal*, January/February 2005. pp. 31-35.

· Zebra Technologies, "Brand Protection in the Supply Chain," Application White Paper, Vernon Hills, Illinois, 2003.

· Zebra Technologies, "Track and Trace Solutions for the Life Sciences Supply Chain," Application White Paper, Vernon Hills, Illinois, 2004.

· Zrimsek, Brian, "Gartner RFID Pessimism and Act-on-Fact," www.computerweekly.com, November 25, 2004.

찾아보기

• 한글 인덱스

(ㄱ)

(ㄴ)

(ㅈ)

• 영어 인덱스

(B)

(C)

(D)

(E)

(F)

(G)

(N)

(O)

(P)

RFID의 전략적 구현과 ROI

2007년 8월 20일 초판1쇄 인쇄
2007년 8월 25일 초판1쇄 발행

공저자 CHARLES POIRIER · DUNCAN McCOLLUM
공번역 임세헌 · 김대진 · 정성용 · 가회광

펴낸이 임 순 재
펴낸곳 한올출판사
등록 제11-403호
121-849
주 소 서울시 마포구 성산동 133-3 한올빌딩 3층
전 화 (02)376-4298(대표)
팩 스 (02)302-8073
홈페이지 www.hanol.co.kr
e-메일 hanol@hanol.co.kr
정 가 **13,000원**

• ISBN 978-89-8325-898-4